中学历史教师素养研究

李漱萍 著

·广州·

图书在版编目（CIP）数据

中学历史教师素养研究／李漱萍著. —广州：华南理工大学出版社，2019.8
 ISBN 978-7-5623-6032-2

Ⅰ.①中… Ⅱ.①李… Ⅲ.①中学历史课－师资培养－研究 Ⅳ.①G633.512

中国版本图书馆 CIP 数据核字（2019）第 142770 号

中学历史教师素养研究

李漱萍　著

出 版 人：卢家明
出版发行：华南理工大学出版社
　　　　　（广州五山华南理工大学 17 号楼，邮编 510640）
　　　　　http://www.scutpress.com.cn　　E-mail: scutc13@scut.edu.cn
　　　　　营销部电话：020-87113487　87111048（传真）
责任编辑：张　颖
印 刷 者：虎彩印艺股份有限公司
开　　本：787mm×1092mm　1/16　印张：16.5　字数：323 千
版　　次：2019 年 8 月第 1 版　2019 年 8 月第 1 次印刷
定　　价：48.00 元

版权所有　盗版必究　　印装差错　负责调换

序 言

——新时代中学历史教师职业发展任重道远

教育是立国之本，教师是兴教之基、强教之源。教育是民族振兴、社会进步的基石，是提高国民素质、促进人的全面发展的根本途径，寄托着亿万家庭对美好生活的期盼。强国必先强教。优先发展教育、提高教育现代化水平，对实现全面建设小康社会奋斗目标、建设富强民主文明和谐的社会主义现代化国家具有决定性意义。新时代，作为一名合格的中学历史教师应该具备哪些基本素养？如何通过有效途径提高历史教师教学素养？怎样进行教学研究，成为一名研究型教师？李漱萍老师的新著《中学历史教师素养研究》出版可谓恰逢其时。

全书包括研究导论、中学历史教师的专业素养、中学历史教师的教学素养及中学历史教师的实践反思四个部分。在某种意义上看，中学历史教师素养是指中学历史教师在教育、教学活动中表现出来的，决定其教育、教学效果，对学生身心发展有直接而显著影响的心理品质的总和，包括基础性素养、专业素养、学科教学素养和教育实践素养。基础性素养主要包括公民的基本品质、文化底蕴、职业认同感；专业素养包括教育知识、学科知识、通识知识；学科教学素养包括教学设计、教学实施、教学评价；教育实践素养是教师在实践过程中，在同伴的引领下，自我反思，自我评价，不断成长的过程。纵览全书，我认为有三个较为突出的特点。

第一是选题具有时代性。《国家中长期教育改革和发展规划纲要》提出，"建设高素质教师队伍。教育大计，教师为本。有好的教师，才有好的教育。提高教师地位，维护教师权益，改善教师待遇，使教师成为受人尊重的职业。严格教师资质，提升教师素质，努力造就一支师德高尚、业务精湛、结构合理、充满活力的高素质专业化教师队伍。"只有提高教师学科教学素养，才能培养教育教学骨干、学术带头人，造就一批教学名师和学科领军人才。《广东省人民政府关于全面实施"强师工程"建设高素质专业化教师队伍的意见》提出，打造高水平、研究型师资队伍，提升学校发展内涵，提升教育科研水平，使广大教师普遍具有高尚的师德品行、先进的教育理念、较高的教育教学能力和水平，能适应教育改革发展和全面实施素质教育的需要。与此同时，目前广州市番禺区在"上品教化"教育理念的引领下，教育的综合水平和品位在整体上有很大的提升，但仍存在一些问题，如学校对史、地、生等学科重视程度不够，中学历史教师素养参差不齐，教师队伍庞大，城区与农村教育仍存在着不均衡等。

第二是内容具有实用性。本书针对目前中学历史教师专业水平参差不齐、专业学术观点滞后、教学研究意识淡薄、职业倦怠、内驱力不足、缺乏系统的专业提升等问题，以区域为样本，组建初中、高中学段历史教师研究团队，分析中学历史教师素养的需求，为提升中学历史教师素养提出研究策略、实施模式和评价体系。通过区域推进、系统规划、评价拉动，使教师从单一的教书匠变成了多元的组织者、研究者、引导者，解决了如何提升中学教师"内功"的问题，促进教科研结合，促进教师成长。

第三是成果具有推广性。研究教师素养有助于打造优质教育。所谓优质教育，就是高质量、高水平的素质教育。优质教育的核心是实现学生发展的优质，而教师专业素质最终决定优质教育实施的走向与效率。只有具备良好政治思想素质的教师，才能培养出思想道德高尚的学生；只有具备良好文化专业素质的教师，才能培养出知识基础扎实的学生；只有具有良好个性修养的教师，才能培养出良好心理素质的学生；只有富于创造性的教师，才能造就富于创造性的学生。打造优质教育的关键是教师，是教师的专业素质的发展与提高。

总之，教师是学校教育教学工作的主力军，当代基础教育课程改革的成功在很大程度上取决于教师，要培养符合社会需求的全面发展的学生，就需要提高教师的专业素养。作为一门职业，教师同医生、律师一样具有不可替代的专业特质，教师唯有提高自身的基本素养，才有可能从作为一个人的角度来发展自己，进而更好地提升自己的专业素养，真正地实现专业化发展。新时代中学历史教师职业发展任重道远！

魏恤民
2019年5月于广东省教育研究院

目 录

第一章 研究导论 ... 1
- 第一节 概念诠释 ... 1
- 第二节 问题提出 ... 7
- 第三节 现状分析 ... 12
- 第四节 研究思路 ... 30

第二章 中学历史教师的专业素养 ... 36
- 第一节 中学历史教师的教育知识 ... 36
- 第二节 中学历史教师的学科知识 ... 47
- 第三节 中学历史教师的学科教学知识 ... 68
- 第四节 中学历史教师的通识知识 ... 100

第三章 中学历史教师的教学素养 ... 115
- 第一节 中学历史教学设计 ... 115
- 第二节 中学历史教学实施 ... 144
- 第三节 中学历史教学评价 ... 175
- 第四节 教学素养提升路径 ... 194

第四章 中学历史教师的实践反思 ... 217
- 第一节 教学反思 ... 217
- 第二节 教师成长反思 ... 228
- 第三节 教师自我评价 ... 239

主要参考书目 ... 252

后 记 ... 257

第一章

研究导论

2015—2017年,教育部基础教育质量监测中心组织实施了第一周期国家义务教育质量监测。以四年级、八年级学生为监测对象,分年度开展德育、语文、数学、科学、体育与健康、艺术六个学科监测工作,并对各学科的课程开设、条件保障、教师配备、学科教学以及学校管理等相关因素进行测查。2018年7月首份《中国义务教育质量监测报告》发布,关于教师方面的监测数据表明:教师受学生喜欢程度高,但部分教师的探究教学能力和专业素养有待提升。通过监测暴露了目前教师存在的主要问题,就是教师探究教学能力和专业素养的提升问题。

什么是素养?什么是中学教师的专业素养?什么是中学历史教师的专业素养?目前中学历史教师素养的现状如何?存在哪些问题?本章将进行分析和探讨。

第一节 概念诠释

教师是学校教育教学工作的主力军,当代基础教育课程改革能否成功在很大程度上取决于教师。要培养符合社会发展需求的全面发展的学生,就需要提高教师的专业素养。作为一门职业,教师同医生、律师一样具有不可替代的专业特质,教师唯有提高自身的基本素养,才能发展自己,更好地提升自己的专业素养,真正地实现专业化发展。

一、素养和素质

《现代汉语词典》中,"素养"主要指"平日的修养",强调是后天习得和养成的。顾明远先生主编的《教育大辞典》对素质的定义是:公民或某种专门人才的基本品质。素养是建筑在先天遗传基础上,由后天的养育、个体所受的各级各类教育、人生经历等组成，伴随着某个人的知识、能力与态度。素养不只是知识，也不只是能力，其内涵包括知识、能力或技能、态度。法国的素养模型认为，一个人的职业能力是与知识、技能和社交能力三个方面密不可分的。素养反映了学习的动态过程，知识的积累与传递过程。欧盟执委会于2005年发表的《终身学习素养：欧洲参考架构》指出："素养"是适宜于特定情境的知识技能和态度的组合。中国台湾学者蔡清田先生对"素养"一词的解读更为全面。他认为，"素养"体现为个体在面对生活情境中的实际问题与可能的挑战时，能运用知识、能力与态度，采取有效行动，以满足生活情境的复杂需要，达成目的或解决问题，是个人生活必须的条件。

"素质"一词在百度百科中解释为："素质，是后天形成的一种生活习惯。素质的高低不以人种而划分，任何地方都有素质高的人和素质低的人。"是人的神经系统和感官上的天生的特点，也指事物本来的性质、人的本性。在生理学中，素质是指人的先天生理解剖特点，主要指神经系统、脑、感觉器官和运动器官的特点；在心理学中，指人的某些先天的特点，并强调是人的心理发展的生理条件，但不能决定心理内容与发展水平。在教育学中，素质的内涵更广泛，是指人在先天的生理基础上，通过后天环境影响和教育训练所获得的、内在的、相对稳定的、长期发挥作用的身心特征及其基本品质结构。素质教育中的"素质"主要是指可塑的素质，或者说是指可以培养的素质，这一点与"素养"的含义非常接近，是相对"应试教育"而言的，更强调知识与技能，并不全面考虑到人的健全发展所需要的情感、态度、价值观等层面。

综上所述，"素养"内涵更加全面，包括知识、能力、态度与价值观等多层次的统一体，它并不是先天遗传的，而是需要通过后天的学习与教学获得的，是可学与可教的，是个人生活必须的条件，是一个动态的、不断整合的整体性概念。

二、教师素养和教师专业素养

教师素养是教师具有的素质和修养。所谓教师素养可以理解为教师在教育、教学活动中表现出来的，决定其教育、教学效果，对学生身心发展有直接而显著影响心理品质的总和。华东师范大学教育学系杨小微教授认为，教师的素养可以划分为四个层面，即教育实践素养、核心学科教学素养、共通性专业素养和基础性素养。叶澜提出，教师素养包含教师基础性素养、教育专业素养和复合型专业素养三大类。

专业素养是个人专业生涯发展中成功完成每一项专业工作所需的知识、能力与态度，它强调的是就业训练价值功能与结果本位导向，面向的是特定行业人员。教师专业素养是教师从事教育、教学工作的素质和修养，是指经过系统的师范教育，并在长期的教育实践中逐渐发展而成的具有专门性、指向性和不可替代性的素养，强调的是教师职业的特殊性、标志性。教师专业素养对于教师而言，是一种有关知识的理解，并保存在头脑中、体现在教师的教育实践活动中。这是教师所应具备的促进自身发展的关键。

教师素养和教师专业素养之间是什么关系呢？郭少英、朱成科老师在《"教师素养"与"教师专业素养"诸概念辨》一文中，将两者之间的关系概况为嵌套、分裂抑或螺旋、凸显差异与萌生和谐。

嵌套结构（见图1-1）指在已有的教师素养中再加入教师专业素养，从而促进教师素养与教师专业素养的共同发展。

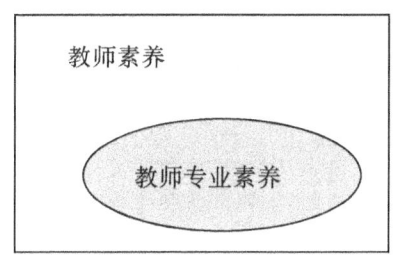

图1-1　嵌套结构

分裂式结构如图1-2所示。叶澜教授认为教师素养包含教师基础性素养、教育专业素养和复合型专业素养三大类。因此，教师素养与教师专业素养的关系可以理解为一种分裂式结构。

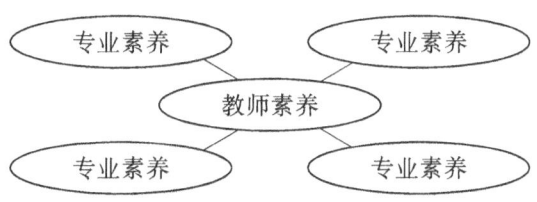

图1-2　分裂式结构

螺旋式结构如图1-3所示。教师素养与教师专业素养之间是一种螺旋上升的结构，而并非是简单的线性关系、包含关系，教师素养总是牵系着教师专业素养的发展，并且总是以教师的基础性素养为中心。

教师素养与教师专业素养凸显差异，在一定条件下相辅相成，它们之间是互促互补、共同发展的和谐关系。

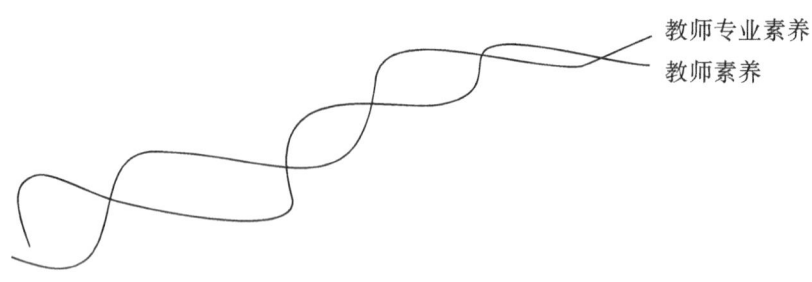

图1-3 螺旋式结构

综上所述,笔者认为教师素养(见图1-4)包括基础性素养、专业素养、学科教学素养和教育实践素养。基础性素养包括教师作为一个公民的基本品质、文化底蕴、个人的价值取向、发展的内在动力以及职业责任感等方面。基础性素养是教师的基础条件。教师素养的高低直接影响着教师的质量,更影响着其所培养出的人才的质量。教师素养不能缺失基础性素养,基础性素养是实现教师专业发展、教师发展的前提,是教师应具备的品格,是教师在职业生涯中潜移默化形成的。

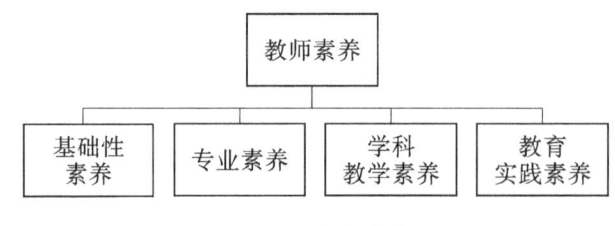

图1-4 教师素养

教师的专业素养(见图1-5)包括教师素养、专业知识、专业技能、专业情感,教师专业素养不仅强调教师对学科知识的掌握理解程度、育人态度,还重视教师教育行为的全部,教师专业素养不仅要求教师能够"教"给学生东西,更重要的是转换对学校教育、教学实践和学生的认识,并且在这个过程中不断地发展自我。

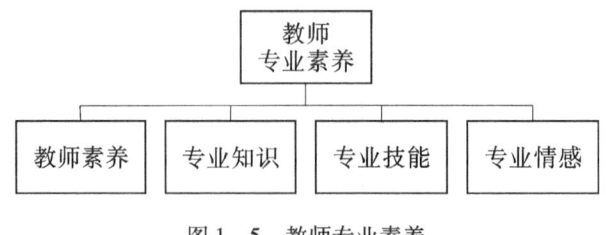

图1-5 教师专业素养

三、历史素养和中学历史教师素养

教师素养的培养还是要与具体学科相结合。"具体到历史学科,它所呈现的历史素养,是通过日常教化和自我积累而获得的历史知识、能力、意识以及情感价值观的综合反映;其所表现出来的,是能够从历史和历史学的角度发现问题、思考问题及解决问题的富有个性的心理品质。"历史素养的基本要素仍然是知识、能力、意识和价值观。知识是基础,一方面,历史学科一定要建立在史实的基础上,任何历史认识和结论都要建立在坚实的史实之上,没有历史史实就是无源之水,无本之木,没有历史史实就不可能真实、准确反映历史;另一方面,历史知识还包含思考问题的角度与习惯,价值衡量的标准以及情感文化认同等。掌握历史知识不是靠简单的死记硬背,而是要把知识学活。历史素养的能力要求与历史学科的能力要求是一致的。《普通高中历史课程标准》(实验)(2003年)课程目标关于"知识与能力"的要求指出:"在掌握基本历史知识的过程中,进一步提高通过阅读或其他多种途径获取历史信息的能力;通过对历史事实的分析、综合、比较、归纳、概括等认知活动,培养历史思维能力和解决问题的能力。"《义务教育历史课程标准》(2011年版)指出:"初步学会从多种渠道获取历史信息的能力;初步形成重证据的历史意识和处理历史信息的能力,逐步提高对历史的理解能力,初步学会分析和解决历史问题。"《普通高中历史课程标准》(2017年版)明确指出:"学科核心素养是学科育人的集中体现,是学生通过学科学习而逐步形成的正确价值观念、必备品格和关键能力。历史学科核心素养包括唯物史观、时空观念、史料实证、历史解释、家国情怀五个方面。通过诸素养的培育,达到立德树人的要求。"《高考考试大纲》关于"考核目标与要求"明确指出了"四项十二条"的要求,"四项"指:获取和解读信息、调动和运用知识、描述和阐释事物、认证和探讨问题。最基本也是最主要的是:准确描述与区分历史史实的能力和进行历史思维与按照历史规律进行阐释的能力。史论结合,论从史出。能够运用学科思维和学科方法发现问题、分析问题、解决问题,正确对待历史,求真、求实。"历史素养的历史意识和价值观包括两个方面。一方面是对学习历史的价值有明确的意识。历史意识的另一个方面,还包含思考问题的角度与习惯,价值衡量的标准以及情感文化认同等。"我们为什么要学习历史?历史有趣、生动、有很多故事,读史使人明智,学习历史可汲取历史的智慧,诚然这确实是历史的魅力所在。学习历史能让我们多角度思考和看待问题,掌握衡量评价历史事物的标准,既研究过去,又洞察现实,同时展望未来,对文化多样性的认同,情感文化的认同,从人类文明的演进角度审视历史等,这些都是其他学科所无法代替的,是历史学科所特有的历史意识。

历史素养不是先天就有的,而是后天养成的,并且需要一个从低级到高级逐步培养的过程。学生历史素养的培养根植于我们的日常教学中,就是历史老师的课堂教学和探究实践。中学历史教师应具备哪些素养才能更好地培养学生的素养呢?中学历史教师素养可以理解为中学历史教师在教育、教学活动中表现出来的,决定其教育、教学效果,对学生身心发展有直接而显著的影响的素质的总和,包括基础性素养、专业素养、学科教学素养和教育实践素养,如图1-6所示。基础性素养主要包括公民的基本品质、文化底蕴、职业认同感;专业素养包括教育知识、学科知识、通识知识;学科教学素养包括教学设计、教学实施、教学评价;教育实践素养是教师在实践过程中,在课例反思、成长反思、自我评价的过程中形成和发展并不断成长的。

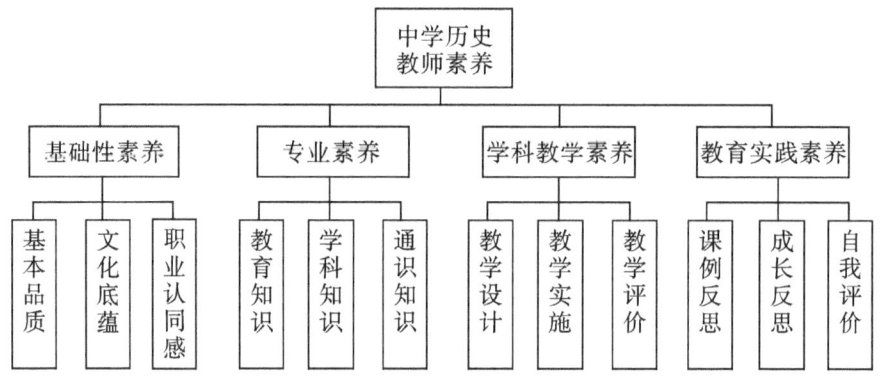

图1-6 中学历史教师素养

四、小结与启示

素养和素质、教师素养和教师专业素养、历史素养和中学历史教师素养概念的界定如下:

(1)素养的形成和发展是不断丰富和优化的动态过程。素养是建立在先天遗传基础上,由后天的养育、个体所受的教育、人生经历、个人经历的实践积淀而成。随着社会的发展、时代的变迁,社会对人才的需求提出新的要求,素养的内涵也会与时俱进。总之,素养的内涵会随着社会的需求不断发展,是动态的。

(2)素养是知识、能力、态度与价值观等多层次的统一体。素养的内涵比素质更全面,是个人生活必需的,是现代社会公民必备的。"百年大计,教育为本。教师是立教之本、兴教之源",教师素养的提升,利于全民族素养的提升。

(3) 教师素养的高低直接影响着教师的质量,更影响着其所培养出的人才的质量。教师专业素养的高低直接影响教师教育教学水平、教育管理水平。教师应牢固树立终身学习理念,加强学习,拓宽视野,更新知识,不断提高业务能力和教育教学质量,努力成为业务精湛、学生喜爱的高素质教师。

(4) 教师作为一门职业,具有不可替代的专业特质。中学历史教师素养是在教育、教学活动中表现出来的,决定教师教育、教学效果,对学生身心发展有直接而显著的影响的素质的总和,包括基础性素养、专业素养、学科教学素养和教育实践素养。其中,专业素养和学科教学素养要突出体现学科特征,要体现历史学科素养。

第二节 问题提出

一名合格的中学历史教师应该具备哪些基本素养?如何通过有效途径提高历史教师学科教学能力?怎样进行教学研究,成为一名研究型教师?这些都是教师职业发展研究的主要问题,也是亟待解决的问题。

一、国家和地区对教师教学素养的要求

(一) 国家宏观要求层面

习近平总书记在党的十九大报告中,强调要优先发展教育事业。建设教育强国是中华民族伟大复兴的基础工程,必须把教育事业放在优先位置,加快教育现代化,办好人民满意的教育。要全面贯彻党的教育方针,落实立德树人根本任务,发展素质教育,推进教育公平,培养德智体美全面发展的社会主义建设者和接班人。推动城乡义务教育一体化发展,高度重视农村义务教育,办好学前教育、特殊教育和网络教育,普及高中阶段教育,努力让每个孩子都能享有公平而有质量的教育。

中共中央、国务院《关于全面深化新时代教师队伍建设改革的意见》提出,要全面提高中小学教师质量,建设一支高素质、专业化的教师队伍。提高教师培养层次,提升教师培养质量。推进教师培养供给侧结构性改革,侧重为义务教育学校培养素质全面、业务见长的本科层次教师,侧重为高中阶

段教育学校培养专业突出、底蕴深厚的研究生层次教师。国务院《关于加强教师队伍建设的意见》提出，中小学教师队伍建设要以农村教师为重点，采取倾斜政策，切实增强农村教师职业吸引力，激励更多优秀人才到农村从教；支持鼓励教师在实践中大胆探索，创新教育思想、教育模式和教育方法，形成教学特色和办学风格。

（二）广东省、广州市部署层面

广东省人民政府《关于全面实施"强师工程"建设高素质专业化教师队伍的意见》指出，要大力实施科教兴粤和人才强省战略，把"强师工程"作为加强教师队伍建设的核心工程和重要抓手，以提升教师师德水平和专业素质为核心，推动教师队伍规模、质量、结构协调发展，整体素质和执教能力全面提高，建立教师终身教育的制度框架和管理制度，建立教师专业发展机制，科学规划教师终身教育的基本模式和阶段任务，提升教师终身教育信息化和国际化水平。努力建设一支师德高尚、业务精湛、结构合理、充满活力的高素质专业化教师队伍，为建设教育强省、推进教育现代化、打造我国南方教育高地提供坚实的师资保障。广州市人民政府《关于贯彻落实"强师工程"加强教师队伍建设的实施意见》提出，实施"教师专业发展工程"，按照分层、分类、分岗的要求，对全市中小学教师进行新一轮全员培训，不断提升中小学教师的业务水平和业务能力。实施"农村中小学教师素质提升工程"，对农村中小学教师的补充、培训、交流、管理、待遇等进行整体规划，采取有效措施，切实提升农村中小学教师的整体素质。

二、课程改革发展的需要

中华人民共和国成立以来，随着时代发展，我国的基础教育经历八次重大改革。第八次课程改革于1999年正式启动，新课改的具体目标是实现六大转变：

一是改变课程过于注重知识传授的影响，强调形成积极主动的学习态度，使获得基础知识与技能的过程同时成为学会学习和形成正确价值观的过程。

二是改变课程结构过于强调学科本位、门类过多和缺乏整合的现状，使课程结构具有均衡性、综合性和选择性。

三是改变课程内容繁、难、偏、旧和偏重书本知识的现状，加强课程内容与学生生活及现代社会科技发展的联系，关注学生的学习兴趣和经验，精选终身学习必备的基础知识和技能。

四是改变课程实施过于强调接受学习、死记硬背、机械训练的现状，倡导学生主动参与、乐于探究、勤于动手，培养学生搜集和处理信息的能力、获取新知识的能力、分析和解决问题的能力，以及交流与合作的能力。

五是改变课程评价过分强调评价的甄别与选拔功能，发挥评价促进学生发展、教师提高和改进教学实践的功能。

六是改变课程管理过于集中的状况，实行国家、地方、学校三级课程管理，增强课程对地方、学校及学生的适应性。

这次改革取得的重大成果就是学生的学习方式逐步有了改变，"自主—合作—探究"的学习方式得到师生普遍的认同。教师的观念也发生了一定的变化，"课程观"逐步代替"教材观"。

2017年9月秋季开学，由国家统编、人民教育出版社出版的《道德与法治》《语文》《历史》三门义务教育阶段学科教材在全国范围内投入使用。教育部时任副部长朱之文在初中《历史》学科教师国家级培训班上讲话指出：对三科教材，要从理念和内容两个方面准确理解和把握。从理念层面，重点突出以下四个方面：

一是突出德育为魂。教材直接关乎"培养什么人，怎么培养人，为谁培养人"这一教育的根本性问题。三科统编教材在编写过程中，坚持马克思主义立场、观点和方法，将社会主义核心价值观贯穿始终，将中国特色社会主义的道路自信、理论自信、制度自信、文化自信贯穿始终，着力培养又红又专的社会主义建设者和接班人。

二是突出能力为重。三科教材编写既强调学科知识体系，也注重学生成长过程。围绕学生的发展需要，选择问题情境和学科素材，精心设计呈现方式，让学生经历提出问题、分析问题、解决问题的过程，帮助学生学会学习，掌握适应未来社会发展和个人终身发展所需要的关键能力。

三是突出基础为先。教材编写紧紧围绕义务教育阶段基本任务，着力为学生终身发展打好共同基础。这里的基础主要是指学生未来学习、生活、工作所必需的基本知识、基本技能、基本思想方法和基本活动经验。教材围绕"四基"设计体系框架，精选内容，删繁就简，为学生健康成长和能力培养打好底子。

四是突出创新为上。教材编写坚持与时俱进，充分吸收马克思主义中国化最新成果，将经济社会发展、科技进步的新思想、新理念和新方法纳入教材，体现时代性。在内容上，突出重点，强化了中华优秀传统文化教育、革命传统教育、国家主权教育与国家安全教育，以及法治教育等内容。

2018年1月，教育部公布了普通高中新课程标准。新版普通高中课程标准主要内容和变化：

（1）进一步明确了普通高中教育的定位。我国普通高中教育是在义务教育基础上进一步提高国民素质、面向大众的基础教育，任务是促进学生全面而有个性的发展，为学生适应社会生活、高等教育和职业发展作准备，为学生的终身发展奠定基础。普通高中的培养目标是进一步提升学生综合素质，着力发展核心素养，使学生具有理想信念和社会责任感，具有科学文化素养和终身学习能力，具有自主发展能力和沟通合作能力。

（2）进一步优化了课程结构。课程类别调整为必修课程、选择性必修课程和选修课程。进一步明确各类课程功能定位，与高考综合改革相衔接。关于学科课程标准：①凝练了学科核心素养。②更新了教学内容。进一步精选了学科内容，重视以学科大概念为核心，使课程内容结构化，以主题为引领，使课程内容情境化，促进学科核心素养的落实。③研制了学业质量的评价标准。各学科明确学生完成本学科学习任务后，学科核心素养应该达到的水平。④增加了指导性。大部分学科增加了教学与评价案例，同时依据学业质量标准细化评价目标，增强了对教学和评价的指导性。

时代呼唤教师专业素养的不断提升。随着义务教育阶段统编教材的投入使用，高中新课程标准的落地，对中学教师提出了新要求，新视野、新理念、新要求、新课标、新教材等需要教师与时俱进，提升自身的专业素养，需要教师具有新的发展观、新的知识观、新的教学观、新的课程观，这样才能全面贯彻党的教育方针，切实落实立德树人的根本任务。历史教师要发挥历史课程的育人功能，教育引导学生从历史的角度关心国家的命运，关注世界的发展，努力成为德智体美劳全面发展的社会主义建设者和接班人。

三、国内外关于中学历史教师素养研究的现状

1. 国外研究现状

日本冈山理科大学小山悦司教授认为，把握教师应有的"学科教学素养"的总体构造是十分重要的。基于这一点，他援用以经营学为中心的人事管理领域所运用的"专门职业评价要素"，分析了教师应有的学科教学素养，从技术层面和人格层面，为我们把握学科教学素养的总体构造，提供一定程度的参考。

美国伊利诺伊州历史教师标准为我们提供了教师的基本素养要求的参考依据。德国成立历史工作坊，历史工作坊不仅是纯讨论的地方，还是实践的场域，工作坊的主角是教师、教授、负责师资培训的政府人员、学生，每个工作坊制订了详细的教师发展计划。工作坊展现了各层机构对历史教师素质

提升的热诚,以及他们对下一代公民历史思考能力的重视,有利于提高历史教师的学科教学研究能力。

心理学家莱恩斯在其代表作《教师的个性特征研究》一书中指出:"在现代社会条件下,人们所关心的不再是物质利益的满足,而是较高层次的成长需要。维系教师社会职业角色形象的主要因素是个体特定的人格特质。"自1955年世界教师专业组织会议提出教师专业问题以来,尤其是20世纪以后,世界发达国家和地区,对教师素质的关注达到了空前的程度。

除此之外,国外学术界对历史教师的专业发展有很多专著,如(美)麦金太尔·奥黑尔的《教师角色》,(日)佐藤学的《课程与教师》,(苏)霍姆林斯基的《给教师的建议》等。这些著作主要论述了广义的教师素养,为研究历史教师的专业素养提供了理论论据。

2. 国内研究现状

我国的学者专家和一线的教育改革者对教师专业发展进行了许多理论和实践的研究。比如,叶澜教授认为教师的专业素养应该包括专业理念、专业知识和专业能力等几大方面。上海市教育科学研究院副院长、华东师范大学教授顾泠沅在借鉴香港大学徐碧美教授伙伴互助、个案研究的基础上,强调了专业引领和教育叙事研究方法的运用。经过与青浦区教师进修学院长达一年的合作研究,于2002年创造性地探索出以学科课例为载体的专业引领下的教育行动模式。从2003年开始,顾教授领衔的教师培训以区域推进的方式在9个区进行推广,培养了一批骨干教师,使各个区县的教师进修学院、教研室拥有一批研究人员,并与高校、市教科院等研究机构的专家形成了一个网络。同时,教育部基础教育司在全国各省市自治区教研室主任国家级培训中率先推广,至此,以"课例"研究为载体引领专业成长的模式日臻完善。

国内有关中学历史教师素养研究的主要论著有朱慕菊主编的《走进高中新课程——与课程实施者对话》,朱煜主编的《走进高中新课改——历史教师必读》,陈其主编的《历史课程改革的理论与实践》,冯一下的专著《改革中的历史教育》,姬秉新、李稚勇、赵亚夫主编的《理解与实践高中历史新课程——与高中历史教师的对话》等,这些著作主要是围绕一线教师所关注的热点、焦点问题进行论述,在新课程实施过程中为历史教师的专业发展指明了方向。另外还有于友西、叶小兵、赵亚夫的专著《素质教育与历史教育学》,杨志才主编的《给历史教师的101条建议》,叶小兵、姬秉新、李稚勇的专著《历史教育学》,朱煜的专著《历史课程与教学论》,赵克礼主编的《历史教学论》,聂幼犁主编的《历史课程与教学论》,冯一下、李洁主编的《历史教育新探》，朱汉国、郑林主编的《新编历史教学论》等。这些著作大多是结合基础教育历史课程改革的新理论、教学实践中的新经验，对历史教师的专业发展及专业素养进行论述。

近几年关于教师素养的研究论文十分丰富，主要有冯一下的《历史教师心目中的优秀教师》，刘微的《我国教师专业化的现状》，戴军的《中学历史教师素质修养琐谈》，余文森的《试论教师的三种境界：教书匠　能师　人师》，叶澜的《新世纪教师专业素养初探》等。

综上所述，学术界关于中学历史教师专业发展和素养研究的成果丰富，为我们研究中学历史教师素养的发展提供了理论基础，但是，这些研究成果较宏观、较分散，特别是对教师素养的全面研究缺乏系统性，实践性也不足。为我们研究中学历史教学素养的发展留下了进一步深入研究的空间，也提出了新的挑战。

四、小结与启示

（1）国家、地方和社会对教育的高度重视和教育目标的定位需要教师不断提升自身的专业素养，职前培训和职后培训同等重要。

（2）随着教育改革的深入进行，教师是教育改革的排头兵，要勇立潮头，教师的专业发展要与时俱进，教师要善于学习、勤于思考、大胆实践、勇于创新，方显担当，才能不负于我们这个时代。

（3）新时代对中学历史教师的教学知识水平、专业水平提出了新要求。尽管国内学者关于教师素养的发展提供了很多思考，但主要是停留在理论层面，需要我们一线教师和教研员将理论与实践相结合。本研究课题意在通过区域教研提升中学历史教师学科教学素养，寻求解决历史教学问题的有效途径。本课题主要从职业素养、专业素养、教学素养和实践反思四方面阐述，通过理论与实践相结合，为中学历史教师专业素养的提升提供借鉴和参考。

第三节　现状分析

要研究中学历史教师的素养，就必须了解中学历史教师素养的发展现状。本书以广州市番禺区中学历史教师为调查对象，通过问卷调查、数据分析，获得了一手资料。番禺区虽然只是一个区域，但具有一定说服力和参考性。在人数上，番禺区教师人数占到广州地区的六分之一，师生数量庞大。在地域上，番禺区位于城乡结合部，呈现出广州是一线城市的特点，同时又有很多乡镇，农村学校、薄弱学校占很大比例，使番禺区具备一线城市特征和乡镇地区特征并存的特点。

一、广州市番禺区初中历史教师现状调查

为全面了解广州市番禺区初中历史学科教学的现状，更好地开展基础教育历史课程指导与实施工作，番禺区教研室历史学科于 2017 年 3 月对全区 56 所公办、民办初中学校发放了《番禺区初中历史教学现状调研调查表》，共收回调查表 43 份，其中公办学校 31 份、民办学校 12 份。

本次调研主要从历史学科师资概况、任课教师具体情况、学科课程开设情况等方面进行调查，对收集到的全部调查表进行了数据整理统计。由于民办学校调查表回收数量有限，且教师流动性比较大，为保证数据统计的完整性和科学性，本研究以对全区公办学校的数据统计为主，并作出如下的调查分析报告。

1. 基本情况

我区现有公办初中 31 所，共有 146 位老师任历史科教学，其中含 5 位临聘老师在内共 73 位教师具有历史专业学历，占总任教人数的 50%，如图 1-7 所示。

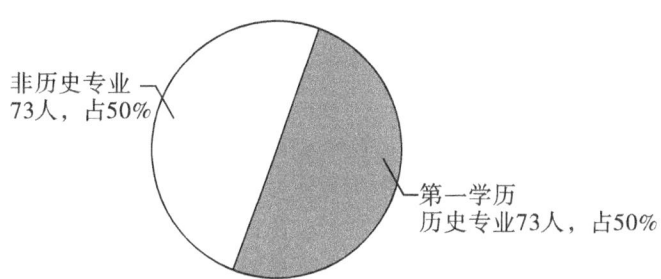

图 1-7 番禺区初中历史专业教师人数情况

现有专职历史教师人数 96 人，占任教人数的 65.75%；兼职历史教师人数 50 人，占任教人数的 34.25%；专职历史老师 96 人中，高级职称 12 人、中级职称 63 人、初级职称（含未定级）21 人，分别占比 16.67%、65.63%、21.88%（备注：此比例已包括其他学科职称的老师），如图 1-8 所示。

其中，二师广州南站附属学校、海鸥中学、体校 3 所学校没有配备历史专业教师；海鸥中学、体校两所学校没有历史专职教师，由其他学科的教师兼教历史；洛浦中学、富丽中学、二师广州南站附属学校、南村侨联中学、石楼二中、海鸥中学、象骏中学、体校 8 所学校均是兼职历史教师人数大于

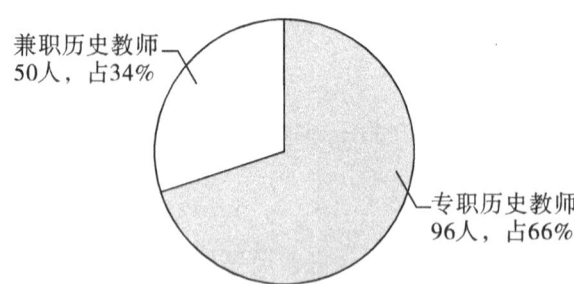

图1-8 番禺区初中历史专任教师人数情况

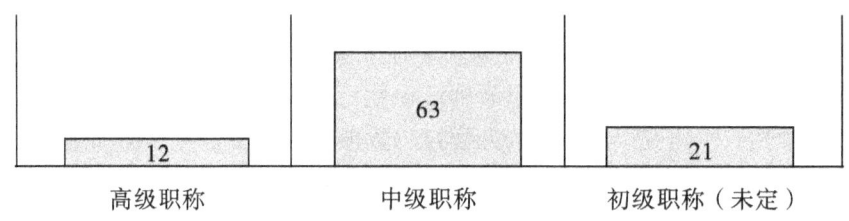

图1-9 番禺区初中历史教师专业技术职称人数情况

专职历史教师人数。

2. 具体情况

广州市番禺区31所公办初中学校上交的调查表中共提供了139名历史任课教师的基本资料，平均年龄约42.6岁，男教师64人（平均年龄45.6岁）、女教师75人（平均年龄40岁）；高级职称21人，不完全统计有7人为非历史专业，另有1人为校长、3人为副校长、4人为中层干部；中级职称83人，不完全统计有46人为非历史专业，另有3人为副校长、5人为中层干部。

综上数据，反映出番禺区现有初中历史学科的教师，以中年教师为主，从教师职业发展的规律来看，部分老师虽然经验丰富，但不再像青年教师那样充满积极性、热情与活力；从职称级别来看，获得高级、中级职称的教师中，有近51%为非历史专业，反映出各校都有一定比例的老师在已获得中级、高级称职后因种种原因再转教历史科，也在一定程度上反映番禺区初中历史教师队伍专业化发展水平较低、队伍综合素质有待提高。从任课教师稳定性看，流动性较大，历史专任教师数量不足，现有历史教师的课时工作量大。而保证初中历史教师队伍的稳定性是最基本的要求，与现状不符。

二、广州市番禺区高中历史教师现状调查

番禺区 14 所高中学校历史教师的师资现状调查结果如下：

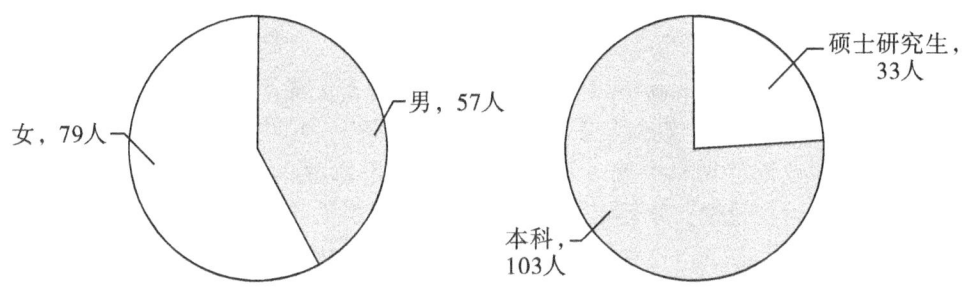

图 1-10 2015 年番禺区
高中历史教师性别情况

图 1-11 2015 年番禺区高中
历史教师学历情况

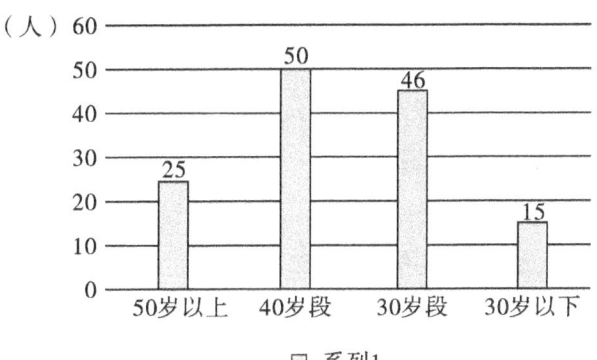

图 1-12 2015 年番禺区高中历史教师年龄段分布情况

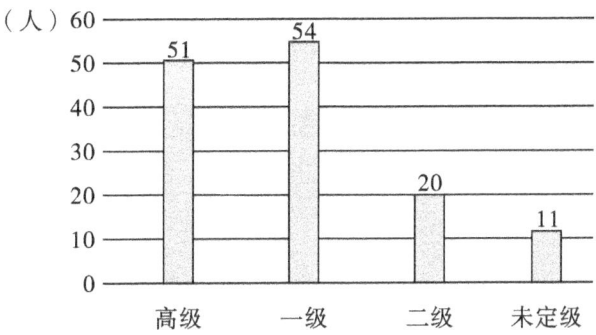

图 1-13 番禺区高中历史教师职称情况

番禺区高中现有历史教师共 136 人,其中临聘教师 10 人。从性别看,女教师略多于男教师,男女比例基本均衡;从学历看,研究生学历的教师占 24.26%,本科生学历的占 100%,说明番禺区高中教师学历高,教师起点高,不少教师从"双一流"高校毕业;从年龄结构看,40 至 50 岁年龄段比重最大,占 36.76%,50 岁以上的年龄占教师比例近 18.35%,30 岁以下教师所占比重很小;从职称状况看,一级教师比重最大,高级教师的比重仅次于一级教师。从番禺区高中历史教师整体情况看,主要优势有:整个教师队伍学历高、职称高、教学经验丰富。但是也存在一些问题,如年龄结构偏大,教师职业倦怠现象严重,安于现状、不思进取现象较严重,更新知识、思想观念的速度过慢;年轻人虽然比例不大,但都忙于家庭事务等,在专业提升和敬业方面存在一定程度的懈怠。总的来说,就番禺区目前高中历史教师现状看,要想进一步提升教师的专业素养是有一定困难的。如何提升历史教师的专业素养呢?这正是本课题要研究解决的问题。

三、广州市番禺区中学历史课堂教学现状调查

(一)课程开设情况

1. 初中历史学科课程开设情况

番禺区现有 31 所公办初中,其中初一年级共 232 个教学班、初二年级共 227 个教学班、初三年级共 226 个教学班,合计 685 个教学班。若以人均任教 6 个历史教学班为标准工作量计算,大约需要 115 位老师。然而,番禺区初中现只有 73 位历史专业教师(含 5 位临聘教师),初中历史专业教师缺口高达 42 人。各校为解决历史教师不足的情况,基本上是将一些主考科教学能力和管理能力较弱的教师转教历史科,或派工作量不足的教师兼任历史科教学,还有一些教师临时代教历史科教学。各校在每年申请教师数配备时,对优先招聘历史老师考虑不足,甚至一些学校认为历史学科就是讲故事,只要有教科书,任何学科的教师都可以教。

存在严重师资不足的最主要原因是,初中历史不是中考科目,各校不重视,特别到初三年级这种现象更加突出。为此,在初三年级做了开课情况调查,调查结果如表 1-1 所示。

表1-1　2016年番禺区初三历史学科开课情况（含部分民办学校）

调查学校（所）	每周开两节的学校（所）	每周开一节的学校（所）	没有开课的学校（所）
42所	35所	7所	0

注：按国家课程标准要求，初三年级历史课每周开两节。

近年来，番禺区招收的初中历史专业教师寥寥无几。除2014学年二师附属初中招收1名历史教师、2012学年钟村中学招收1名历史教师外，基本上各校都没有招收历史教师，从而导致区内历史教师人数严重不足、专业能力差异较大、年龄结构偏大等诸多现实问题。

各校上交的调查表显示，2016学年初三年级没有严格按国家课程标准开足开齐每周2节历史课教学的学校共有7所。

2. 高中历史学科开课情况

高一年级：分班前每周2节历史课，近两年番禺区高中各校在高一下学期已分文理科，文科班每周开设历史课2.5节至3节，部分学校一周开设4节；理科班每周开设1.5节至2节。

高二年级：文科班每周3至4节；理科班每周1至1.5节。

高三年级：文科班每周5至6节。

选修课是根据高考考试内容开设，将选修内容融入必修内容中。校本课程学校基本上没有开设，个别学校会利用开学第一周讲一些有关校史方面的内容。

通过初中、高中历史课开设情况的调查，反映出来的主要问题有：一是个别学校初三年级历史未按国家课程标准开足课；二是初中历史课程的教学质量堪忧；三是高中历史选修课教学质量有待提高，学生缺乏选修课的自主选修权；四是过早分文理科不利于理科生对历史学科的学习。

（二）关于课堂教学的调研

1. 初中历史课堂教学情况的调研

表1-2　听课观课情况统计表

评价维度	评价指标	权重	得分
教学目标	三维目标明确，符合新课标、新教材要求，与学生自身的心理特征和认识水平相适应	20%	15

续上表

评价维度	评价指标	权重	得分
教学内容	1. 准确把握教学内容，无科学性错误；重点突出，难易适度； 2. 注意联系学生生活、社会实际和学生已有的经验知识，有效拓展教学资源	20%	8
教学实施	1. 教学思路清晰，围绕教学任务与目标，突出重点和难点； 2. 善于运用启发性教学方法，教学方法灵活多样、得当； 3. 面向全体学生，兼顾个体差异，注重学生有效参与； 4. 根据学生实际情况，善于引导学生自主学习、合作学习和探究学习，激发学生的学习兴趣	30%	18
教学效果	1. 通过师生的双边活动，使学生完成有效学习，达成教学目标； 2. 培养学生良好的学习习惯，能指导学生如何学习； 3. 促进学生思维能力和学习能力的提高和发展； 4. 教学环境是和谐、活跃、民主、平等的	30%	15
综合评价			
总评得分	56 分	注：优（90分以上）；良（89～90分），合格（79～60分）；不合格（60分以下）	

注：2016年第一学期共听了初中历史课126节，得分为126节课的平均分。

根据表1-2的课堂评价指标，在所听的126节初中历史课中，有60%的课是不合格的。存在的问题：一是教学内容方面，教师不能准确把握教学内容，出现明显的学科知识性错误；二是教学实施方面，教学思路不够清晰，不能准确地围绕教学任务开展教学，教学方法陈旧，"填鸭式""满堂灌"现象严重；三是教学效果方面，许多教师对教学效果的理解仍停留在学生背多少历史知识的层面，缺乏对学生能力的培养。总的来说，番禺区初中历史课堂教学与新课程的要求仍存在较大的差距。

（二）初中学生问卷调查

表1-3 初中学生问卷调查表（54所学校，10780名学生）

调查项目	调查结果
1. 你最喜欢上什么课？（按语、数、英、理、化、生、政、史、地、图、音、体排序）	历史课排第四位（90%学生认为）

续上表

调查项目	调查结果
2. 你认为现在的历史课	A. 有趣，但收获少（21%） B. 沉闷乏味，没意思（7.6%） C. 很感兴趣，收获良多（66.4%） D. 容量大，跟不上（5%）
3. 历史课上你喜欢的教学方式（最多可选四项）	A. 配合教学到博物馆或遗址参观考察（48.5%） B. 老师运用电教媒体进行教学（47.7%） C. 开展活动，如角色扮演等（32.8%） D. 学生也参与教学，师生共同讨论问题（27.1%） E. 指导学生看一些有益的历史读物（26.9%）
4. 你对学习历史的认识	A. 有必要学（52%） B. 应该多学一些（44.9%） C. 用处不大（2.1%） D. 根本没用（3%）
5. 你希望在历史课上学习到什么？	想知道课本之外的更多的历史知识，包括各民族的风俗习惯、生活方式、科技文化、伟大人物等
6. 请你给老师的教学提出相关建议	教师语言风趣、生动，故事性强，多看视频、电影，课堂交流，参观历史博物馆

注：第3题只列出排在前五位的统计数据。

从初中学生问卷调查表看，在这次调研的过程中，最令人欣慰的是学生学习历史的兴趣较高（历史课排第四位），喜欢教师形式多样的教学方式，对教师和历史课的教学内容期望值高，学生的高期待有利于改进历史教学。

调研发现，初中历史学科存在问题的主要原因在于：一是学科地位不平等，历史学科处于"副科"地位。广州地区历史学科在2018年前仍未纳入中考科目，许多教育行政部门围着中考、高考指挥棒转，把中考、高考成绩的好坏作为考查学校教学质量的重要依据；在社会上，家长为了让子女上重点高中也以牺牲非中考科目为代价；在课程设置、任课教师安排等方面对历史课仍然存在一定的歧视，抢占历史课，非专业教师兼教历史课的现象较普遍。二是历史教师工作的积极性和学习的主动性不高。历史老师授课班级多，跨年级授课的现象非常普遍，工作量大，但在学校待遇低，许多学校评优评先都以中考科目的教师优先，特别是实行绩效工资后，一些学校出现了

"同工不同酬"的现象,这些客观因素在一定程度上挫伤了历史教师学习的主动性和工作的积极性,制约了初中历史课堂教学质量的提高。

表1-4 番禺区高一历史学生问卷调查(文理分科前)

内容	人数比例			
	A	B	C	D
1. 下学期分科时你准备选择 　A. 文科　　B. 还在考虑 　C. 理科　　D. 随便	27.11%	33.33%	33.7%	2.2%
2. 你不喜欢历史课的原因是 　A. 历史知识难记 　B. 教学内容乏味 　C. 老师教学方法不够吸引 　D. 准备选理科	45.42%	11.72%	13.55%	17.58%
3. 你喜欢的高中历史教学方式是 　A. 教师融知识性、趣味性于一体,善于采用现代教学手段 　B. 学生自学为主,教师质疑释疑 　C. 教师严格按教材讲授,讲清考点,便于考试 　D. 教师讲故事为主	64.84%	5.49%	13.55%	10.99%
4. 你喜欢的历史老师首先应该 　A. 语言风趣幽默,能吸引同学们 　B. 学识渊博,见识高明 　C. 除懂历史外,还有其他绝活 　D. 课后和蔼可亲,课堂严肃紧张	57.71%	22.71%	7.33%	5.13%
5. 教学中引入一些史料,有助于培养你独立思考和解决探索历史问题的能力吗? 　A. 非常有帮助 　B. 对理解历史有一些帮助 　C. 看不懂史料,不太清楚有无帮助 　D. 没有帮助	32.6%	48.35%	11.72%	3.66%

续上表

内容	人数比例			
6. 你在历史课堂上常处于什么状态？ 　A. 积极参与课堂活动，与老师、同学互动 　B. 以听老师讲课为主，认真做笔记 　C. 有时走神，认真度不够 　D. 经常走神，甚至睡觉	A 19.05%	B 47.62%	C 18.68%	D 4.40%
7. 课堂上你不主动举手答题的原因 　A. 担心答错 　B. 回答不出来 　C. 有其他同学回答 　D. 没有举手的习惯	A 25.64%	B 21.98%	C 16.62%	D 30.4%
8. 你对历史学科布置作业持何种态度 　A. 作业布置要解决每节课的重点难点知识 　B. 作业布置以随堂训练为主，适当布置选择题 　C. 尽量少一点，毕竟是副科 　D. 无所谓	A 39.19%	B 35.53%	C 4.76%	D 7.69%
9. 在做历史作业时，你的方法是 　A. 阅读课本并思考 　B. 查阅辅导资料 　C. 与同学商量 　D. 参考同学的答案	A 64.47%	B 13.55%	C 5.13%	D 3.66%
10. 拿到老师批改的导学案或作业，你最关心的是 　A. 分析老师指出的问题 　B. 老师评语 　C. 分数或等级 　D. 无所谓	A 54.58%	B 8.79%	C 16.85%	D 5.31%

　　番禺区高一历史学生问卷调查（文理分科前）反映出：一是学生对历史学科的学习仍停留在知识的记忆方面；二是学生希望教师融知识性、趣味性

于一体,善于采用现代教学手段,语言风趣幽默,能提高教学吸引力、感染力;三是学生希望阅读教材,思考问题,也希望教师及时指出学习中存在的问题。

刚升入高中,高一的学生对历史学科的认识还停留在初中时期的水平,需要老师引导学生明确高中历史学习的要求,掌握高中历史学习的方法。

四、广州市番禺区近三年中学历史教师专业发展状况调查

1. 高中历史教师专业发展状况调研

2017年9月,针对番禺区83位高一、高二年级的任课教师,从教师近三年的专业发展、教学观念、对今年发展的规划等方面进行调研,如表1-5所示。

表1-5 近三年番禺区高中历史教师专业发展状况调研表

内容	人数					
1. 您最近三年以来开设各类公开课的情况 A. 无　B. 1—2次　C. 3—4次 D. 4—5次　　　E. 5次以上	A	B	C	D	E	F
	12	35	22	9	5	—
2. 您近三年以来获奖或发表的论文情况 A. 无　B. 1—2篇　C. 3—4篇 D. 4—5篇　　　E. 5篇以上	A	B	C	D	E	F
	31	43	4	2	0	—
3. 您对下列教学理念最看重的是 A. 以教师为主体,学生应服从教师安排 B. 从"以教师为主"转为"以学生为主" C. 教师、学生都是教学主体,应相互协调 D. 其他	A	B	C	D	E	F
	0	12	71	0	—	—

续上表

内容	人数					
4. 对下列教学目标的认识，你最看重的是 　A. 以"知识传授"为主，其他目标应服从该目标 　B. 从"知识传授"为主转为以"能力培养"为主 　C. 以升学考试需要为主导，融合三维课程目标 　D. 从依据"课本教学"转为全面开放利用"课程资源"	A	B	C	D	E	F
	8	56	4	8	—	—
5.（多选）您通常采用的教学方式是 　A. 以讲授为主 　B. 以自学为主 　C. 以问题探究为主 　D. 以阅读材料史料分析为主 　E. 小组合作学习 　F. 导学案导学	A	B	C	D	E	F
	35	30	26	4	39	6
6. 您在教学中通常怎么处理教学内容 　A. 打乱教材顺序，重新构建知识框架 　B. 按教材体系进行 　C. 综合教材内容和学生实际情况进行处理 　D. 其他_____	A	B	C	D	E	F
	4	8	61	4	—	—
7. 您在教学中是怎样调控教学过程的？ 　A. 按教学计划 　B. 兼顾教学要求和学生情况 　C. 完全按照学生情况 　D. 其他_____	A	B	C	D	E	F
	8	75	0	0	—	—

续上表

内容	人数					
8.（多选）您平时主要的专业学习手段是 A. 阅读历史专业期刊 B. 参加进修活动 C. 参加教研活动 D. 上网搜索信息 E. 其他	A	B	C	D	E	F
	61	22	66	61	8	—
9.（多选）您认为影响教师专业发展的不利条件主要是 A. 主观不努力 B. 教师间缺乏合作、交流的氛围 C. 参加教研进修机会少 D. 领导不重视 E. 生源质量差 F. 缺少专家指点	A	B	C	D	E	F
	52	17	43	17	8	30
10. 您对以后职业发展的规划是 A. 继续维持现在的状态 B. 发展成为本学校历史学科带头人 C. 晋升为本校领导 D. 寻求其他职业的发展	A	B	C	D	E	F
	44	35	4	0	—	—

在调研中，教师们近三年专业的发展情况为：

一是教学观念有所改变。从"教师为主"的观念逐渐改变为"以学生为主"，这一点是值得欣慰的，说明新课程改革实施十几年了，教师观念的改变是最大的成果。

二是教师普遍认同教研活动是提升教师专业发展的有效途径。近80%的教师都认为自己的专业发展主要依靠教研活动，这为今后教研活动的开展提出了新的要求，以推动新时期教师的成长。

三是教师进取心不足，安于现状。从公开课、撰写论文、教师今后发展的规划等调研数据反映出了这一现象。我们需要分析教师职业倦怠、内驱力缺乏的原因，从而克服教师的职业倦怠，激发教师的上进心，促使教师与时俱进。

近三年番禺区高中历史教师专业发展状况调研表反映出，有14.4%的教师近三年没有开设任何级别的公开课；有37.3%的教师近三年没有一篇获奖和发表的论文；在教学方式方面，有 42% 的教师认为以讲授为主，只有 31% 的教师认为以问题探究法为主；从影响教师专业发展不利条件方面，有 62.6% 的教师认为是自己主观不努力；从教师对以后职业发展规划方面，有 53% 的教师安于现状。

2. 广州市番禺区初中历史教师专业基本能力调研测试分析

2015 年对番禺区初中历史教师专业基本能力进行了测试调研，试题分两部分，第一部分为教育教学基础，命题依据是《教师法》《教育学》《心理学》；第二部分为学科专业知识与技能，命题依据是《初中历史课程标准》（全日制义务教育实验本）、教科书（人教版）、《广州市义务教育阶段学科学业质量评价标准》。

在编制试题时，具体把握以下几个标准：

（1）科学性。初中历史教师专业基本能力测试必须符合历史学科的特点，注重考查初中历史学科的核心内容和基本能力，关注教师历史学科素养的养成与发展，为教师的可持续发展提供良好的条件。

（2）创新性。针对近年来历史学科的研究成果和发展方向，运用了大量新材料、新情景，将史学界新的观点、研究方法融入到试题中，有利于更新教师的知识，改变传统的史学观点，使教师能够与时俱进；开放性试题的设计，有利于表达教师独立的见解和创新意识。

（3）应用性。历史学习是一个从感知历史到积累历史知识、从积累历史知识到理解历史的过程；注重培养论据意识和独立思考的能力，注重培养对历史现象进行初步归纳、比较和概括的能力。试题充分体现了这一功能。

（4）有效性。以教师的发展为本，为促进教师的专业发展服务，从教师教学的实际出发，试题图文并茂，新颖、活泼，具有合理的试卷内容结构、题型结构和难度结构，有利于教师发挥水平；试卷具有一定的效度与信度，设计的知识无科学性错误，试卷界面规范。

（5）导向性。历史教学应突出教育价值，体现对学生人文素养的培养，培养学生正确的人生观、价值观，试题发挥了导向作用，有利于教师改变教学方式。

测试的时间为 120 分钟，卷面满分为 150 分。全卷分两大部分。第一部分为教育教学基础，共三大题，16 小题，其中选择题 10 小题，判断题 5 小题，问答 1 题。客观题 30 分，占本部分总分的 67%，主观题 15 分，占本部分总分的 33%。第二部分为学科专业知识与技能，共两道大题，选择题和综合题。其中选择题共 30 小题，共 60 分，占本部分总分的 57%；综合题共 5 小题，共 45 分，占本部分总分的 43%。

测试基本情况如下：

表1-6 考试整体情况

科目	考试人数	平均分	难度	区分度	信度
初中历史	119人	100.3分	0.67	0.27	0.79

表1-7 答卷等级统计

科目	考试人数	最高分	最低分	优秀率	良好率	及格率
初中历史	119人	124分	48分	5.04%	52.94%	75.63%

表1-8 分数段统计

分数段	人数	百分比（%）	分数段	人数	百分比（%）
<45	0	0.00	85～90	7	5.88
45～50	1	0.84	90～95	9	7.56
50～55	0	0.00	95～100	9	7.56
55～60	1	0.84	100～105	9	7.56
60～65	4	3.36	105～110	18	15.13
65～70	2	1.68	110～115	18	15.13
70～75	3	2.52	115～120	21	17.65
75～80	5	4.20	120～125	6	5.04
80～85	6	5.04	合计	119	100

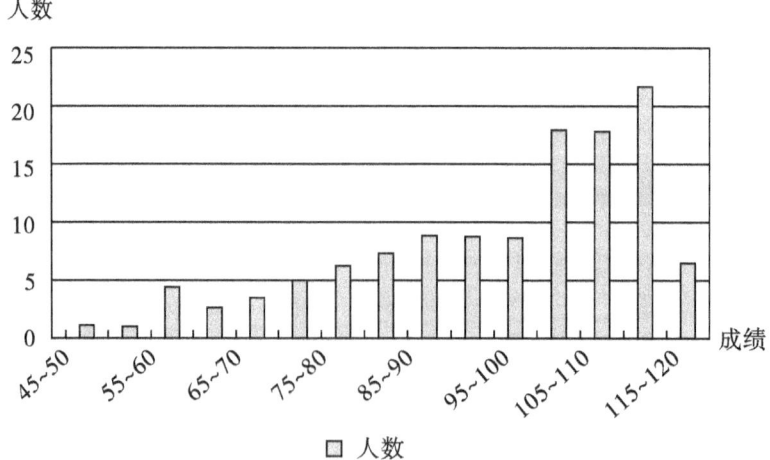

图1-14 考生成绩分布柱状图

表1-9 各校成绩统计

镇（街）	学校	考试人数	平均分	最高分	最低分
大石	富丽中学	3	93	100	86
	大石中学	7	102.9	117	89
	洛浦中学	1	99	99	99
	沙滘中学	2	108.5	109	108
	洛城中学	5	98.8	110	82
	番禺执信	4	116	119	111
南村	南村中学	3	82.7	100	65
	南村侨联	1	103	103	103
钟村	石壁中学	1	118	118	118
	钟村中学	5	91.4	116	79
	钟村奥园	1	115	115	115
化龙	化龙中学	3	80.7	92	74
石碁	石碁中学	2	118	124	112
	石碁三中	5	109.8	116	102
	石碁四中	5	106.2	117	92
	石碁二中	3	87.7	97	72
沙湾	象达中学	8	99	117	89
	象骏中学	2	94	111	77
新造	新造中学	2	112	114	110
石楼	石楼二中	2	72.5	76	69
	海鸥中学	2	109.5	115	104
	莲花山中学	3	82.3	104	48
	石楼中学	2	85.5	107	64

续上表

镇（街）	学校	考试人数	平均分	最高分	最低分
市桥	番禺实验	3	114	120	111
	桥城中学	2	112	115	109
	桥兴中学	3	115.7	122	110
	星海中学	5	106.8	117	86
	东风中学	3	108.3	115	99
	象圣中学	2	110.5	111	110
	沙头中学	2	109	109	109
	市桥侨联	4	104.5	114	93
合计	31所学校	119	100.3	124	48

从答题情况分析，整体情况较好：

（1）从整体得分情况看，大多数教师对教材应知应会的基础知识掌握得比较熟练。整份试卷主要考查初中历史教学中的主干知识和基础知识。从平均分看，基本上达到了预期的目标，说明多数教师基础知识比较扎实。

（2）教师的书面表达能力较好，学科表达规范。绝大多数教师答案卷面整洁、层次清晰、逻辑性强，能够史论结合，准确使用了专业术语。

（3）教师在答题中显现了较好的价值观取向。《初中历史课程标准》（全日制义务教育实验本）明确指出："培养学生正确的历史观，进而使学生学会辩证地观察、分析历史与现实问题，加深对祖国的热爱和对世界的了解，从历史中汲取智慧，养成现代公民应具备的人文素养，以应对新世纪的挑战。"培养学生的人文素养，历史学科责无旁贷。试卷第47题第（5）问"综合上述材料，你从中获得了哪些认识？"；第48题第（4）问"依据材料五，结合所学知识，谈谈你对中华民族复兴历程的认识。"都考查了教师的价值取向，发挥历史学科的教育功能。

存在的问题如下：

（1）对历史概念理解不到位。得分最低的是第27题，答对率仅10.08%，本题考查的是对"洋务运动"这一历史概念的理解，题干："'洋务运动是中国迈向近代化的开端'，其本质含义是"；绝大多数考生选择了"地主阶级的改良运动"，没有理解洋务运动的本质含义。其次是第46题，得分率是32.7%，考查的是"两极格局"这一历史概念。从教师的答对率情况看，暴露出教师对历史概念的理解还停留在浅层次，不能准确理解概念的内涵和外延。

（2）缺乏历史学科素养。历史学科素养至少应该包含以下三个方面的内涵：一是历史学科特有的思维方式；二是历史学科特别的研究方式；三是历史学科特殊的认知和解决问题的方法。第50题引用了丘吉尔《第二次世界大战回忆录》，考查教师对材料观点的理解和研究历史的方法。本题满分5分，平均分2.3分，暴露了教师学科素养薄弱。

（3）对《初中历史课程标准》（全日制义务教育实验本）不熟悉。第51题考查课标知识的第二部分课程目标，"依据《初中历史课程标准》（全日制义务教育实验本），请回答：基本的历史知识主要包括哪些内容?"；满分是5分，平均分1.9分，充分暴露了教师平时很少关注课程标准。

（4）教育教学基础知识薄弱。教育教学理论知识共45分，教师的平均分27.6分，暴露了教师教育教学知识的薄弱。

以广州市番禺区的调研了解目前我国中学历史教师素养发展的现状是有一定说服力和可参考性的，因为番禺区位于珠三角，地处广州城乡结合区域，师生人数众多；区域内各校差异明显，有国家示范性高中五所，也有几所学校是广州市第五、六组（广州市根据高一学生的成绩将学校分成六组，一组为生源最好的学校）的学校，有高端的民办学校，也有众多农民工子弟学校。可以算是广东教育发展的缩影。

我们试图从基础素养、专业素养、学科教学素养、教育实践素养四个维度了解目前中学历史教师的素养现状。通过调查问卷全面了解教师的专业水平、教学技能、近三年专业发展规划、学校历史教师师资状况、学校历史课程开设等情况。发现主要存在以下问题：

（1）在教学专业发展方面。整体发展水平滞后。从测试情况看，教师整体教育教学基础薄弱，对新的史学观点不了解，对专业知识的认知主要停留在对教材的认知和已储备的知识上。

（2）在教学技能方面。教学方法有了很大改进，注重发挥学生的主体作用，认同"自主—合作—探究"学习，并在教学中积极探索实践。但是，在教学实践中，没有深入研究如何开展合作学习、探究更加有效的学习方法，在实际操作中往往流于形式。在教学过程中不能充分运用现代信息技术。

（3）在职业规划方面。从近三年调查的数据看，教师缺乏对自己发展的系统规划，缺乏明确的目标，被动接受工作任务，缺乏主动学习的意识。

（4）在学校课程开设和师资情况方面。初中历史非专业历史教师所占比例高达50%，且年龄结构老化。这是许多城乡结合部、农村地区中学的普遍现象。由于广州地区中考不考查历史，所以，初三年级难以保障开足开齐历史课程。高中年级历史选修课缺乏学生个性化的学习指导。

综上所述，从区域层面研究提升中学历史教师的素质已迫在眉睫，刻不容缓。2012年广州市番禺区教学研究室历史学科组建了研究团队，开展了区域提升中学历史教师学科教学素养的行动研究，并申报了广东十二五规划课题，现已顺利结题，并取得了丰硕成果，值得同行借鉴。本书在此课题的基础上进一步深入研究，希望能够探索出提升中学历史教师素养的有效途径。

五、启示和小结

（1）保持教师队伍的专业化和稳定性。义务教育阶段初中历史教师流动性大，非历史专业教师比重大，要想保障历史学科的教学质量，充分发挥历史学科的育人功能，使学生学会学习历史的方法，提高历史学习能力，逐步形成对历史的正确认识，达到课程目标的要求，应做到：首先，需要一支稳定的初中历史教师队伍，要让他们安心、静心教历史；其次，需要教师队伍的专业化，对转岗教历史或兼教历史的教师要进行岗前培训，考试合格后才能上岗。这些做法需要各级行政部门的大力支持。

（2）教师要终身学习。历史教师要能静得下心、坐得住冷板凳去读书。史学著作浩如烟海，历史研究随着史料的发掘，研究方法的多样，研究领域的拓宽等，新成果层出不穷。然而很多历史教师所储备的历史知识仍停留在大学所学的几本教材，在课堂教学中就教材教教材，缺乏知识的更新。

（3）教师要做好职业规划。每个年龄段都应该有每个年龄段的精彩，作为教师更是如此。每个年龄段的教师都应该做好职业规划，不能安于现状。例如，30岁以下的教师应完成循环教学，熟悉各年级的课程标准和教材，并逐步成为骨干教师；30至40岁的教师应形成自己的教学风格，在教学中要有自己的独特见解，并向名教师方向发展；40至50岁的教师应成为研究型、学者型教师，能够主动带新教师，做好对青年教师的培养工作等。教师工作是良心活，每一位教师都需要有教育情怀。

第四节　研究思路

在本章前三节我们界定了中学历史教师素养的概念；通过问卷调查、数据分析，了解了目前教师职业素养发展的现状；通过文献检索，综合归纳整理了教师专业发展和素养的研究成果，开展了中学历史教师素养的研究。

一、研究内容

1. 中学教师应具备的基础素养

从国家的政策法规、教师的职业特点等阐述中学教师应具备的基础品质。从人文素养、学科特点等角度阐述教师应具有深厚的文化底蕴，这是教师的内功，教师要想可持续发展，就要不断修炼内功。

2. 中学历史教师专业素养需求分析

历史学是记录和解释人类从古至今一系列活动进程中的历史事件、历史人物、历史现象的一门学科，是人类精神文明的重要成果，是一切人文社会科学的基础。它所要解决的问题是通过对史料的考证、叙述和分析，不断发现、理解、解释、评判真实的过去，探讨历史发展规律，为当今和未来社会发展提供借鉴。作为一名中学历史教师不仅要具备丰富的学科知识和教育知识，同时还要具有一定的通识知识。

3. 提升中学历史教师学科教学素养的途径分析

中学历史教学离不开课程设计、目标设计、教学设计、教学实施和教学评价等环节。通过具体的实践案例研究，为教师提供示范，同时探索区域教研和学校科组教研活动，探索提升中学历史教师学科教学素养的有效途径。

4. 中学历史教师教育实践素养的培养

目前中学历史教师在实践反思方面是相对薄弱的。如何培养反思性教师？本研究将从课例反思、成长反思、自我评价等方面提供教育实践的反思案例，并对自我评价进行深入探索。

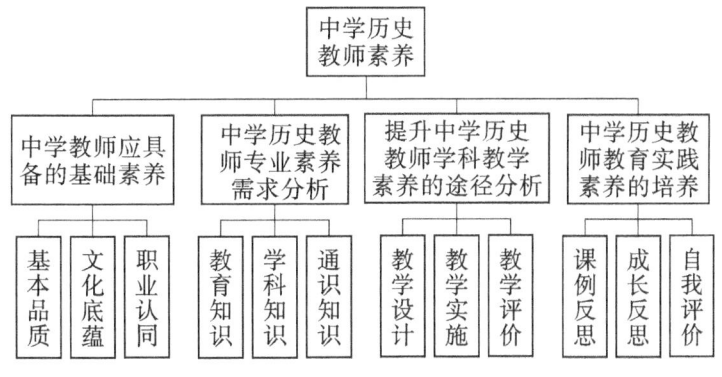

图 1-15 研究的基本框架

二、研究目标

（1）通过课题研究，希望教师能够更新教育观念，适应素质教育的要求，全面理解与准确把握"以学生发展为本"的思想内涵，建立新的学生观、教学观和教师观。明确什么是中学历史教师素养？为什么要培养中学历史教师的素养？怎么培养中学历史教师的素养？

（2）通过本课题的研究，探索中学历史教师专业发展的路径，为教师专业发展指明方向。习近平总书记在第三十四个教师节大会上发表了重要讲话，明确指出："教师是人类文明的传承者，承载着传播知识、传播思想、传播真理、塑造灵魂、塑造新人的重任。"要想成为一名合格的教师，就必须终身学习。现代教育理论认为，教师不仅是知识的传授者，更是教育教学的研究者，中学教师不能仅仅满足于完成教学任务，还必须不断地提高教学研究能力，这是实现教师专业化发展、形成独特教学风格的重要途径。

（3）通过本课题的研究，希望能够逐步提升教师素养，促进教育均衡、公平发展。国内外研究表明，教师的智力水平、知识水平差距不大，但在教学质量上往往会出现较大差异，其原因主要就在于教师学科教学素养的差异。好学校离不开好老师，素养是后天培育的，只有打造一支高素质、有进取心和责任心强的教师队伍，才能更好地促进教育均衡、公平的发展。

（4）通过本课题的研究，希望能够提炼出具有较高理论水平、易于操作、易于推广、易于后续研究的成果，为区域教研和提升教师素养提供借鉴。

三、创新之处

本课题以区域为样本，组建初中、高中学段历史教师研究团队，解决制约中学历史教师学科教学素养提升的核心问题，为历史教师专业发展和历史教学有效性研究提供坚实基础。

四、研究方法

根据本课题的研究内容和特点，本研究以文献研究法、调查研究法、个案研究法、行动研究法、观察法为主。

1. 文献研究法

根据课题研究目的广泛收集和查阅相关文献资料，全面了解国内外的研究成果,并进行分析比较,选择对本研究有价值的文献资料,尽量做到运用最具价值和最新的研究成果来支撑本课题的研究,在此基础上形成本课题研究的特色与创新点。

2. 调查研究法

以广州市番禺区中学历史教师为研究对象,通过问卷调查、访谈等,进行相关数据收集、整理,并分析影响中学历史教师教学素养发展的因素。

3. 个案研究法

通过对刚入职的青年教师、骨干教师、名教师、特级教师成长的个案追踪,对他们的成长路径进行分析,促进中学历史教师不断自我超越。

4. 行动研究法

以不同年龄段的教师为研究对象,分初中教师、高中教师两组别,依据中学历史教师队伍建设的整体目标,按照"计划—实践—反思—总结"的程序,开展应用性研究。

5. 观察法

通过构建中学历史学科教学素养的评价体系,观察中学历史教师学科教学素养的养成和发展状况。

五、研究过程回顾

1. 第一阶段(2014年1月—2014年7月):论证准备阶段

(1)成立《区域提升中学历史教师学科教学素养的行动研究》课题组。聘请历史学科专家和一线骨干教师开展研究工作。2014年3月课题研究小组正式成立,并开展工作。

(2)明确分工。召开课题组专项会议,根据课题研究内容,进行课题组成员分工,如表1-10所示。

表1-10 课题研究分工

研究内容	研究方法	负责人	完成时间
番禺区中学历史教师情况调查	调查法:问卷调查	余颖娴	2015年9月
收集提升中学历史教师学科素养的相关政策和文献	文献研究法	戴世锋 陈玮	2015年5月
了解目前中学历史教师教学素养的现状	观察法 调查法	袁杏宜 李奖云等	2015年7月

续上表

研究内容	研究方法	负责人	完成时间
了解目前中学历史教师的专业需求	观察法 调查法	吴洪涛 谢蓉蓉等	2015年7月
设计区域提升中学历史教师学科素养的有效途径	文献研究法 个案研究法	李漱萍 谭方亮 戴世锋	2015年7月

（3）收集资料。收集有关中学历史教师学科教学素养的文章、论著、政策等。

（4）文献研究。阅读收集的文献资料，进行分析，归纳总结，为课题研究的开展提供理论指导。

（5）制订研究方案，各组开展研究前进行开题论证。

2. 第二阶段（2014年7月—2016年12月）：研究阶段

分组进行研究。本课题分4个小组，实行组长负责制，明确研究任务、研究目标、研究进度。根据安排按时提交研究报告。具体工作如下：

（1）问卷调查。制订了番禺区高中历史教师年龄结构调查表、番禺区初中历史教师现状调查表、番禺区近三年教师专业发展情况调查表、番禺区中学青年教师历史培养需求调查表等；通过问卷调查、访谈、课堂观测等深入了解中学历史教师学科教学素养的现状，进行理性思考，为中学历史教师学科教学素养研究提供依据。

（2）因素分析。分析中学历史教师学科教学素养构成，找出影响中学历史教师学科教学素养提升的因素。

（3）制订实施规划。中学历史教师学科教学素养主要包括历史学科专业素养、历史课程资源整合能力、历史学法指导能力、历史教师教学反思能力。根据中学历史学科教学素养的要求和番禺区目前教师的现状制订行之有效的实施规划。

3. 第三阶段（2015年1月—2016年7月）：实践阶段

针对中学历史教师学科教学素养的需求，寻求提升途径，主要采用以下途径：①个案追踪；②以研促教；③以培促学；④以赛促训；⑤团队建设；⑥自我反思；⑦人文关怀。通过上述途径的实施，搭建番禺区中学历史教师成长的平台，全面提升番禺区中学历史教师学科教学素养。

4. 第四阶段（2016年7月—2017年12月）：总结与交流阶段

（1）制订评价体系。制订中学历史教师学科教学素养的评价标准，便于教师自查和互查，强化教师的问题意识。

(2) 整理、总结研究成果，撰写研究报告、论文，筹备结题工作。
(3) 绘制提升中学历史教师学科教学素养研究过程模型。

七、研究路线

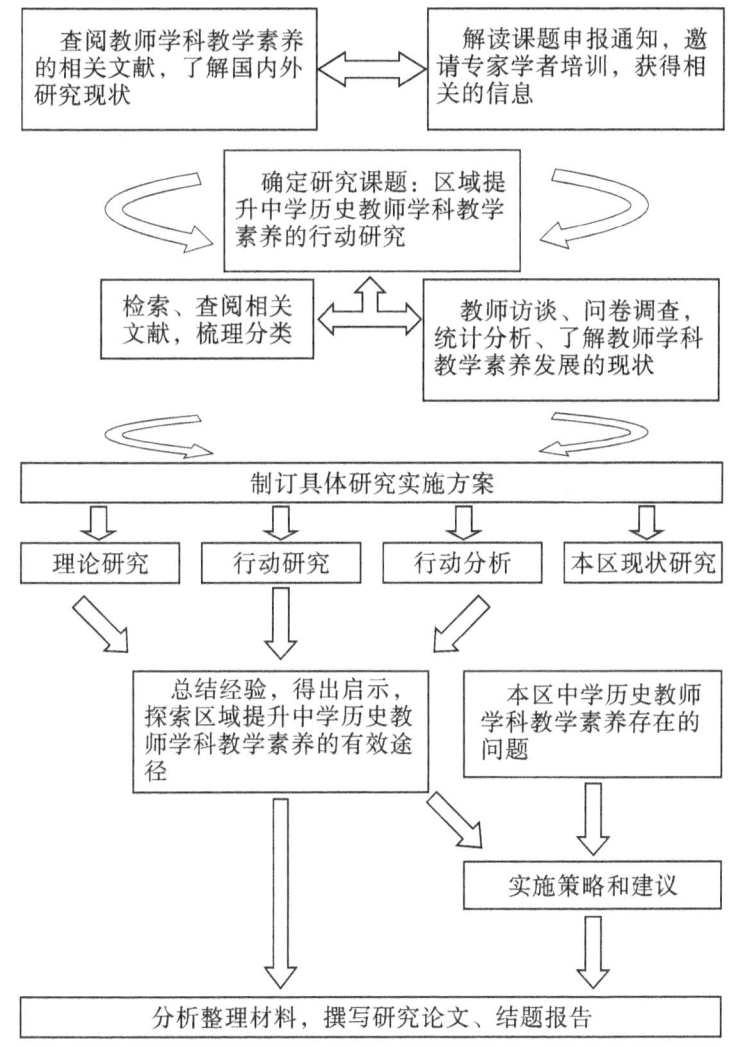

第二章

 中学历史教师的专业素养

教育部颁发的《国家中长期教育改革和发展规划纲要（2010—2020年）》对加强教师队伍建设提出了明确的要求："严格教师资质，提升教师素质，努力造就一支师德高尚、业务精湛、结构合理、充满活力的高素质专业化教师队伍。"百年大计，教育为本；教育高度，教师建筑。好教育离不开好教师，只有高素质的教师队伍才能保障教育改革和发展。本章主要从教师的教育知识、学科知识、学科教学知识和通识知识四个方面来论述教师应具备的专业素养。

第一节 中学历史教师的教育知识

一、教育知识、教育理论与教育实践

教育知识一词最早见于《教育知识学科称谓的演变：从"教学论"到"教理学"》一文，认为教育知识泛指教育领域的所有系统知识。目前关于教育知识的研究，大致分为两个方向：一是教师授予学生的知识，近于课程内容。课程社会学研究使用的教育知识大多倾向此义，国外如艾普（Apple, M.）、杨（Young, M.），国内如吴钢、洪成文等的研究都执此解。二是关于教育活动的知识，近于教育理论。也有人将教育知识理解为教育学知识。笔者认同后者，因为这种观点将教育知识理解为人们在教育活动和教育研究活动中，运用科学思维和方法获得的对教育事务性质及运动原理的认识。

关于教育理论。一般认为，教育理论是指人们对教育的理性认识；或者说教育理论是对教育实践经验"经过一定程度的抽象与概括，以简约、纯粹的方式来呈现的有关教育的理性认识"。教育理论属于教育科学知识领域的逻辑体系。有学者认为，教育理论是通过一系列教育概念、教育判断或命

题，借助一定的推理形式构成的关于教育问题的系统性的陈述。教育理论具有四个基本的规定性：

（1）教育理论是由教育概念、教育命题和一定的逻辑关系构成的。因为任何理论必定是通过概念、判断或命题等基本的思维形式来构成的，如果没有教育概念、教育命题，仅仅是对教育现象的系统描述，即使是系统的，那也不是教育理论，而只是教育现象陈述。

（2）教育理论是对教育现象或教育事实的抽象概括。理论在本质上超越于具体的事实和经验，尽管它在形式上是一种陈述体系，但它在内容上是以浓缩的形式来阐述教育事实和经验的，不是对教育事实和现象的直接复制，而是间接的抽象反映。

（3）教育理论具有系统性。单个的教育概念或教育命题，不借助一定的逻辑形式，不构成一定的系统性，也不能构成教育理论，即使它是对教育现象和事实的概括反映，那也许只是一种零散的教育观念或教育思想。

（4）教育理论是教育的意义转换与积累的过程。它应该是自身的起源与历史的一种独特的陈述的积累，其自身历史的发展蕴藏着独特的逻辑，这一逻辑过程表现出人们对教育的认识从简单到复杂、从低级到高级。

还有学者认为，教育理论作为一种社会意识形态，具有实践性、社会性、历史性、多样性和借鉴性等方面的特征。

关于教育实践。一般认为，教育实践是人类有意识地培养人的活动。进而有学者认为，教育实践是人们以一定的教育观念为基础展开的，以人的培养为核心的各种行为和活动方式。教育实践具有四个基本的规定性：

（1）教育实践是以教育认识或教育观念为基础的社会实践活动。是根据现实和未来的需要，遵循年轻一代身心发展的规律，有目的、有计划、有组织地引导受教育者获得知识技能，发展能力，培养品德的一种社会实践活动。

（2）教育实践的核心活动及其方式是对人的培养，因而其主体形式是学校教育、教学等活动，而教育行政、教育制度则是从属的活动形式。

（3）教育实践是系统的。教学实践是由教师、学生、教学内容和教学手段等要素构成的系统活动。

（4）教育实践是一种复杂的、跨度很大的活动。在现代社会里，完整的教育过程至少要有政府、学校、教师和学生四个方面的参与。

通过对教育理论和教育实践概念的分析，我们不难理解两者之间的关系，教育理论来源于教育实践，又高于教育实践，教育理论是教育实践的概括反映。教育理论指导人们的教育实践，推动教育实践的发展。也可以说，教育实践是教育理论的重要来源和终极追求。在教育实践中不断完善教育理论。

教育知识与教育理论、教育实践三者之间是什么关系呢？教育的主体是人，教育知识是教育理论与教育实践的有机结合，是在实践中不断发展和完善的，社会不断变化，人的思维方式和思想意识也会发生变化，不是一成不变的。随着人的变化，我们的教育知识也会发生变化。正如杜威所说："教育自身以外并无目的。"因此，我们必须要回归到教育本身去，"教育"这个词可以有三个层面的含义：一是教育行为，二是教育性质，三则是教育的本质。

二、中学历史教师教育知识和教育实践现状

（一）教育知识的缺失

1. 职前培训不足

目前中学历史教师的来源主要有三种：一是师范院校历史专业的毕业生。二是师范院校非历史专业毕业生。虽是师范院校毕业，但学的不是历史专业，从其他学科转岗的教师，也属于此类型，而且"他科转岗"现象在初中比较普遍，通常为行政工作人员因工作统筹而改派为历史教学人员。三是非师范院校毕业，通过教师资格考试入职的教师。前两种来源的教师虽然在大学期间学习了教育学理论、心理学知识，也经历了教学实习，但是，目前我国师范院校基本上采用的是"专业课程＋教育类课程"的混合培养模式，学生花较多的时间在专业知识的学习上，而教育学方面的知识一般用一个学期或一学年学习，仅限于书本知识的学习和应付考试，学生对两门公共课（教育学、心理学）重视程度不够。作为师范生教育课程中重要的实践环节，教育实习也较难达到预期效果，主要原因是时间短、指导不足，很多教育实习由学生自己联系实习单位，没有领队，没有全程跟踪跟进，这种"孤雁散飞"式的教育实习，缺乏系统的"理论指导—实践操作—实践反思—再实践再反思"的过程。我国的师范教育和中学教学的实际存在一定程度上的脱节，主要表现在：一是教育课程、教学内容陈旧；二是教学方法创新不足，不能反映教育研究的最新理论成果，对未来教学不能给予很好的指导；三是缺乏对中小学实践和中小学生发展的研究，忽视理论与实践的联系，理论知识转化为实际教育行动不足。目前师范大学状况堪忧，特别是大学生面对就业压力，很多大学生在大四这一年都是忙于制作简历、投简历、参加各种招聘考试等，实际真正在校学习的时间只有三年。而那些非师范生，虽然他们在获取教师资格证时也考了教育学和心理学，但这些知识更多是对记忆层面

的考查，对其原理规律是否理解，如何运用不得而知，考前死记硬背、考后遗忘是普遍现象。在职前培训期间教师普遍缺乏系统的教育学、心理学的学习，这是普遍存在的问题，也是造成教师教育理论知识缺乏的重要原因。

从理论上说，教师教育课程设置决定教师教育体系的效率，也就是决定教师培养的质量，科学设置教师教育课程是培养高质量教师的重要条件。教师教育课程设置必须以中国教育现实为基础。这个现实就是中国的学校，中国的课堂教学。尤其是幼儿教育和中小学教育，都应该基于学生的生活经验、情感体验和社会交往及学校课堂环境。

2. 职后教育滞后

教师这个职业应该是终身学习的职业。教师的职业成长包括职前准备和职后提高两部分。职前培养是教育的起点。目前，较重视对新入职教师的岗前培训；其他教师的职后培训以申报继续教育课程的形式为主。但是，多数教师在网上选修继续教育课程只是教育主管部门的硬性规定，迫于应付。从内容看，教师的在职培养既没有针对实际问题，又没有研究教育理论的前沿动态及最新成果，与职前培养的课程相比，不能体现其发展性、上升性、连续性和整合性。要适应教师教育一体化的发展要求，必须对职前培养和职后培训的课程加以整合，使整个教师教育阶段的课程体系既具有阶段性、针对性，又具有连续性。

（二）教育实践存在的问题

教育实践是人类有意识地培养人的活动。要根据一定的社会现实和未来需要，以及青少年身心发展规律，有意识、有计划、有组织地培养。《普通高中历史课程标准》（2017年版）明确指出，历史教育的基本理念：一是以立德树人为历史课程的根本任务。这是历史课程最基本和最重要的教育理念，是全面贯彻党的教育方针，切实落实立德树人的根本任务，坚持育人为本、德育为先，使历史教育成为形成和发展社会主义核心价值观的重要途径。二是坚持正确的思想导向和价值判断。历史教育要引导学生通过历史学习，认清历史发展规律，对历史与现实有全面、正确的认识，形成实事求是的科学态度以及正确的世界观、人生观、价值观和历史观；要增强学生的历史使命；要增强学生的世界意识，拓宽国际视野。三是以培养和提高学生的历史学科核心素养为目标。学生通过历史课程的学习逐步形成具有历史学科特征的正确价值观念、必备品格与关键能力。

目前在中学历史课堂教学中存在的主要问题如下：

（1）从目标看，教学目标定位不准确。在课堂教学中割裂三维目标现象比较严重。课程标准明确规定：初中阶段要"以生动、具体、形象为特征"；高中阶段要"以感性与理性并重为特征""形成对历史学习的兴趣和对人类文明发展史的审美情趣……"课程标准对教学设计提出"要根据不同年龄阶段、不同类型学生的心理发展特征，确定教学内容的深度和广度，使学生在充满兴趣的状态下掌握历史知识，发展思维能力"的要求。

（2）从内容看，教学资源开发不到位。有的教师照本宣科，没有吃透教材，对课程内容资源再开发的认识片面。

（3）教学手段、教学方式目的性不强。教师在教学过程中无论是采用照片、故事、视频、歌曲，还是诗词等等，都要让学生认识到教师呈现这个东西的目的是什么。许多教师在教学中是为了呈现而呈现，所用的视频、图片等只是引起学生的注意，不一定能激发学生的学习兴趣。

（4）缺乏对教学策略的思考。课程标准在对教学设计的要求中指出："要综合考虑教学目标、教学内容、师生特点、客观条件等因素，确定不同的教学方案、选择不同的教学策略……"

（5）从手段看，现代信息技术运用、与学生互动交流有待加强。有些教师在课堂教学中以点按鼠标、阅读PPT上的文字为要务，忽略了与学生的情感交流、互动，这是不可取的。

（6）评价方式单一。注重对结果评价，忽视对过程评价，唯分数论的现象仍然非常严重。

（7）缺乏个性化的教学，千篇一律。部分教师不能根据自身的特点和学生实际进行个性化教学，而是结构僵化、程式固化、知识老化、教法呆化。

教育实践中，课程资源开发不足，学生活动单一也是目前历史教学的短板。历史学科具有的独特性质之一就是拥有丰富的信息资源。多方面开发和有效利用各种历史课程资源也是教育实践的重要内容。在历史教育实践中，教师既是课程的实施者，同时也是课程的开发者，教师可多方面开发和利用校内外历史课程资源。一是利用历史遗迹、遗址，以及博物馆、纪念馆、展览馆、档案馆、爱国主义教育基地等，组织学生参观，增强直观的历史体会和感受。二是利用乡土教材和社区课程资源。三是利用家庭资源，如家庭所收藏的照片、图片、实物、家谱或族谱，以及长辈回忆录等。多种活动资源的利用、多种活动的开展都有助于学生的历史学习。

三、中学历史教师必备的教育知识

"教育"一词最早出现在《孟子·尽心上》："父母俱存，兄弟无故，一乐也；仰不愧于天，俯不怍于人，二乐也；得天下英才而教育之，三乐也。"

许慎的《说文解字》中对教育的解释为:"教,上所施下所效也,育,养子使作善也。"《现代汉语词典》关于"教育"一词的解释:"①按一定要求培养人的工作,主要指学校培养人的工作;②按一定要求培养;③用道理说服人使照着(规则、指示或要求等)做。"在英语、德语中,"教育"有自主建构、引导、唤醒的意思。

1. 教育基础课程、专业课程和教育实践课程

当今世界,教师教育课程改革的共同趋势有二:一是教育课程门类多且课时比例重,突出了师范职业性和教育学本性。二是突出了实践课程,把课程的学习与教育实习有机地结合起来。在西方发达国家教师教育课程设置中,教育类专业课程占总课时的1/5以上,开设的课程分为教育基础理论、教育方法与技能、教育实践活动、教育实习。

教育类课程体现教师教育的特色,促进教师由"学"到"教"的转变,旨在帮助教师运用适当的方法引导学生有效地掌握知识、锻炼能力、提高素质。中国台湾综合性大学教育学程的教育类课程一般由教育基础课程、教育方法学课程、教育实习课程组成,形成了高标准的教育类课程体系(见表2-1)。

表2-1 中国台湾大学教育学程必修科目分类表

学理取向		实务取向	
科目	学分	科目	学分
一、教育基础课程		一、教育方法学课程	
1. 教育概论	2	1. 教育政策与法令	2
2. 教育心理学	2	2. 校园现实与青少年文化	2
3. 教育社会学	2	3. 教育测验与评量	2
4. 教育哲学	2	4. 教育与学校行政	2
5. 教育人类学	2	5. 教学媒体	2
6. 青少年心理学	2	6. 两性教育	2
7. 中国教育史	2	7. 环境教育	2
8. 教育经济学	2	8. 人本教育理论与实践	2
9. 现代教育思潮	2	9. 教学方法研究	2
10. 发展心理学	2	10. 班级经营	2

续上表

学理取向		实务取向	
科目	学分	科目	学分
		11. 数学解题与数学的研习	2
二、教育方法学课程		二、教育实习课程	
11. 辅导原理与实务	2	1. 分科教材教法	3
12. 教育原理	2	2. 教学实习（一）	2
13. 人本教育	2	3. 教学实习（二）	2
14. 伦理学	2	4. 沟通训练与实习	2

中国台湾教育主管部门制定的《各类教育学程之科目及学分》中规定："中等学校教师教育学程必选修共26个教育学分，并且为教育基础课程、教育方法学课程、教育实习课程。"

西方发达国家的教师教育已经历了二百多年的发展历程，无论是教师教育体系、教师教育体制、教师教育课程都有其成功的经验，其发展方向代表了国际化趋势。纵观西方发达国家的教师教育课程设置，基本划分为三大板块：一是教育基础课程，占总课时的1/3以上，开设的教学科目很多，尤其重视文理科相互渗透，涉及社会科学、人文科学与自然科学各个领域，人文课程比重较大，而且课程的综合性程度很高，基本上都是社会科学、人文科学、自然科学课程交叉设置。二是学科专业课程，占总课时的25%～45%，为未来教师任教的学科而设各种专业必修课和选修课。从学科课程内容设置以及安排上来看，英国、美国、新加坡等国家都非常强调学科的综合化趋势。以新加坡为例，每个学生都需要研习两门专业课程，并且可以跨系、院学习，如学习地理和生物、音乐和物理、物理和化学等。三是教育类专业课程，占总课时的1/5以上，开设的课程分为教育基础理论、教育方法与技能、教育实践活动、教育实习。与发达国家设置的教师教育课程相比，我国教师教育理论课程的开设存在的主要问题有：教育基础理论课程比例低，教育理论与教育实践脱节，与学生沟通、指导学生学习、帮助学生调适心理及培养学生组织管理能力的课程功能几乎没有；教育专业课程不能很好地解决教育实际问题。很显然，我国现行的教师教育课程不能适应国际化发展的要求。

2. 明确教师专业标准对教师教育知识的要求

教师专业标准是规范和指导教师专业化发展的尺度,帮助教师在职业生涯中实现自我发展。下面以日本、爱尔兰、俄罗斯等国家的教师专业标准来了解其他国家对教师教育知识的要求。

日本教育学家佐藤学(1993)提出教师应该成为反思型实践家,并作了相关阐述:"教师在实践过程中的即兴思考、主观上对于不确定性状况的敏感、对于问题表象给予的深思熟虑的态度、由表及里综合解决问题的多元化视角、实践过程中发生的问题关联性应参照教学实践的当时情况来加以思考,同时参照教学过程的固有模式,不断反思问题表象形成原因的思考模式。"另外,佐藤学从教师形象、专业技能概念、实践认识和社会关系表现四个维度将教师专业化发展划分为两种形式,如表 2-2 所示。

表 2-2 佐藤学关于教师专业化发展的划分

类型	教师形象	专业技能	实践认识	社会关系表现
技术熟练者形式	精通教学与心理学原理的技术熟练者	教师职业关联领域的科学知识和技术	由表及里的认识	效率性、实践性原理
反思型实践家形式	在实践经验反思的基础上发掘对孩子成长有价值的经验	深思熟虑的实践见识	对未知和不确定状况的敏感	自律性和见识

http://www2.ipcku.kansai.ae.ip/ttank/gyoseki/ronbunn/1994kyoshoku837-49.pdf

佐藤学对于反思型实践家做了进一步补充,提出教师应该具有"优于科学原理、项目及技术而对于现实出现的事实审时度势的教养,洞察解决问题的可能性,从而创造出有意义的经验的实践见识"。

爱尔兰共和国拥有悠久的历史和高质量的教育制度。历届政府都认识到教育对国家和社会的重要意义,教育是促进爱尔兰经济和社会发展的重要因素之一。在爱尔兰,教师是受人尊敬的职业。爱尔兰非常重视对教师的培训,爱尔兰设有公立和私立教师教育机构,全国 19 所公立学校开设 30 个专业培养中小学教师。爱尔兰教师专业标准见表 2-3。

表2-3 爱尔兰教师专业标准(摘选部分)

专业发展	具体内容
专业价值和专业关系	1. 给予学生足够的关心,激发学习动力,鼓励学生获取学业成就; 2. 尊重个体的发展,满足不同学生的发展需求; 3. 尊重文化的多样化,能够平等、宽容地对待拥有不同性别、社会与家庭地位、性取向、宗教、年龄、身体缺陷、文化背景等的学生; 4. 与其他同事、学生、家长、学校行政人员及其他人员构建良好的关系; 5. 在学校建立并维持相互信任与尊重的文化
专业实践	1. 在有关学生学习、计划、管理、评价、报告和意见反馈等事件中保持高标准; 2. 运用自身的知识和经验促进学生的全面发展; 3. 为学生制订清晰的、富有挑战性的、在承受范围内的发展目标; 4. 为学生创造良好的环境,使其在学习过程中主动谋求终身发展; 5. 以尊重所有学生为前提,发展教学、学习和评估策略以支持不同的学习方式; 6. 通过对学生的发展、学习理论、教学方法、课程发展、道德实践、教育政策和法律的反思来践行教师的专业判断和专业实践; 7. 在一个相互尊重的环境下,以开放的态度回应教学实践的建设性反馈,在许可的条件下,寻求适当的支持、建议和指导; 8. 以学生为主体

2009年12月22日,俄罗斯教育与科学部出台了《第三代高等教育国家教育标准("师范教育"培养方向)——学士标准》(代码050100),即《第三代教师教育国家标准(学士)》。后来进行了微调,2011年5月31日通过了修订后的标准,并于2011—2012学年起开始实施。关于职业系列的课程规定163～175学分,要求基础部分占35～45学分;必修模块课程是心理学、教育学、生命活动安全、学科教学和德育方法。大学生应该了解:教育领域职业活动的价值基础;实施教育教学的法律规范;教育过程的本质和结构;在多元文化和多民族社会条件下实施教育过程的特点;世界教育发展的历史进程及趋势,现阶段世界教育发展的特点;教育活动基础;教学、培养和社会化等教育问题研究的方法论;教学、培养理论和策略及教育过程中促进学生社会化的教育援助理论;未来所教学科的内容;各年龄段学生心

理发展的规律及其在教学过程中的表现特点；学生心理研究和教学研究的方式；教师与教育过程各类主体的互动方式；在不同年龄段群体中构建人际关系的方式；教育领域社会合作的特点；职业自我认知和自我发展的方式。大学生还应该拥有以下能力：能够系统地分析和选择教育理念；利用心理预测和教育预测的方法解决各种职业任务；能够充分考虑各种现实背景（社会的、文化的、民族的）来实施教学、培养和社会化过程；能够在教育互动过程中考虑学生的不同特点；能够利用现代技术策略来设计符合个体年龄发展的一般和特殊规律、特点的教育过程；能在各类教育机构为不同年龄段群体实施教育过程；能够创造和建设教育目标指向明确、具有心理安全保障的教育环境；能够利用最新科学成就设计选修课；能够在教育过程中利用各种资源，包括利用其他学科的潜力；能够组织学生的课外活动；能够与教育过程各种主体进行无冲突地交往；能够管理教师助手、志愿者的活动，协调社会合作伙伴的活动；能够参与社会－专业性的辩论；能够利用理论知识解释教育发展领域的新思想；掌握教师职业对国家社会和经济发展重要性的宣传方式；能够利用各种专业信息源（期刊、互联网、教育门户网站）研究分析问题；掌握实施心理和教育支持与伴随的各种方式；掌握预防不良行为和违法行为的方式；掌握与教育过程其他主体的互动方式；教育领域设计活动和创新活动的方式；掌握教师职业活动中的各种交往手段；掌握在多元文化教育环境条件下与教育过程多主体建立联系和促进互动的方式；通过利用教育机构、区域、州和国家的信息环境，掌握职业知识和职业能力的完善方式。

通过对日本、爱尔兰、俄罗斯教师标准中关于教育知识的了解，我们发现这三个国家都非常重视理论与实践相结合，对教师关于教育知识的要求具体化、精细化，既关注群体学生，又关注个体学生的差异，非常重视尊重、关爱学生。

我国为促进中学教师专业发展，建设高素质中学教师队伍，根据《中华人民共和国教师法》和《中华人民共和国义务教育法》制定了《中学教师专业标准（试行）》（以下简称《专业标准》）。《专业标准》的基本理念：师德为先、学生为本、能力为重、终身学习；基本内容：三个维度、十四个领域、六十一项基本要求。其中，维度二"专业知识"明确提出教育知识这一领域，如表2－4所示。

表 2-4 《中学教师专业标准（试行）》对专业知识要求的基本内容

维度	领域	基本要求
专业知识	（五）教育知识	19. 掌握中学教育的基本原理和主要方法； 20. 掌握班集体建设与班级管理的策略与方法； 21. 了解中学生身心发展的一般规律与特点； 22. 了解中学生世界观、人生观、价值观形成的过程及其教育方法； 23. 了解中学生思维能力与创新能力发展的过程与特点； 24. 了解中学生群体文化特点与行为方式

3. 教师必备的教育知识

笔者认为中学历史教师必备的教育知识主要有教育的基本原理、教育管理学、学会教育。首先，必须明确我国教育"培养什么人、怎样培养人、为谁培养人"这一根本问题，2018 年 9 月 10 日召开的全国教育大会上，习近平总书记以"国之大计、党之大计"两个大计高度概括了教育在新时代的重要地位，强调坚持中国特色社会主义教育发展道路，培养德智体美劳全面发展的社会主义建设者和接班人。其次，要明确教师教育教学行为的特点。教师的教育教学行为具有教育性、服务性、科学性、艺术性、多元性、有序性、创造性、反思性、示范性、后效性等特点。教育不是空中楼阁，作为社会的存在，教育必然与社会生活实践有着密切的联系。在这种联系中，教育春风化雨般地对人产生着细致入微的影响，需要教师明确教育教学行为的特点，根据实际情况灵活处理。第三，学会教育。古人云："开源不亿仞，则无环山之流；崇峻不凌霄，则无弥天之云。"意思是，挖掘地下水如果不挖得极深，就不可能涌流出能够环绕高山的泉水；堆土要是不堆到入云霄那样高，也就不会在上面弥散着铺天盖地的浓云。教师的教育教学行为就像这挖水、堆土一样，如果没有独具匠心的设计，不能整体地优化，就无法极大地促进每个学生的健康发展。古今中外的教育教学理论和方法，都是人们从无数次的教育教学实践得来的，都是教育教学艺术的瑰宝，我们都可以借鉴。但他们都有历史的局限、地域的局限、文化的局限、实践的局限，都或多或少地有着个人因素。与时俱进学会教育、大胆实践，找到一套适合学生发展的、具有自身特色的教育教学模式、方法和风格。在教育行为方面，教师可以从教育环境、教育活动、教育方法、师生沟通、家庭教育、学生社团等方面思考如何学会教育。

教育这个词有三个层面的含义：一是教育行为，二是教育性质，三则是教育的本质、教育的根源。中学历史教师必备的教育知识，即教育的基本原理、教育管理学、学会教育，就是从教育的三个层面方面去理解、阐释和运用。"学高为师，德高为范"，教师是青少年成长的引路人，中学教师既要掌握必备的教育知识，将理论与实践相结合，同时还要加强自身的职业和道德修养。

四、小结和启示

（1）教师专业发展的过程具有连续性和阶段性，贯穿于整个职业生涯。《国际教育百科全书》做了以下描述："职前培养、入职培训和在职进修这三个阶段在教师教育中应该是一脉相承的三个组成，每个阶段都有特定的任务，贯穿教师的一生。"

（2）教师教育课程的设置基本上分三大板块，即教育基础课程、学科专业课程、教育类专业课程。教育基础课程注重社会科学、人文科学和自然科学的相互整合，培养教师的通识意识和能力。学科专业课程包括学科内容与知识体系、基本思想与方法、与其他学科和社会实践的联系等，将在下节详述。教育类专业课程注重教育理论与教育实践相结合。了解一个国家的教育基础和学会教学是教师必备的教育知识。

（3）随着教育研究的不断深入，许多国家都制定了教师专业标准，作为教师要明确本国教师专业标准，并对照专业标准不断提升自身的教育素养，同时也要借鉴其他国家的教师专业标准，拓展视野。

第二节　中学历史教师的学科知识

一些人对历史学科有偏见，认为历史学习就是死记硬背，历史课就是讲故事，历史就像小姑娘——怎么打扮都可以，学历史没有什么用等。学习历史和研究历史真的那么容易，没有什么用吗？唐朝学者刘知几在其史学理论著作《史通》中指出，史学家必须具备"才、学、识"三个方面的素质；有"学"无"才"，就好比家有资产而不善经营，不能生财；有"才"无"学"，又恰如能工巧匠没有材料和工具，也造不出房屋；而且，史家还要有正义感，要敢于担当。能集这些条件于一身的人自然不多，"故史才少也"。

这就是历史学者常说的"史学三长"。才、学、识三者的结合,构成了史家的综合素养。作为历史学研究者需要具备丰富的知识、理论修养、专业训练、文化底蕴、历史的想象力。作为一名中学历史教师应具备哪些学科知识呢?《专业标准》的基本要求主要涉及四个方面,即理解所教学科的知识体系、基本思想与方法;掌握所教学科内容的基本知识、基本原理与技能;了解所教学科与其他学科的联系;了解所教学科与社会实践的联系。该标准指明了中学历史教师应具备的学科知识,使中学历史教师提升自身的学科知识有了方向,这是中学历史教师的基础要求。

一、历史与历史学

1. 历史

历史是什么?对历史一词的解释一直以来就是多义和模糊的,陈国灿为《史学理论大辞典》所撰写的相关词条,指出历史一词的两种基本用法:①客观世界的发展过程;②指历史学,即研究和阐述人类社会发展的具体过程及其规律性的学科。不少学者主张应该严格区分历史和历史学。历史具体指客观世界的发展过程,又有广义和狭义之分。广义的历史,一般泛指一切事物以往的运动发展过程,分为自然发展史和人类发展史两部分,自然史和人类史既有共性,又有区别,二者是互相联系的;狭义的历史,仅指人类社会的发展史,即由人类自己创造的、以生产方式为基础的。按一定客观规律运动的、已成为过去的社会发展过程,就是历史学研究的对象。

2. 历史学

什么是历史学?下面列举一些学者关于历史学的定义。

王正平认为,"历史学(简称史学)是以人类历史为研究对象的一门学科";

葛懋春、谢本书认为,"历史学是一门社会科学,它是在一定的历史观指导下,通过一定的体裁,运用严谨、生动的文字,去反映人类社会运动发展的过程";

王有录认为,"史学是通过史料研究历史发展过程本身的学科。主要是指史学工作者(即主体)对历史实际(即客体)的认识、思维和表述的过程";

赵吉惠认为,所谓历史学,是"人们在分析、鉴别史实的基础上,对历史及其过程的系统、理论的认识",是"在历史记录的基础上,经过整理、鉴别、分析，对历史事件或历史过程所做的判断、解释、说明"；

孙恭恂认为：所谓历史学，"说到底就是研究和阐述人类社会历史发展过程及其规律的一门学科和科学，属于社会科学的范畴"；

刘方义在新颁《中学历史教学大纲》读后感中，将历史学大致归纳为："历史学是社会科学的一个部门，但它不是研究某一种特殊的对象，而探索和表述人类如何通过在社会生活中各个领域（经济、政治、文化）的实践活动及其创造、变革自身的历史过程的，具有综合性强、知识密集的特点"；

姚太中从"历史有广义、狭义之分"出发，进一步提出"以历史为研究对象的历史学也相应地有广义、狭义之别"的论断。他说："广义的历史学是关于一切事物以往运动发展过程的学问，它包括了人类史和自然史的全部内容。目前国内外史学研究领域已经兴起的一些新的史学分支学科，如科学技术史、宇宙发展史、生态历史学、人口历史学、生理历史学、水文考古学、自然环境史、农林发展史等等，都从不同侧面反映了广义历史学的内容。狭义的历史学以人类以往的全部活动及其历程为研究对象，是由史学家带着某种目的，在一定的思想指导之下，运用一定的方法和手段，通过对史料的鉴别、分析、评论，对人类的历史作出生动的、符合逻辑的阐释，并主要以文字的形式把它展示出来的一门学科。这正是我们通常所说的历史学，它属于社会科学的范围。它的内容主要有：对历史过程的记录、历史经验的总结及历史本质和规律的探讨。其中也包括学者对历史学自身发展规律的研究。"

关于历史学的定义很多，笔者不一一列举了。通过对专家关于历史学概念的界定整理，笔者归纳为：

（1）历史学是一门社会科学；

（2）历史学以人类以往的全部活动及其历程为研究对象，是研究和阐述人类社会历史发展过程及其规律的一门学科；

（3）历史学是人们在分析、鉴别史实的基础上，对历史及其过程的系统、理论的认识；

（4）历史学在历史记录的基础上，经过整理、鉴别、分析，对历史事件或历史过程所做的判断、解释、说明；

（5）历史学是对历史过程的记录、历史经验的总结及历史本质和规律的探讨；

（6）历史学是在一定的思想指导之下，运用一定的方法和手段，对人类的历史作出生动的、符合逻辑的阐释，并主要以文字的形式把它展示出来的一门学科。

《普通高中历史课程标准》（2017年版）指出："历史学是在一定历史观指导下叙述和阐释人类历史进程及其规律的学科。探寻历史真相，总结历史经验、认识历史规律，顺应历史发展趋势，是历史学的重要社会功能。历史学是人类文化的重要组成部分，在传承人类文明的共同遗产、提高公民文化素质等方面起着不可替代的重要作用。"

二、历史学的学科结构

《专业标准》对教师的学科知识要求："理解所教学科的知识体系、基本思想与方法。"因此，作为中学历史教师必须了解历史学的学科结构，知道历史学科的分类，便于教师系统掌握历史学科的知识体系，也利于教师查漏补缺，夯实自己的学科知识。

（一）学者对历史学的结构分类

关于历史学的结构划分，学术界有近二十种，主要有通史与专史；在历史唯物主义指导下，记述历史学与之对应的历史理论，由历史唯物主义、史学概念和历史学的其他分支学科三个层次构成；历史学可以分为主体学科、辅助学科、理论学科和反思学科四个部分；历史学是一个由众多不同质、不同量、不同方向、不同梯级的层次与单元组成的复合的整体结构；历史学以研究对象为划分标准，可以将历史科学内部各种结构、学科特点分成三部分：以客观历史为对象的诸学科，以历史科学本身为对象的诸学科和以历史资料为对象的诸学科。正如姚太中、程汉大在其《史学概念》一书对诸家的历史学体系建构提出批评：史学体系是非常丰富的，"任何试图用单一的标准把史学各组成部分全部归类的设想，无疑是徒劳的"。也就是说不可能存在一种完美的历史学分类，"只要分类标准明确、统一，同时又能将史学的主要组成部分大致归并，那么，这种分类就应该说是合理的"。图2-1～图2-5是几种常见的历史学科结构体系。

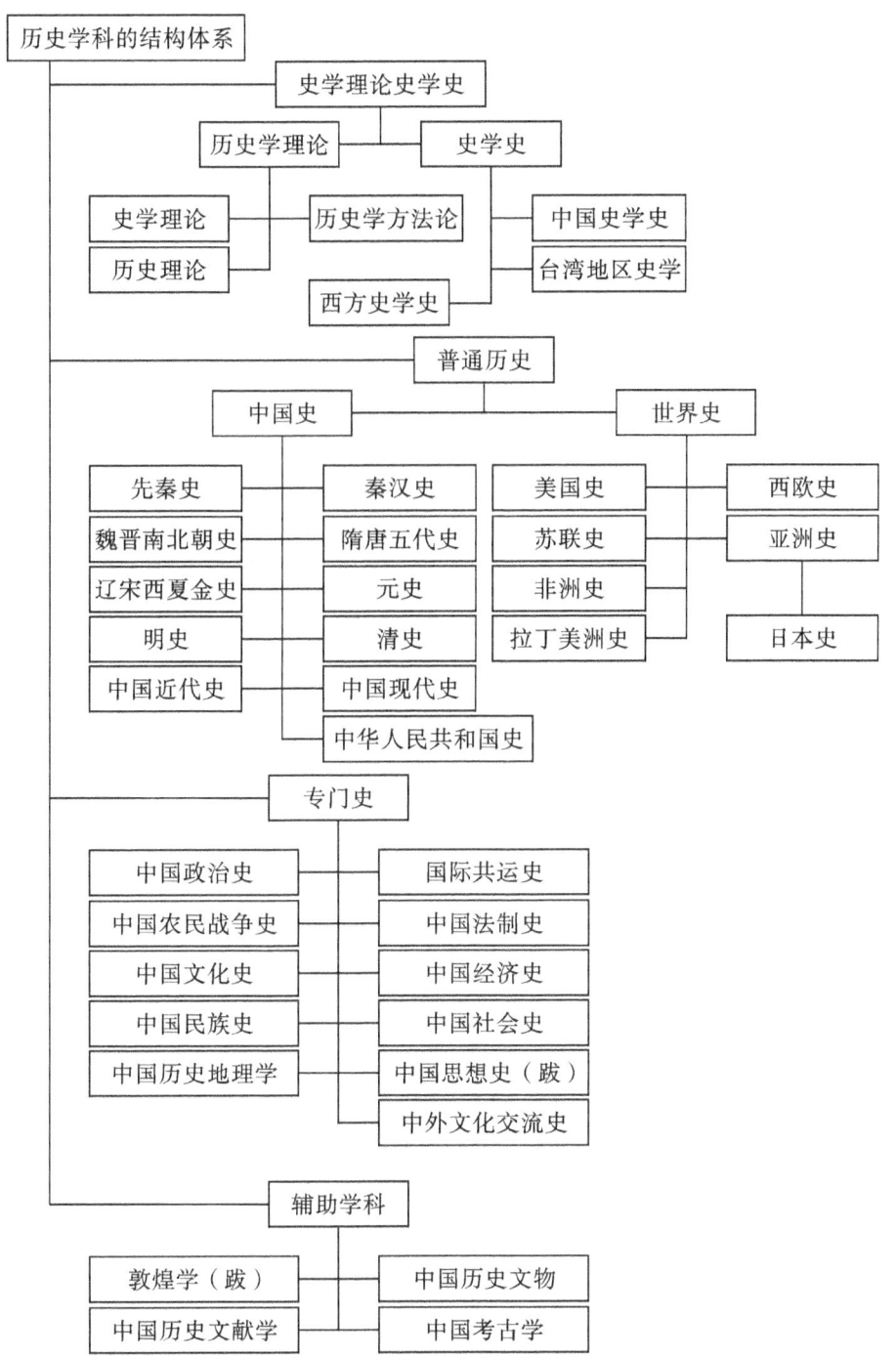

图2－1　历史学科结构体系（以《中国历史学四十年》为蓝本，1989年）

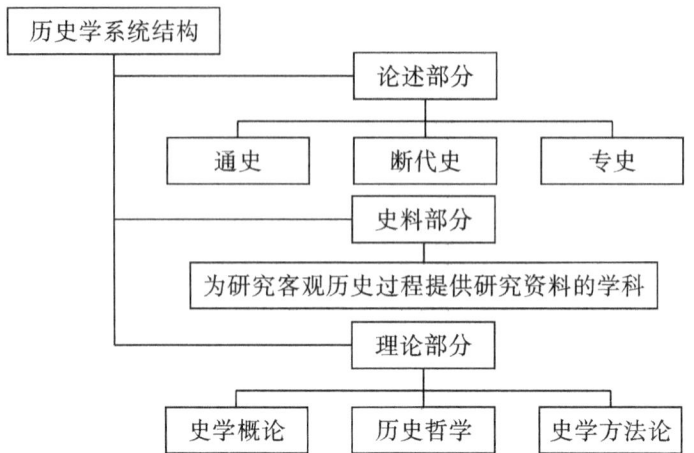

图2-2 历史学系统结构（贾东海版，1992年）

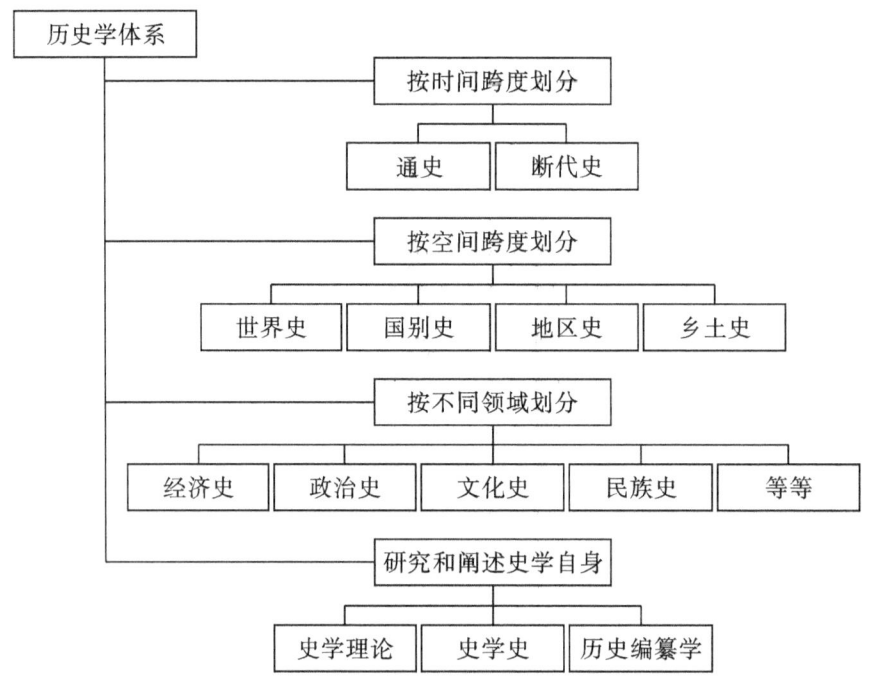

图2-3 历史学体系（孙恭恂版，1995年）

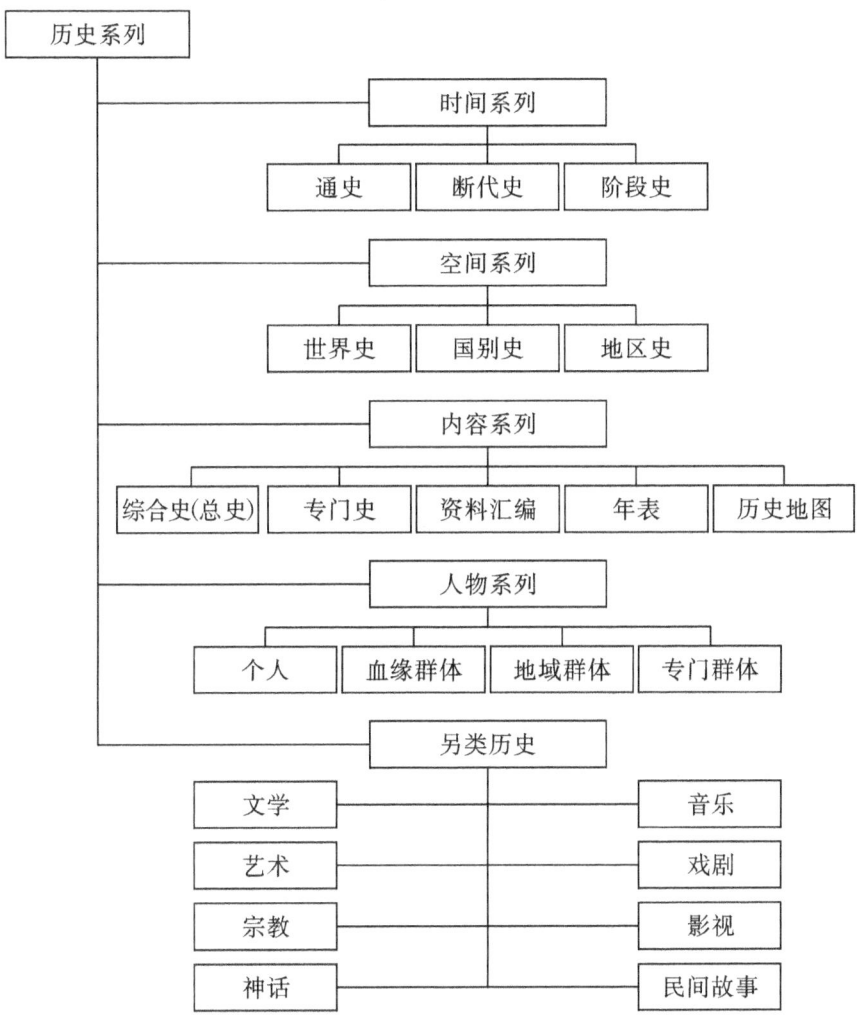

图 2-4 历史系列（葛剑雄版，2002 年）

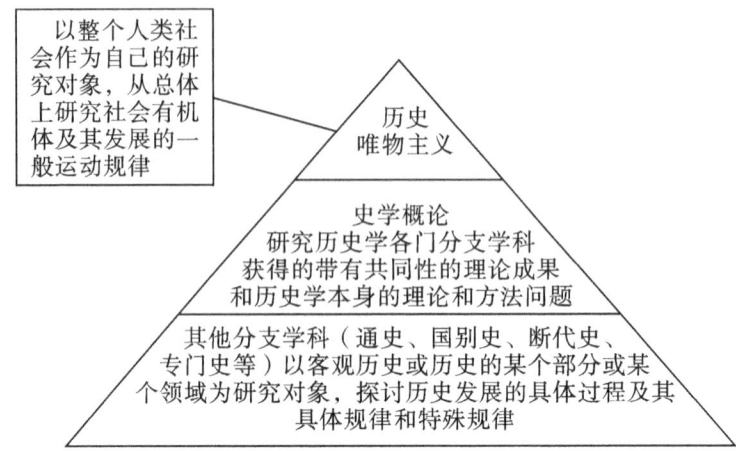

图2-5 历史学体系的层次结构（孔立、胡永树版，1987年）

孔立、胡永树认为历史学的体系大致由历史唯物主义、史学概论和历史学的其他分支学科三个层次构成。

从上面列出的五种历史学学科结构图看，它们的划分都有共同之处，即基本上由通史、断代史、专题史和史学理论四部分构成。这与绝大多数师范院校历史专业所开设的课程基本吻合，也与现行中学历史课程的设置基本一致。

（二）中学历史课程的设置

义务教育阶段历史课程的设计：面向全体学生，从培养学生的历史素养和人文素养出发，遵循历史教育规律，充分发挥历史教育功能，使学生掌握中外历史基础知识，初步学会学习历史的方法，提高历史学习的能力，逐步形成对历史的正确认识，并提高正确认识现实的能力。

普通高中历史课程设计：注意与义务教育历史课程、大学相关专业的衔接，为学生终身学习打基础；将历史课程结构的构建与学生历史学科核心素养的发展紧密结合起来；关注历史学科的前沿成果；课程改革的成功经验和国际历史教育的优秀成果。

第二章 中学历史教师的专业素养

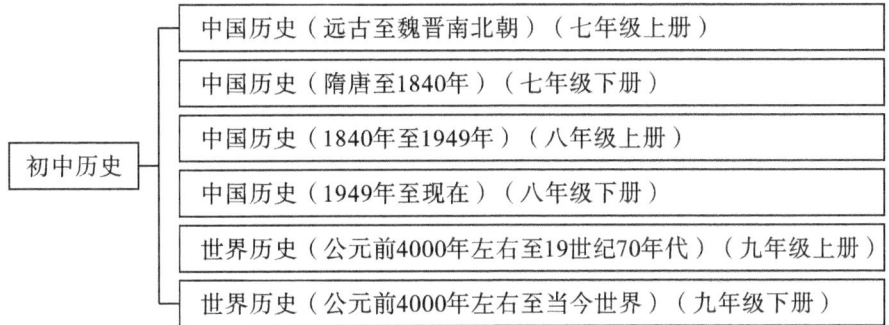

图2-6 义务教育阶段初中历史（人教版，统编教材）课程设计

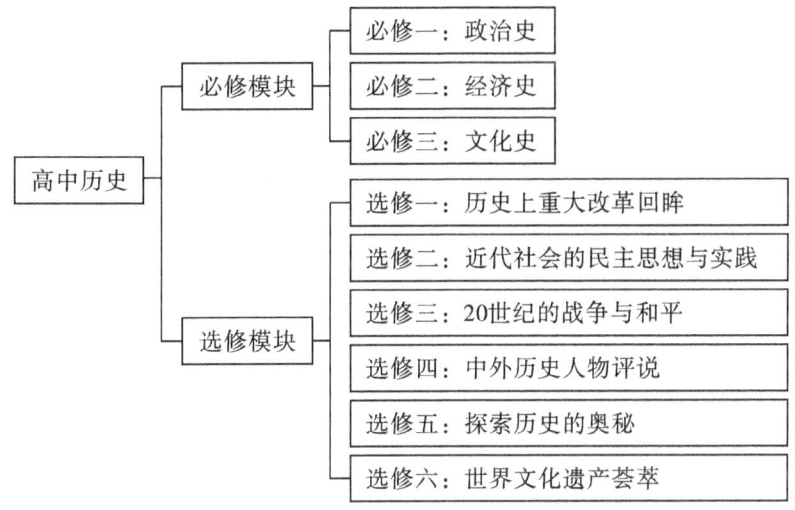

图2-7 高中历史［依据《普通高中历史课程标准》（实验）（2003年版）］课程设计

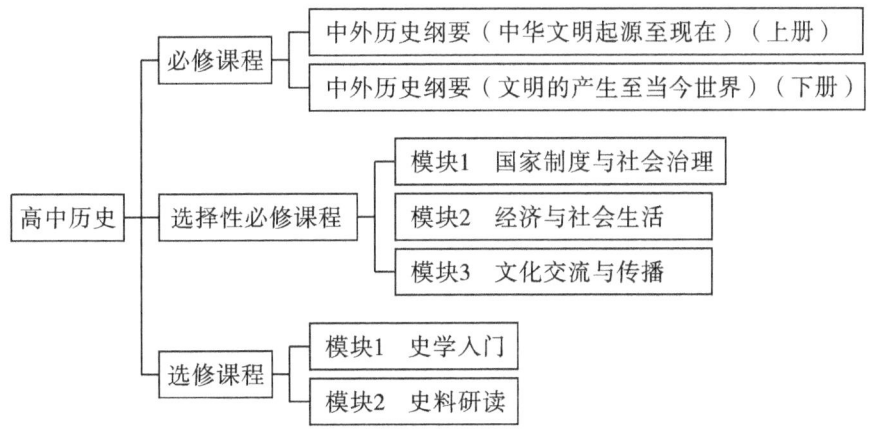

图2-8 高中历史［依据《普通高中历史课程标准》（实验）（2017年版）］课程设计

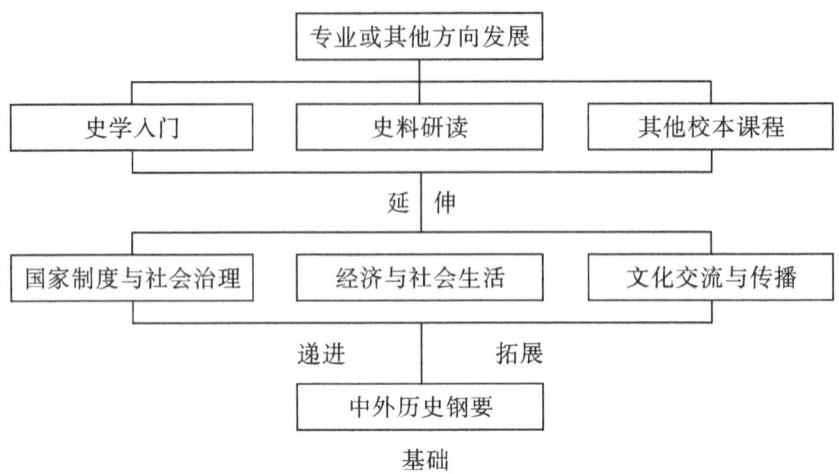

图 2-9 高中历史课程设计的关联性、层次性和渐进性

通过现行初中历史和高中历史课程设计的示意图（图 2-6～图 2-8）与学者对历史学的结构划分示意图（图 2-1～图 2-5）对比，我们不难发现，现行的教科书课程设置采用了通史与专题史相结合的模式。初中历史内容采用通史体例编写，分为中国古代史、中国近代史、中国现代史、世界古代史、世界近代史、世界现代史六个学习板块。依照历史发展的时序，在每个板块的内容设计上，采用"点—线"结合的呈现方式。2003 年版的普通高中历史课程由必修课和选修课构成。必修课分为三个学习模块，包括 25 个古今贯通、中外关联的学习专题，分别反映了人类社会政治、经济、思想文化、科学技术等领域的重要历史内容，是全体高中学生必须学习的基本内容。普通高中历史选修课是供学生选择的学习内容，旨在进一步激发学生的学习兴趣，拓展学生的历史视野，促进学生个性化发展。高中历史选修课分为历史上重大改革回眸、近代社会的民主思想与实践、20 世纪的战争与和平、中外历史人物评说、探索历史的奥秘、世界文化遗产荟萃六个模块。2017 年版普通高中历史课程由必修课、选择性必修课、选修课构成，采用通史与专题史相结合的方式。必修课程采取通史方式，旨在让学生掌握中外历史发展大势；选择性必修课程和选修课程采取专题史方式，旨在让学生多角度了解人类历史的发展。这种设计构建有利于衔接初中历史，也有利于培养学生历史学科核心素养。从示意图 2-9 中我们也能清晰看到通史、专题史和史学理论相结合，有利于学生对历史的整体认识，也有利于学生从多角度认识历史的发展与变迁，强化学生的史学专业基础。

三、历史学科的核心素养

（一）核心素养

核心素养是 21 世纪新的人才培养质量观，是 21 世纪人才培养标准，被教育界称为"21 世纪人才培养的 DNA"。林崇德主编的《21 世纪学生发展核心素养研究》一书关于"核心素养"概念定义为：核心素养是学生在接受相应学段教育过程中，逐步形成的适应个人终身发展和社会发展需要的必备品格与关键能力。它是关于学生知识、技能、情感、态度、价值观等多方面要求的结合体；它指向过程，关注学生在其培养过程中的体悟，而非结果导向；同时，核心素养兼具稳定性与开放性、发展性，是一个伴随终身可持续发展、与时俱进的动态优化过程，是个体适应未来社会、促进终身学习、实现全面发展的基本保障。核心素养不仅能促进个体发展，同时也有助于良好社会的运行。

核心素养的特征主要有：从目标上，核心素养的概念指向对"教育应培养什么样的人"这一问题的回答；在性质上，核心素养是学生应具有的共同素养，是最关键、最必要的共同素养；在内容上，核心素养是知识、技能和态度等的综合表现；在功能上，核心素养同时具有个人价值和社会价值；在培养上，核心素养是在先天遗传的基础上，综合后天环境的影响而获得的，可以通过接受教育来形成和发展；在评估上，核心素养需结合定性与定量的测评指标进行综合评价；在架构上，核心素养应兼顾个体文化学习、社会参与和自我发展的关系；在发展上，核心素养具有终身发展性，也具有阶段性；在作用发挥上，核心素养的作用发挥具有整合性。核心素养将作为课程方案的指导，也是修改和完善课标的指导，还将作为考试改革的指导。

（二）历史学科的核心素养

历史学科的核心素养是指学生在学习历史过程中逐步形成的具有历史学科特征的必备品格和关键能力，是历史知识、能力和方法、情感态度和价值观等方面的综合表现。历史学科核心素养包括唯物史观、时空观念、史料实证、历史解释、家国情怀五个方面。唯物史观是诸素养得以达成的理论保证；时空观念是学科本质的体现；史实实证是素养得以达成的必要途径；历史解释是对历史思维与表达能力的要求；家国情怀是价值追求的目标。通过对历史核心素养的培育，达到立德树人的要求。关于历史核心素养的解析，徐蓝教授在《历史学科核心素养研制的几个问题》的专题讲座中作了详细的解析，如表 2-5 所示。

表 2-5　历史学科核心素养解析

核心素养	概念	内涵阐释
唯物史观	唯物史观是揭示人类社会历史客观基础及发展规律的科学历史观和方法论	人类对历史的认识是由表及里、逐渐深化的，要透过历史的纷杂表象认识历史的本质，科学的历史观和方法论是非常重要的。唯物史观使历史学成为一门科学，只有运用唯物史观的立场、观点和方法，才能对历史有全面、客观的认识
时空观念	时空观念是在特定的时间联系和空间联系中对事物进行观察、分析的意识和思维方式	任何历史事物都是在特定的、具体的时间和空间条件下发生的，只有在特定的时空框架当中，才可能对史事有准确的理解和认识
史料实证	史料实证是指对获取的史料进行辨析，并运用可信的史料重现历史真实的态度与方法	历史过程是不可逆的，认识历史只能通过现存的史料。要形成对历史的正确、客观的认识，必须重视史料的搜集、整理和辨析，去伪存真，去粗取精，这是学习历史学的重要方法
历史解释	历史解释是指以史料为依据，以历史理解为基础，对历史事物进行理性分析和客观评判的态度、能力与方法	所有的历史叙述在本质上都是一种对历史的解释，即便是对基本事实的陈述也包含了陈述者的主观认识。人们通过多种不同的方式描述和解释过去，通过对史料的搜集、整理和辨析，辩证、客观地理解历史事物，不仅要将其描述出来，还要揭示其表象背后的深层因果关系。通过对历史的解释，不断接近历史真实
家国情怀	家国情怀是学习和探究历史应具有的社会责任与人文追求	学习和探究历史应具有价值关怀，要充满人文情怀并关注现实问题，以服务于国家强盛、民族自强和人类社会的进步为使命

唯物史观使历史成为一门科学，它是根本的历史学科核心素养；认识历史要将所认识的史事置于具体的时空条件下进行考察，是基本观念和思维品质；研究历史要依据可靠的史料作为证据对史事进行推理和论证，是关键能力和基本方法；所有历史叙述都是一种基于对过去事情的理解而进行的解

释,是基本能力和主要指标;家国情怀是学习和探究历史应形成的情感态度和价值观,是历史育人功能的重要标志。因此,历史学科核心素养是我们学习、认识、研究历史的基础,历史核心素养的培养有利于帮助学生建构正确的历史认识,从而落实立德树人的任务。

四、历史探究的主要方法

任何学科都有本学科所特有的研究方法,史学和其他学科一样,需要借助一般思维方法,如分析(认识细节)、综合(认识整体)、演绎(从一般到个别)、归纳(从个别到一般)等方法。历史学的专业研究方法大致如下:收集和处理史料的方法,如考据法、文献与实物互证法、口述法和田野调查法等;历史解释的方法,如叙事法、分析法、比较方法、心理分析方法和计量方法等;历史写作的方法,如编年法、传记法、专题著述法和图表法等。有时还会用到一些特殊方法,如思想史方法、经济史方法、统计学方法、政治学方法、历史地理学方法、地方史方法等等。在众多研究方法中,首推搜集、考证和运用史料的方法,这是史家的"看家本领"。

(一) 史料的概念和类型

史料对于历史研究十分重要,梁启超将史料比作史学的组织细胞,认为无史料则无史,史料不丰富不确切则无历史科学。阿克顿认为史学就是"收集历史资料的艺术"。傅斯年说"史学即史料学"。托波尔斯基总结性地写道:"史料的概念包括历史认识的一切来源,也就是说关于人类过去的一切信息。"20世纪80年代,荣孟源将史料分成四大类,第一类为书报,包括历史记录、历史著作、文献汇编和史部以外的群籍;第二类为文件,包括政府文件、团体文件和私人文件;第三类为实物,包括生产工具、生活资料、武器、刑具、货币、度量衡器、印信、墓葬、古迹、历史事件的足迹、模型、雕塑、照片、绘画、语言、文字、碑刻、砖瓦和纪念物;第四类为口碑,包括回忆录、调查记录、群众传说和文艺作品。《普通高中历史课程标准》(2017年版)模块2《史料研讨》将史料分为文献史料、实物史料、口述史料、图像史料、现代音像史料、数字资源。

史料有不同的类型,不同类型的史料在价值和使用方式上有所区别,因此,我们在选取史料时要对史料的性质和价值有所了解,尽可能做到心中有数。傅斯年将史料区分为直接史料和间接史料。直接史料就是当时人的记述,未经中间人修改或省略或转写的。例如,考古发掘、档案、口述历史等;间接史料是转述和引用的史料。例如,司马光的《资治通鉴》。欧美学者将史料分为第一手史料和第二手史料,第一手史料指历史事实发生留下的资料(如档案、当事人的日记和书信、实物和各种记录等),第二手史料是历史家对历史事实的研究结果。在欧美史学界,只有第一手史料才是史料,第二手资料中包含可转引的史料,但它本身并不是史料。

史料是史学的基础,是史家认识和重建过去的中介;没有史料,就没有历史。研究历史须从史料出发,史料占有的多少和质量,决定一项研究的价值。著名历史学家,华东师范大学国际冷战史中心主任沈志华先生在1996—2002年间,与社科院合作,个人出资140万元,专程到俄罗斯和美国搜集俄国解密档案,并组织翻译、整理、出版了36卷《苏联历史档案选编》。沈志华在家里专门腾出两个房间,搁放搜集到的两万多份档案。许多人做博士论文,专程到沈志华家查找资料,甚至韩国、美国等地的学者都远道而来求助。中国社科院一位苏联史专家认为,有了这批档案,不仅对苏联史要重新认识、重新书写,对20世纪世界史和国际关系史都要重新思考。由此可见,史料对于史学研究的重要性。因此,中学历史教师在选择史料上一定要甄别,要培养学生阅读史料的习惯和能力。

(二) 研究历史的方法

史料在历史研究中具有重要作用,应认识对史料的性质及价值进行鉴别和考证的重要性;了解鉴别史料的主要方法,认识研究历史要以有价值的、可靠的史料作为历史论述的证据;了解探究历史的主要方法,并尝试运用这些方法对历史问题进行探讨。

研究历史,需要掌握历史学科研究者共同认可和遵循的规则与方式,这就是史学的范式。现代史学范式可以简单概括为:以问题为中心展开研究,而且任何问题都必须置于具体的历史情境之中;注重史料的批判和考辨,"言必有据,信而有征(证验)";以考证、叙事和分析为主要方法,研究成果多以历史解释的形式出现;研究事物的形成和变化的过程,而不是静止的状态;任何论点都是从材料中提炼出来的,而不是先定的概念或假设;论证必须符合一般的思维逻辑;使用的语言必须中性和准确。这种范式是史学作为一个学科的根本特征,是学科传统的主干,初学治史的人只有掌握这种范式,才能步入治史的门径;治史者只有遵循这种范式,才能得史学之"三味"(才、学、识)。因此,对中学历史教师来说,思考问题、发现问题,要把问题放在的历史情境之中,运用史料分析问题,并对结论提出合理的解释,这也是历史学科核心素养中的史料实证、历史解释。总之,历史研究一定要建立在史料的基础上。中国哲学史名家冯友兰论及哲学史研究中的史料问题,提出了这样的见解:

第一步的工作是搜集史料,这一步工作的要求是"全"。
第二步的工作是审查史料,这一步工作的要求是"真"。
第三步的工作是了解史料,这一步工作的要求是"透"。
第四步的工作是选择史料,这一步工作的要求是"精"。

关于资料(史料和史料以外的知识)在历史研究中的作用,波兰学者托波尔斯基把史家的知识分成两大类:一是资料源知识,即"作为给定问题的来源的史料"的知识;二是非资料源知识,也就是史料以外的知识。他专门编制了一个表格,具体说明知识在历史研究的各个程序中所起的作用,如表2-6所示。

表2-6 托波尔斯基所列资料源知识的用途

编号	研究程序的类型	资料源知识	非资料源知识
1	选择研究的领域		+
2	形成疑问(问题)		+
3	给该问题确定原始资料		+
4	认读资料源材料		+
5	研究原始资料的可行性(外部考证)	+	+
6	研究原始资料的可靠性(内部考证)	+	+
7	确定原始资料为之提供直接信息的事实	+	
8	确定原始资料没有为之提供直接信息的事实(包括证实)		+
9	因果解释(包括证实)		+
10	确定规律(包括证实)		+
11	综合阐释(回答研究问题)		+
12	对历史事实的(合适的)评价		+

说明:"+"表示起重要作用。

从托波尔斯基所列资料源知识的用途来看,这类知识应包括两个来源:一是具体课题的史料,二是涉及的其他史料。这些资料的获得都需要长期的积累。上述史学研究的范式和史料的运用都为我们提供方法和指导。但是,在引用史料时也应遵循三个原则:一是忠实原文,二是避免抽样作证,三是孤证不立。抽样作证是中学教师经常犯的错误,在听课过程中,我发现有些教师所谓的史料教学,只是史从论出,而不是论从史出,所选择的史料只是为了证明大家都认同的某些观点而已,并没有真正引导学生提出问题、发现问题、解决问题，培养学生的史料实证和历史解释素养。如何运用史料也是考查教师教学水平的标准之一。

【案例】 （2015·上海高考·39）丝绸之路

丝绸之路，从广义上讲并非只是丝绸贸易的通道，而是指中西方之间多元化、多层次、多维度的交流通道。假设你是一名历史学家，在研究丝绸之路的过程中，遇到了如下问题，该如何解决？

问题一
关于丝绸之路的开通，学界说法不一。第一种观点认为张骞出使西域开通了丝绸之路；第二种观点认为早在汉代之前就已经有了丝绸之路

解决一
若你支持第二种观点，应选择以下哪些史料作为证据？理由是什么？（4分）

史料A
《穆天子传》"该文献出土于战国墓，记载了约三千年前周穆王西游会见西王母的故事，并有周穆王送给西王母'锦组百纯'（匹）"的记录

史料B 
新疆阿尔泰巴泽雷克墓出土的丝织品（约公元前5世纪）

史料C 
东罗马金币，发现于西安何家村唐代陶罐

史料D
2003年新闻报道，考古工作者在清理秦始皇兵马俑馆前的一处砖瓦窑址时，发现了百余具骨骸。DNA检测显示，在提取的15个骨骸样本中，有一个属于比较典型的"欧亚西部T类群个体"

问题二
海上丝绸之路自宋代以后日益繁荣，陶瓷是中国经海路外销的大宗商品。时至今日，世界上许多地方都发现了中国的陶瓷，这些陶瓷是怎样运往各地的呢？

解决二
在下图所示的实物中，哪一类最有助于还原海上丝绸之路的具体情况？为什么？（4分）

解决三
为进一步弄清海上丝绸之路的来龙去脉，除文献外，还需填补哪些考古证据上的缺环？（3分）

巴勒斯坦班卜霍尔港遗址及出土的中国瓷片

印度柯钦港的中国式渔网

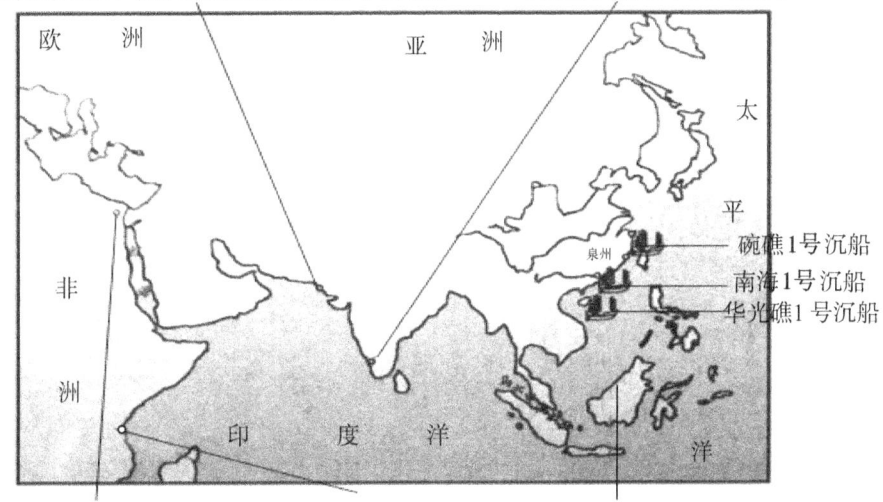

埃及开罗的福斯塔特遗址发掘出从唐至清不同种类的陶瓷片　　坦桑尼亚基尔瓦出土大量中国瓷器　　马来西亚沙捞越出土一百多万片中国瓷片

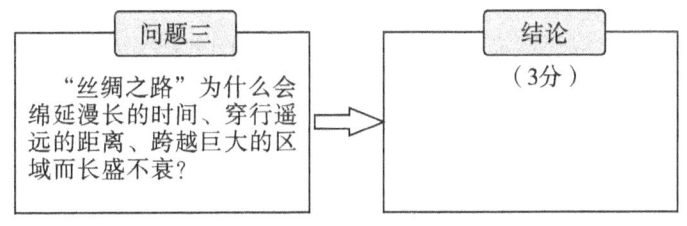

问题三："丝绸之路"为什么会绵延漫长的时间、穿行遥远的距离、跨越巨大的区域而长盛不衰？

结论（3分）

【评析】本题考查考生用文献与考古相互印证的方法探究历史；中外文化交流——丝绸之路；经济重心的南移——海上丝绸之路。选择史料A、B、D，因为三则史料在时间上都出现在汉代以前，与第二种观点在时间上一致，且史料A、B、D的文献和考古成果可以相互印证。直接实物史料的沉船是最有效的证据，因为既能了解沿途航行路线，同时船上的物品也能与坦桑尼亚、马来西亚出土的瓷器相互印证。为了形成完整的证据链，还需要沿着海上丝绸之路的线路继续寻找古沉船，补充更多的实物证据。从中原封建王朝经济、政治、文化因素的合力支撑，中外商人商品贸易的推动，不同社会的政治、宗教、生活方式、物种等交流的需求等角度分析。

(三) 历史解释

"解释"就是参照已知的事物来说明未知的事物,从而使未知的事物变得可以理解。"历史解释"就是使过去的人和事物变成可以理解的知识的过程。历史解释的基本任务是将零散而混乱的过去信息变成有条理、有意义的历史知识。何兆武先生把历史研究分为两个层次:第一个层次是"对史实或史料的知识或认定",称"历史学Ⅰ";第二个层次是"对第一个层次的理解或诠释",称"历史学Ⅱ"。欧洲史学理论中还有一种看法,认为历史研究在根本上就是建构历史解释,而人们所知的历史实际上就是解释的结果。历史解释就是不断与过去对话的过程,这种对话是建立在史料的基础上,没有史料,就无从进行历史研究;如果只拥有史料,而不去理解它、解释它,也就失去了研究历史的意义。司马迁写《史记》的目的是"究天人之际,能古今之变";王国维也提出:"凡记述事物而求其原因、定其理法者,谓之科学。求事物变迁之迹而明其因果者,谓之史学。"这些都说明史学家通过建立不同事实之间的联系来阐释变迁及变迁的原因,我们所需要、所能理解的历史是经过历史学家解释的历史。"死人留存下来的意义只能靠活人去阐释,去理解,于是死人也就活过来了。""说到底,我们只能通过阐释工作来认识或理解过去,认识或理解前后种种精神世界。文献学是阐释学的一种表现或技术手段,因为全部历史就在于阐释。"建构历史解释是史学的核心任务。

《普通高中历史课程标准》(2017年版)明确指出:"历史解释是指以史料为依据,对历史事物进行理性分析和客观评判的态度、能力与方法。所有历史叙述在本质上都是对历史的解释,即便是对基本事实的陈述也包含了陈述者的主观认识。人们通过多种不同的方式解释过去,通过对史料的搜集、整理和辨析、辩证、客观地理解历史事物,不仅要将其描述出来,还要提示其表象背后的深层因果关系。通过对历史的解释,不断接近历史真实。"《考试大纲》也明确提出:"客观叙述历史事实、正确解释历史事物、认识历史事件的本质。"在历届高考中对历史解释的考查屡见不鲜。

【案例】(2016·上海高考·36)罗马法(12分)

某学生学习《罗马法体系》一课后,产生了疑问:古罗马的奴隶是否确如书上所说,被"排斥在法律对象之外,不具有任何权利?"为此,他查找了资料,并撰写了如下读书笔记:

①奴隶指在罗马社会中不具有自由人身份的人,在法律上被视为物;奴

隶的身份可能因出生、受到刑事处罚或在战争中被俘所致；奴隶可以被解放而成为自由人。[1]②奴隶的释放问题是罗马法中重要的一部分。③《十二铜表法》中就有相关的条文。[2]④表明当时即已存在释奴现象。

共和末期至帝制前期，随着罗马版图的扩大，释放奴隶的现象更加普遍。帝国大法官小普林尼的书信中就有释放一大批奴隶的记录。[3]历史学家指出："在罗马法中很普遍的一个观点是：虽然奴隶制度是一种合法的社会制度，但它是和'本性'相矛盾的"，有古罗马大法学家就认为："从民法的观点来看，奴隶是什么也算不得的。但是根据自然法来看便不是这个样子。从后者的观点来看，一切的人都是平等的"。[4]由此看来，……

资料来源：

[1]《罗马法词典》；

[2]《十二铜表法》第五表第八条、第十一条；

[3]《小普林尼关于释放奴隶的书信三封》；

[4] 科瓦略夫《古代罗马史》。

问题：

（1）上述"资料来源"中，哪些为一手史料，哪些为二手史料？（4分）

（2）在笔记的第一段中，哪些是对事实的陈述？哪些是该学生的评价？（4分）

【评析】 上述试题的考点就是史料使用、事实的陈述和评价。[2] [3] 是当时法律条文和书信材料，属于一手史料；[1] [4] 属于后人对罗马法及罗马历史研究的成果，属于二手史料。①③是对罗马奴隶地位和法律条文的陈述；②④是奴隶释放问题研究的主观性认识，是该学生的评价。

历史解释是中学历史教师必备的素养，也是通过历史教学使学生必备的能力。如何培养历史解释的能力呢？英国学者 R. F. 阿特金森提出，历史解释的模式有三种：一是规律性解释（law explanation），借助规律或定理来解释历史现象；二是理性解释（rational explanation），注重人类行为背后的思想动机或理性逻辑；三是叙事性解释（narrative as explanatory），通过叙述事件过程来进行解释。他认为每一种解释方式都存在一定的局限性，并且引起争议。保罗·韦纳关于历史解释的观点是"所谓解释，只不过是把叙述组织成可以理解的情节的方法"；"对历史学家来说，解释意味着阐明情节的发展过程，使它能够被理解"。历史解释到底用哪一种模式，笔者无法给一个确切的、可操作的答案。但是，历史解释一定是每一位中学历史教师史学综合素质的体现，它是建立在获取和解读信息、调动和运用知识、描述和阐释事物、论证和探讨问题的能力基础之上，它需要我们拥有渊博的知识、扎实的理论基础和丰富的想象力。

五、历史学科与其他学科的联系

马克思、恩格斯有一句著名论断："我们仅仅知道一门唯一的科学，即历史科学。"即人类的一切活动都在历史范围之内，而对人类活动的种种研究都不能超出历史研究的范围。我们从历史学的角度来考察整个人类，一切学科都在历史学的考察范围之内。历史学科是一门综合性的学科，包罗万象，包含政治学、经济学、人口学、社会学、文化人类学、统计学、诠释学、语言学、考古学、文献学、天文学、地理学等。高中历史课程的设计，已经注意与思想政治、语文、艺术（或音乐、美术）、地理、信息技术等课程的关联。例如，2018年全国高考一卷的第42题就是从文学作品的角度考查历史现象。

【案例】（2018年全国高考一卷·42）阅读材料，完成下列要求。（12分）

材料：英国作家笛福创作的小说《鲁滨孙漂流记》出版于1719年，其中许多情节反映了世界近代早期的重大历史现象。小说梗概如下：

鲁滨孙出生于英国一个生活优裕的商人家庭，渴望航海冒险。他在巴西开办了种植园，看到当地缺少劳动力，转而去非洲贩卖黑奴。在一次航海途中，鲁滨孙遇险漂流到一座荒岛上。他凭借自己的智慧和力量，制造工具，种植谷物，驯养动物，经过十多年，生活居然"过得很富裕"。宗教信仰是支撑鲁滨孙的重要力量，且是"在没有别人的帮助和教导下，通过自己阅读《圣经》无师自通的"。后来，鲁滨孙救出一个濒临被杀的"野人"，岛上居民也有所增加，整个小岛都是他的个人财产。鲁滨孙获救回国后，还去"视察"过他的领地。

结合世界近代史所学的知识，从上述故事梗概中提取一个情节，指出它所反映的近代早期重大历史现象，并概述和评价该历史现象（要求：简要写出所提取的小说情节及历史现象，对历史现象的概述和评价准确全面）。

【评析】学生在思考本题时，首先提取情节，根据小说梗概可提取的情节主要有鲁滨孙在巴西开办种植园，并贩卖黑奴；鲁滨孙遇险漂流到海岛上，在那里进行开发，建立了自己的领地；鲁滨孙自学《圣经》，获取精神动力；等等。其次指出该情节所反映的历史现象，注意情节与历史现象之间的关联性，结合世界近代史相关知识可知开办种植园、贩卖黑奴，在海岛上建立领地等情节反映了近代早期西欧的殖民扩张；自学《圣经》反映了宗教改革；等等。最后进行概述和评价，概述要注意时间、过程、代表性事件等基本要素完整准确，如概述近代早期西欧的殖民扩张，需要指出它的时间（始于新航路开辟）、地域（亚非拉地区）、方式（武力掠夺、贩卖黑奴、商品贸易等）等要素；评价要全面合理，辩证评价。

作为一线历史教师，应尽可能丰富自己的知识，关注其他学科的常识和发展变化，这样更有助于学生对其他课程的学习，也利于我们更好理解历史，使历史学科与相关课程发挥贯通作用，共同促进学生人文素养的发展。

六、小结与启示

中学历史教师所要了解和掌握的历史学功能主要有：一是人类社会历史发展的过程和规律；二是在历史记录的基础上，经过整理、鉴别、分析，对历史事件或历史过程所做的判断、解释、说明，探寻历史真相，总结历史经验，认识历史规律；三是认识历史发展，顺应历史发展趋势，充分发挥历史学的重要社会功能；四是传承人类文明的共同遗产，提高公民文化素质。

通过对历史学的学科结构和现行初高中历史课程的设置研究，中学历史教师要想胜任中学历史课堂教学，必须掌握的基本历史知识体系主要有：

（1）掌握中国通史和世界通史的知识。了解中外历史上重要的事件、人物和现象，了解人类社会从古到今、从分散到整体、从低级到高级的发展历程，进一步了解和认识人类历史演变的基本脉络，以及丰富多样的历史文化遗产。要做到这一点需要教师广泛阅读通史专著，尽管历史专业的老师在大学系统地学习过通史知识，但知识要不断更新。要填补学科的专业知识，可阅读白寿彝著的《中国通史》，袁行霈等著的《中华文明史》等，这些都是中学历史教师必读的书目。

（2）强化学习专题史，了解最新的史学研究成果。教师通过对专题史的学习进一步了解整体与局部的关系，了解历史学科发展前沿成果，在此基础上，教师可精选最基本、重要的、典型的史事，为学生提供认识历史的多个角度，引导学生对历史真相进行探究。

第三节　中学历史教师的学科教学知识

学科教学知识（PCK）最早是由美国教育家舒尔曼（Schulman）于1986年提出的。PCK是学科教学知识（Pedagogical Content Knowledge）的简称。舒尔曼认为，教师除了具备学科专业知识、一般教学知识外，还必须拥有另一种新的知识——学科教学知识。学科教学知识是关于教师如何针对特定的学科主题及学生不同的兴趣与能力，将自己所掌握的学科知识进行组织、调整与呈现，使其有效转化成学生易于理解和接受的知识。学科教学知识定位于"学科知识"与"一般教育知识"的交叉之处，其核心内涵在于将学科知识以学生可接受的形式加以转化。《教师专业能力标准》也明确提出了中学教师应具备学科教学知识的四个基本要求，即：①掌握所教学科课程标准；②掌握所教学科课程资源开发的主要方法与策略；③了解中学生在学习具体学科内容时的认知特点；④掌握针对具体学科内容进行教学的方法与策略。

一、历史课程标准

（一）课程标准是国家课程的基本纲领性文件

新课程改革以来，教师的观念由原来的教材观逐步向课程观转变。《中国大百科全书·教育》将课程标准定义为：规定中小学的培养目标和教学内容的文件。朱作仁主编的《教育辞典》对课程标准的解释是：对各门学科教学作纲要性规定的指令性文件。顾明远主编的《教育大辞典》（第一卷）对课程标准的定义是："课程标准是规定一定学段的课程结构和课程水平的纲领性文件。课程标准一般由课程标准总纲和各科课程标准两个部分组成。课程标准总纲是对一定学段的课程总体进行设计的纲领性文件，它规定了各级学科的学科设置、课程目标、团体活动的时数、课外活动的要求以及课外活动的时数、各年级各学科每周的教学时数等；各科课程标准根据课程标准总纲具体规定各科教学要点、教学时数、教学目标、教材纲要和编订教材的基本要求。"《基础教育课程改革纲要（试行）》第7条指出："国家课程标准是教材编写、教学、评估和考试命题的依据，是国家管理和评价课程的基础，应体现国家对不同阶段的学生在知识与技能、过程与方法、情感态度与价值观等方面的基本要求，规定各课程的性质、目标、内容框架，提出教学建议和评价建议。"

通过上述阐述，我们明确了课程标准的定位，课程标准是国家课程的基本纲领性文件。课程标准对课程性质、课程的基本理论、课程设计思路、课程目标、内容标准、实施建议等都作了明确的说明。

1. 课程标准设定了最低的实施目标

最低实施目标即所有学生都应该达到的目标，课程标准对学生学习的内容和能力要求主要是按识记、理解和运用三个层次划分的，并对学生应该掌握的作了具体表述："知道……""了解……""初步认识……""理解……"等。

【案例】《辛亥革命》的基本教学目标

《义务教育历史课程标准》（2011年版）：了解孙中山早年的革命活动，知道孙中山是中国民主革命的先行者；了解武昌起义和中华民国成立的史实，认识辛亥革命的历史意义。

《普通高中历史课程标准》（实验）：简述辛亥革命的主要过程，认识推翻君主专制制度、建立中华民国的历史意义。

《普通高中历史课程标准》（2017年版）：了解孙中山三民主义的基本内容，理解辛亥革命与中华民国建立对中国结束帝制、建立民国的意义及局限性。

【评析】上述三个课程标准强调课程目标的主体是学生，对学生知道什么知识，并达到什么程度作了规定。从学生的认知水平出发，同一内容对不同年龄段的学生要求也不同，初中主要是了解一些具体的历史人物、历史事件，高中是在义务教育的基础上，进一步认识历史发展进程中的重大历史事件、历史现象。但是，我们也能清晰看到初高中内容的重复，学生对知识具体掌握到什么程度还是不够清晰，需要教师对内容进行深入分析和挖掘。

2. 课程标准能够有效指导教材编写

目前高中使用的历史教材是一标多本，初中逐渐由一标多本向统编教材过渡，一标就是课程标准，现行教材都是依据课程标准编写，它对教材编写具有指导性的作用。历史教科书是学校历史教育最主要、最基本的教学资源，切实落实了课程标准提出的各方面要求，体现了历史课程在知识与能力、过程与方法、情感态度与价值观等方面的目标要求。教材是课程标准的扩大版，教材的历史史实、历史事件、历史人物的选取都紧扣课程标准，教材的编写者也更希望充分体现出课程标准的要求。

【案例】《史前时期：中国境内人类的活动》（人教版，七年级上册）的

编写

《义务教育历史课程标准》(2011年版)对本课程的要求:

1. 知道北京人的特征,了解北京人发现的意义。知道化石是研究人类起源的主要证据。

2. 了解半坡居民、河姆渡居民的生活和原始农业的产生。知道考古发现是了解史前社会历史的重要依据。

3. 知道炎帝、黄帝的传说故事,了解传说与神话中的历史信息。

第一单元　史前时期:中国境内人类的活动

章节	子目	问题思考
第1课　中国早期人类的代表——北京人	我国境内的早期人类	化石是怎么形成的?对于我们研究早期人类有什么作用?
	北京人的发现	
	北京人的特征	
第2课　原始农耕生活	半坡居民的生活	河姆渡人与半坡人在生活上有什么不同?
	河姆渡人的生活	
	原始农业的发展	
第3课　远古的传说	炎黄联盟	传说中炎帝和黄帝有很多发明创造,你认为这些发明创造反映出当时人们生活的哪些变化?你认为有关先民的传说是否有科学根据?
	传说中炎帝和黄帝的发明	
	尧舜禹的禅让	

【评析】教材在编写的子目和问题设计等方面都紧扣课程标准的内容要求,在教材正文知识表述方面运用了准确的语言陈述历史发展的基本线索和各个时代特征,使学生了解历史是鲜活的、生动的,而不是抽象的、概念化的。教科书的编写也是依据课程标准由浅入深让学生感受和认识历史,辅助栏目也紧扣课程标准的能力要求设计。

3. 课程标准有利于指导教与学

《义务教育历史课程标准》(2011年版)强调通过多种途径感知历史;学会对历史事实进行理解和判断,学会发现问题、提出问题,并在探究历史的过程中尝试反思历史,汲取历史的经验教训;逐步掌握学习历史的一些基本方法;初步掌握解释历史问题的方法等。《普通高中历史课程标准(实验)》积极倡导学生学习方式和教师教学方式的转变,必须改变过于强调接受学习、死记硬背、机械训练的弊端,倡导学生主动参与、积极探究、勤于动手，培养学生搜集和处理信息的能力、获取新知识的能力、分析和解决问题的能力以及交流与合作的能力。在《普通高中历史课程标准（实验）》中，推荐的比较有代表性的学习活动包括历史讨论会、收集历史资料、举办历史专题展览、编写纪实报道、观看历史影片、组织访谈和社会调查、专题演讲、绘制示意图等等。各个学校还可以根据学校实际情况以及学生的兴趣爱好开展其他有特色的历史活动。经过了十几年的新课程改革，在教学方式方面发生了变化：一是教师的教育教学观念有了极大的改变，较为普遍地树立起以学生的发展为本的历史教育意识，从关注教师的教到关注学生的学，三维目标的教学意识更加明确，促进学生历史思维能力发展的观念更加彰显。二是广大高中历史教师的教学研究能力得到了极大的增强。近十年来，在课程标准的指引下，广大高中历史教师积极进行课堂教学改革，勇于尝试多样化的教学方式方法，取得了显著的成效。三是广大中学历史教师的课程资源开发与利用能力得到了极大的提升。历史教师以课程标准中强调的课程资源观为指导，以课程目标及教学目标为参照，基于但又不拘泥于中学历史教科书，以更加开阔的教学视野，遴选有价值、有意义的学习资源，大大地提升了教学的有效性。自主—合作—探究的学习方式得到普遍认可，学生的学习方式也发生重大变革。

4. 课程标准有利于指导课程评价

这里说的课程评价包括两个方面，一方面是指对课程实施过程的评价，评价的对象是课程实施的情况；另一方面是指对课程实施结果的评价，评价的对象是学生的学习结果。《普通高中历史课程标准》（2017年版）在评价改革建议中明确指出："建立基于历史学科核心素养的评价制度。各地区和学校要加强基于学科核心素养、学业质量水平的评价研究；加强对评价目标、标准、类型、方法、工具等的研究，努力使教、学、评一体化，逐步构建以考查发展学科核心素养为重心的评价体系。"2017年版的高中课程标准为了便于教师教、学、评一体化，便于基于学科核心素养的评价，提出了历史学科核心素养水平划分，如表2-7所示。

表2-7 历史学科核心素养水平划分

水平	素养1 唯物史观
水平1	能够了解和掌握唯物史观的基本观点和方法，理解唯物史观是科学的历史观
水平2	
水平3	能够将唯物史观运用于历史学习、探究中，并将其作为认识和解决现实问题的指导思想
水平4	

续上表

水平	素养2　时空观念
水平1	能够辨识历史叙述中不同的时间与空间表达方式；能够理解它们的意义；在叙述个别史事时能够运用恰当的时间和空间表达方式
水平2	能够将某一史实定位在特定的时间和空间框架下；能够利用历史年表、历史地图等方式对相关史事加以描述；能够认识事物发生的来龙去脉，理解空间和环境因素对认识历史与现实的重要性
水平3	能够把握相关史事的时间、空间联系，并用特定的时间和空间术语对较长时段的史事加以概括和说明
水平4	在对历史和现实问题进行独立探究的过程中，能将其置于具体的时空框架下；能够选择恰当的时空尺度对其进行分析、综合、比较，在此基础上作合理的论述
水平	素养3　史料实证
水平1	能够区分史料的不同类型；在解答某一历史问题时，能够尝试从多种渠道获取与该问题相关的史料；能够从所获得的材料中提取有关的信息
水平2	能够认识不同类型的史料所具有的不同价值；明白史料在历史叙述中的基础作用；在对史事与现实问题进行论述的过程中，能够尝试运用史料作为证据论证自己的观点
水平3	在探究特定历史问题时，能够对史料进行整理和辨析；能够利用不同类型史料，对所探究的问题进行互证，形成对该问题更全面、丰富的解释
水平4	能够比较、分析不同来源、不同观点的史料；能够在辨别史料作者意图的基础上利用史料；在对历史和现实问题进行独立探究的过程中，能够恰当地运用史料对所探究的问题进行论述
水平	素养4　历史解释
水平1	能够辨别教科书和教学中的历史解释；能够发现这些历史解释与以往所知历史解释的异同；能够对所学内容中的历史结论加以分析
水平2	能够选择、组织和运用相关材料并使用相关历史术语，对个别或系列史事提出自己的解释；能够在历史叙述中将史实描述与历史解释结合起来；能够尝试从历史的角度解释现实问题
水平3	能够分辨不同的历史解释；尝试从来源、性质和目的等多方面说明出现这些不同解释的原因并加以评析
水平4	在独立探究历史问题时，能够在尽可能占有史料的基础上，尝试验证以往的说法或提出新的解释

续上表

水平	素养5　家国情怀
水平1	能够具有对家乡、民族、国家的认同感，理解并认同社会主义核心价值观和中华优秀传统文化，具有对祖国和人民的深情大爱；能够理解尊重世界各国优秀文化传统
水平2	
水平3	能够把握中华民族多元一体的发展趋势，以及世界历史发展的进步历程，形成正确的世界观、人生观、价值观和历史观；能够表现出对历史的反思，从历史汲取经验教训，更全面、客观地认识历史和现实社会问题；能够将历史学习所得与家乡、民族和国家的发展繁荣结合起来，立志为新时代中国特色社会主义建设、中华民族伟大复兴作出自己的贡献
水平4	

《义务教育历史课程标准》（2011年版）在评价建议中指出："评价不仅要关注学生的学习结果，更要关注学生在学习过程中的发展和变化。学习评价应将诊断性评价、形成性评价与终结性评价相结合，教师评价与学生自我评价、同伴评价相结合，量化评价与质性评价相结合。既要注重评价学生的学业成就，如历史知识、能力、思维方法与品质等，还要考虑到学习的其他变化，如对所学内容的情感倾向，特别是学生对历史认识上的变化。"

在课程标准的指导下，我们由单一评价向多元评价过渡，由终结性评价向过程性评价过渡。多一把尺子多一批优秀孩子，评价方式的改变，有利于教师发挥学生专长，有利于个性化教育。

（二）科学定位教学目标、细化内容，使课程标准具有可操作性

1. 教科书与课程标准的关系

教科书是根据学科课程目标与课程标准的内容规定，由相关机构组织专家编制多种版本的教科书，并提交教育部审核通过。教科书是实现课程目标的中介，并不具有必须依从的权威性。教材的编写、考试评价以课程目标、课程内容为依据。教师在课程教学实施时应以课程标准为核心，按照本校学生的特点，重构教科书内容，灵活选择教学内容，更好地实现课程标准确定的目标要求，课程标准是上位。教学应该是用教科书教，而不是教教科书。教学内容的选择不是简单根据教科书文本撰写教案。课程标准（课程目标、课程内容）、教材（非教科书）与教学是构成教学内容的三个基本要素。教学内容是为实现教学目标，依据课程目标、课程内容和教材并结合实际情况，传授给学生的知识或信息。它不同于课程内容和教科书内容。教学内容的选择应突破教科书的局限，根据教学目标灵活确定，教师应注意删除教学中的枝节内容，突出学科的基础知识、核心知识，注意对学生进行情感态度

和价值观的教育，合理调整原有知识的组织形式，使教学内容结构化、层次化，这才是"用教科书教"的理念。

2. 科学定位教学目标

教学目标是指教学活动实施的方向和预期达成的结果，是一切教学活动的出发点和最终归宿。教学目标有三个层次：一是宏观目标，即教育的培养目标，"是由教育行政部门根据我国国情制定的对于教育主体所希望达成的结果的设定，即教育活动所要培养人才的总的质量标准和规格要求"。这是对所有学科的共性要求。二是中观目标，即学科课程目标，是一定的教育价值观（教育目标）在课程领域的具体化，主要描述某一学科在某一具体学段课程设置所要达到的目标，带有鲜明的学科特性，在各学科的课程标准中有明确的要求。三是微观目标，即课时教学目标，是指某一具体的教学活动结束后学生应达到的预期状态，是宏观的共性要求与中观的特性要求的具体体现。教育培养目标的制定者是国家（政府），学科课程目标的制定者是学科专家，课堂教学目标的制定者是教师。

课程标准是从知识与能力、过程与方法、情感态度与价值观三个方面进行目标定位的，三维目标是同一过程的不同方面，具有内在的统一性。知识与能力、过程与方法、情感态度与价值观是一个相互联系、相互渗透的整体，是一个完整的人在学习活动中实现素质建构的三个侧面，在实际教学过程中，不应该将它们设计为三个环节分别操作。三维目标是学科的课程目标而非教学目标。教学目标是课程目标的下位目标，有不同的层级：由学年（学期）目标到单元（主题）目标，再到课时目标。由于上位目标决定下位目标，教师在确定教学目标时，必须清楚它的上位目标是什么，才能把握住下位目标的基本定位。

教学目标是教学的灵魂，支配着教学的全过程。目前教师在制订教学目标时存在的主要问题是：一是缺乏教学目标意识；二是教学目标缺乏针对性；三是教学目标的程式化，机械地套用"三维目标"的形式处理教学目标。

如何依据课程标准和学情科学设计教学目标呢？首先，要明确课程目标与课堂教学目标的关系，宏观、中层、微观三维目标是一个整体；其次，认真研读课程标准，提炼教学内容的核心价值；第三，分析学生的学习需要，提高教学目标的适切性；第四，细化课标的内容标准，做到可观察、可操作、可测量。

【案例】《秦统一中国》（人教版，七年级上册）教学目标定位
● 内容标准
知道秦始皇和秦统一中国，了解秦代的中央集权制度和统一措施对中国历史发展的影响。

- 《义务教育历史课程标准（2011年版）解读》对该课程内容的解读

秦灭六国，建立统一多民族的国家，创立中央集权制度，推行巩固统一的措施，并认识到秦所建立的制度和采取的措施对中国历史发展的影响。同时，突出提到了秦始皇这个重要的历史人物，教师在教学时，一是要注意使学生认识到秦的统一，结束了春秋战国以来长期战乱的局面，建立起我国历史上第一个统一的、多民族的国家；二是要注意使学生了解秦朝创立的中央集权制度，实行了一套中央和地方的政治建树，为此后的各代所仿效；三是要使学生了解秦始皇推行了一系列巩固统一的措施，有利于国家的管理，有利于促进各地经济、文化交流，尤其是文字的统一，对我国社会的发展有着重要的意义。

- 教学目标设计

1. 能说出秦灭六国并建立我国历史上第一个统一王朝的时间、建立者及其都城。知道秦国与秦朝的区别。

2. 在《秦朝疆域示意图》上标出秦朝的都城，指出秦长城的起止点及灵渠的地理位置，建立时空观念。

3. 阅读教材，填写教师提供的"秦朝中央与地方官制"知识结构图，说出中央集权的概念内涵。并结合春秋战国割据混战的局面，理解中央集权对巩固统一的作用，知道中央集权制为此后历代所仿效。

4. 列举秦朝巩固统一的主要措施，并从国家管理、经济文化交流与发展、历史的传承等角度分析其历史意义。

教学目标陈述的是学生的学习结果，反映的是学生通过学习而产生的行为变化，因此，教学目标的行为主体应是学生而不是教师。目前的教学目标表述中行为主体以教师为中心的问题依然比较突出，如"使学生掌握……知识""教会学生……技能""培养学生……能力（习惯）"等等。教师制定教学目标应树立学生的行为主体地位，目标表述的行为主体应是学生，如"通过学习，能说出……""通过学习，能理解……""通过学习，能分析归纳……""通过学习，将形成……"等等。教师在制定教学目标时应当按照期望学习者身上出现的可观察、可操作、可测量的要素对教学目标做出具体说明。清晰的教学目标应具备三个要素：第一，说明在学生身上预期的具体行为，以便教师能观察学生，了解学习目标是否达成；第二，说明学生产生上述行为的条件；第三，指出评定上述行为的标准。也就是说，学生学习结果行为的描述应该尽可能是可理解的、可达到的、可评估的。在教学实际中，可具体分解为四个要素，即学习主体、学习行为、学习条件、学习结果。其中，学习行为用以描述学生所形成的可观察、可测量的具体行为；学习条件指影响学生产生学习结果的特定的限制或范围。

3. 细化课程标准内容

课程标准的内容往往就是一句话，老师们在看课标内容时不能只粗略浏览，应该关注涉及哪一具体历史史实、历史事件、历史人物等，更要侧重学习和把握教科书对课标内容的呈现，需要对课程标准内容深入理解，细化课程标准内容。

【案例】《新文化运动》课标细化

学段	课程标准
初中	知道陈独秀、胡适等新文化运动的代表人物，了解新文化运动在中国近代思想解放运动中的地位和作用
高中	概述新文化运动的主要内容，探讨其对近代中国思想解放的影响

观察上表可以看出，对《新文化运动》这一内容，初高中的课标要求是不同的，根据初中生的认识水平，对这一内容的要求主要是知道重要历史人物和历史事件，在了解历史事实的基础上，初步理解历史问题的价值和意义，尝试体验探究历史问题的过程，学生可以通过搜集资料、掌握证据和独立思考，初步学会对历史事物进行分析和评价。所以，使用的动词是"知道……，了解……"教师可以对课程标准内容进行细化，见下表。

八年级（上册人教版）第四单元第12课《新文化运动》课标细化

学习内容		学业水平达标要求		
一级	二级	知道与了解	理解与运用	情感态度价值观
新文化运动的兴起		列举新文化运动主要代表人物、口号、开始标志	1. 理解"民主与科学"口号的本质、意义和进步性 2. 理解新文化运动在中国近代思想解放运动中的地位和作用	学习新文化运动中先进知识分子关心国家前途和命运的精神，体会他们所具有的强烈社会责任感和使命感
新文化运动的内容		列举新文化运动的主要内容		
新文化运动的意义		知道新文化运动是一次伟大的思想解放运动		

教师通过对课程标准内容的细化，在利于教学，为学生打下坚实的基础，有利于学生高中的学习。

高中的课程标准内容很明确，是在义务教育的基础上，进一步认识历史发展进程中的重大历史问题，注重学生的探究学习，从不同的角度发现问题和解决问题。所以，使用的动词是"概述……，认识……"。学生已在初中学习了"新文化运动"这一重大历史事件，也学习了必修一、二，对这一时期的历史有整体的了解，我们可改变以往以陈述性知识的理解方式，采用程序性知识的理解方式。

①问题：新文化运动对近代中国思想解放的影响。

②背景：学生调动已储备的知识（初中、必修一、必修二的相关知识），理解问题的来龙去脉。

③方法：教师为学生提供解决"新文化运动对近代中国思想解放的影响"这一问题研究和分析的建议。

④史料：教材提供了特定历史事件丰富的原始材料，学生也可呈现自己收集和整理的史料。

⑤思考问题：学生在运用材料时要关注不同材料之间的联系和特殊的材料，理解材料与问题之间的联系。

⑥结论：运用所学的知识和所提供的新材料、新情况解决问题。

通过对教科书的内容重新构建，调动学生已储备的知识解决新问题，并能发现问题、提出问题。依据课程标准，源于教材，高于教材。关于"新文化运动对近代中国思想解放的影响"人教版、岳麓版、人教版三个版本的教材表述是不完全相同的。

新文化运动猛烈地冲击了封建思想的统治地位，使人们的思想，尤其是青年人的思想得到空前的解放；中国知识分子在运动中受到一次民主与科学的洗礼，也为马克思主义在中国的传播创造了有利条件。

——《必修三》（人教版）

新文化运动是辛亥革命在思想文化领域的延续，形成空前的思想解放。它在政治上和思想上给专制主义以空前沉重的打击，动摇了传统礼教的思想统治地位，对促进中国人民，特别是青年知识分子觉醒起了巨大的作用，成为民主主义的思想启蒙和文化革新运动。它促使人们追求真理、追求进步，从而为马克思主义在中国的传播创造了有利的条件，推动了五四运动的发生。

——《必修三》（岳麓版）

新文化运动是一次伟大的思想解放运动。新文化运动还促进了民众的觉醒，唤起了人们对国家政治事务的关心。特别是青年学生在启蒙思潮的影响下，民族觉悟和爱国热情空前高涨。新文化运动也是一场全面的文化转型运动，它对中国的政治、思想、伦理、观念、文学、艺术等方面产生了深刻的影响，白话文的使用就是最显著的一个例子。新文化运动对传统文化的批判，也有一定的片面性。他们把一切中国文化都看作是落后的，甚至把一些优秀的民族文化遗产也当作封建文化加以否定，而把一切西方文化都看作是进步的。这种形式主义的偏向，产生了许多消极的影响。

——《必修三》（人民版）

　　三个版本的教材对新文化运动的评价并不完全相同，作为教师不应该硬把某一版本的观念塞给学生，教师可以从培养学生核心素养的角度去解读课程标准的内容，依据课程标准对教学内容重新构建，在构建过程中注意吸收历史研究的新成果，为学生提供认识历史的多个角度，注重引导学生对历史的探究。但是，教师也应注意不能凭自己的主观判断选取资料，而应尊重客观史实，让学生得出历史解释。

二、课程资源开发和利用

　　课程资源既是课程实施的支撑环境，也是课程内容的重要来源，还是教学活动的展开条件。凡是对实现课程目标有利的因素都是课程资源。历史课程资源是指有利于历史课程目标的实现，能够服务于历史课程的一切可利用的物质和非物质资源的总和。历史课程资源是多样化的，既包括教材、教学设备、图书馆、博物馆、互联网以及历史遗址、遗迹和文物等物质资源，也包括教师、学生、家长及社会各界人士等人力资源。课程资源的利用与开发水平同教学质量的高低密切相关，充分利用和开发历史课程资源，有利于历史课程目标的实现。

（一）中学历史课程资源现状分析

1. 内容开发单一

　　从历史课程资源实施的情况看，有些地方将教学局限于课堂，课堂成为使用课程资源最重要的载体。在一些偏远地区，缺少专门教室、实验室、图书馆、参观考察场所等，这样既不利于学生对历史课程资源的研究性学习，更难以通过社会实践以及劳动与科学技术等培养学生的综合能力。从历史课程资源的内容看，往往偏重于历史相关知识的开发，忽视对学生能力、素质的培养，课程内容与学生的生活实际联系不紧密，教材结构单一，难以适应学科知识的新发展，更难以实现历史与其他学科知识间的渗透与融合。

2. 开发主体单一

从课程开发的主体看，广大一线历史教师的积极性并不高，教师更多的是利用现成资源，并没有结合实际和发展变化加以改造创新，一些教师所谓的课程资源的开发就是给学生提供辅导书、练习册，为考试服务，并没有改变单一的学习方式，反而加重了学生的负担。

3. 缺乏物质保障

根据物理特性和呈现方式，课程资源可分为文字资源、实物资源、活动资源和信息化资源。实物资源表现为多种形式，如模型、挂图等；活动资源内容广泛，如社会调查、社会实践等；信息化资源容量大，具有智能化、虚拟化、网络化和多媒体的特点。这些资源的开发需要物质的保障。目前很多学校为了应付检查专门布置了一间历史室，检查时临时布展，检查结束后又变成了学生辅导室，很多学校在人力和物力方面未给予支持，这不利于课程资源的开发。

（二）历史课程资源整合的基本途径

教材是学生获取知识的载体，是最为宝贵的教学资源。尤其是现在的新教材，色彩鲜艳，图文并茂，其中的导言、彩图等都是辅助教师教学、激发学生兴趣的帮手。"课前提示""自由阅读卡"都是课改后新增加的内容，是对各课某一内容的扩充和延伸，长期坚持阅读对拓宽学生知识面、增加学生对所学内容的深入了解有极大助益。

目前使用的人教版新编历史教材的教学内容与旧教材相比，内容并不算多，但教学资源却丰富多彩，如导入框、正文、动脑筋、练一练、活动与探究、历史图片、小资料、自由阅读卡等。有效地整合利用这些材料，根据具体情况适当地拓展一些资源，设计教学活动，有助于较好地完成教学任务，实现教学目标。下面列举一些整合教材资源的方法。

1. 变简为繁，激发学习兴趣

八年级下册第五单元有一课是《钢铁长城》，它的教学内容比较简单易懂，主要介绍了我国人民海军、空军和导弹部队建设的一些简单情况，因为缺少令人激动的详细素材，学生如果自己看看读读，对我国这几个兵种部队发展历程的认识可能较模糊和肤浅，不会留下什么深刻印象。教师在上课之前，可先让学生收集我国海军、空军和导弹部队建立与发展过程中的一些事迹、图片等。对于这种军事题材的任务，学生兴趣浓、积极性高，他们课外收集了许多飞机、舰艇、导弹等图片，还整理了大量历史事实，如国产的"飞豹"战机，中国"枭龙""山鹰""天翼""新舟"等亮相巴黎航展……

一堂普通的新授课变成了一节自学成果汇报课、军事故事讲演课和国防建设成就图片展示课,新中国越来越强大的国防让同学们感到由衷的兴奋和自豪,有的同学还联系实际表示要努力学习,振兴中华,居安思危,加强国防建设等。

2. **探微索隐,打开学生新视野**

七年级下册《对外友好往来》一课,有两幅货币插图,一幅是唐朝的"开元通宝",一幅是日本的"和同开宝",反映的是唐朝文化对日本的影响,表面上看,两枚钱币差别不大,其实不然,它们背后蕴含着非常丰富的知识。如何引导学生透过简单的表象去比较、分析、认识事物的本质呢?教师运用多媒体手段,帮助学生分析唐代铸币历史,鉴别这两枚古钱各自产生的背景、年代、出处。前者从唐高祖武德年间(公元621年)就开始铸造,至唐朝结束,经历了289年,一直盛行不衰,是唐朝的主要货币,在我国陕西及日本都有大量发现。而"和同开宝"是我国考古人员于1970年10月在陕西省西安市南部发现的五枚日本银钱,它是日本遣唐使所献的贡品,是由朝廷颁赐的,它应铸造于公元708年;用特写镜头引导学生看古钱的形制、锈色,并分析钱文、字体书法特点:形制上看都是圆形方孔,铸法也一致,字体上看都是结构严谨匀称,笔法凝重端正,隶中带有楷意等,可见当时日本货币的铸造明显受唐朝的影响,不仅如此,两枚古币还反映了古代两国人民贸易往来频繁,日本在思想文化、经济制度、手工业生产等方面深受唐朝影响,两国人民友好交往历史源远流长。通过对本课的学习,同学们不仅了解到许多古钱币知识,观察能力、分析能力等也得到大大提高。

3. **学科渗透,加深对课本知识的理解**

教学过程中,教学资源在政治、历史、地理等各学科之间是互相联系、交叉渗透的,教师如能抓住机会,巧妙地实现跨学科、跨年级的知识迁移,把多种教学资源有机整合,往往事半功倍。例如,在讲授《民族团结》这一子目时,有位教师引导学生利用教材上第四届全国少数民族传统体育运动会会歌、为庆祝中华人民共和国成立50周年演出的大型舞蹈团结颂、窗口材料宪法对民族区域自治制度的相关规定等材料回顾八年级地理上册所学的《多民族的大家庭》的有关内容,唤醒、巩固和拓展了学生关于我国以汉族为主体的大杂居、小聚居的民族分布格局,以及我国在少数民族地区实行民族区域自治、设立自治机关等知识,从而轻松实现了第一目"民族区域自治的实行"的教学目标。

4. **利用好影视音像作品**

近年来历史题材的影视音像作品大量增加,特别是涌现出一批优秀的纪录片。影视作品生动、形象，有助于学生理解和认识历史；纪录片纪实性强、资料丰富，史实的呈现用了多种历史研究方法，既再现某段历史，又培养了学生研究历史的方法。例如，在讲中国研究史时，老师们喜欢剪辑《中国通史》这部纪录片；讲授世界古代史时，老师喜欢用了 BBC 拍摄的纪录片；讲授世界近代史时，老师们喜欢用《大国崛起》等。在选择影视作品时，要选择比较接近历史实际，与课程内容紧密相关的。在用影视资源前，教师可提出深层次的问题，让学生边看边思考。

5. 利用网络资源

互联网具有海量信息和不受时间和空间限制等优势。近几年开发的历史课程资源网站非常多，师生可以充分利用，同时，师生也可以借助这些平台收集整理资源，编制适合本区域、本学校的课程资源。例如，关于主题资源库的建设，可根据中学历史教学内容设计主题，每个主题资源库包括教学设计、学案、学生阅读资源包、视频、相关网站的链接、教学课件、专题问题的微课、课后练习等。主题资源库的建设为教师研究教学内容、开发课程资源提供了抓手。现在很多学校使用电子书包，有些学校开发了手机的学习功能，教师可以充分利用这些工具，拓展学生学习的空间。QQ、微信已成了网络教研常用的交流工具。广州市番禺区部分学校在教学中已使用电子书包，为了配合电子书包的使用，老师们精选了视频、史学作品等，制作成网络资源推送到电子书包平台供师生使用。

6. 开发学生配套学习资源，制作微课，为教师提供范本

广州市番禺区依据初中历史课堂教学的需要确立了关于历史人物的评价、历史概念教学、培养学生的时空观、历史细节的描述等 15 个关键问题，并进行分工，由广州市番禺区骨干教师设计并制作微课，经过大家反复研讨，打磨定稿，为全区老师提供相关教学片断的范本。番禺区老师制作的微课主要用于以下几个方面：一是在新授课上使用；二是在学生自主学习中使用；三是供教师教学研究使用。

（二）开发和利用校外课程资源

1. 开发社区资源，编写乡土教材

校外资源的开发主要是利用历史遗迹、遗址、博物馆、纪念馆、展览馆、档案馆、爱国主义教育基地、社区等。在校外资源和乡土资源的开发方面，广州市番禺区为了进一步开发区域资源，组织全区老师开展了"区域资源的开发和利用"的课题研究，番禺区中学历史教师基本上全员参与。主要从四个方面入手：收集本地课程资源，即地方志、记录当地历史的所有书籍、图片、音像制品等等，这些都是历史乡土课程资源的内容；组织学生参观历史古迹、遗址、纪念馆、博物馆，并记录整理；访问老人，探究风俗，走街串巷，了解本地习俗；研究家谱、族谱、个人日记、传记、回忆录等，这些内容可以从不同的角度充实历史乡土课程资源。在乡土资源开发和整合的过程中，番禺区教师编写了《番禺人文》《南村人文》《石楼人文》等地方教材。

2. 指导学生开发学习资源

为了进一步拓展学生的视野，培养学生学习历史学科的能力，我们组织学生开展了制作历史学科数字故事的活动。广州市番禺区从2012年启动，目前已开展了三届历史数字故事作品征集评比活动，主要是围绕学生学习中的重难点和学生感兴趣的问题选题。经过三年的开发，学生已经制作了1000多个数字故事作品，成为教师授课和学生自主学习的配套教学资源，极大丰富了历史学科课堂教学资源，培养了学生动脑、动手的能力。在学生自主、合作学习的过程中挖掘学生探究学习的潜能，发现问题，把"自主—合作—探究学习"有机结合起来，让学生"能学""想学""会学"。

3. 博物馆资源的开发

博物馆作为教师放在首位的校外教学资源，对教师通过互动和创设情境激发学生的思考，创新教学模式有重要作用。2016年广东省博物馆开展博物馆优秀青年教育项目，包括"学校—博物馆教育项目""博物馆、学校教育优秀新媒体项目"两大类。我们组织教师积极参加，番禺区老师主要从编制课程、博物馆游学两个项目入手。通过馆校合作，共同探讨教学方案，完成教学方案的编写，开发出针对青少年的教育活动。文化旅游作为一种新兴产业越来越受到各界关注和重视，博物馆作为地域历史文化窗口，以广州文化考察线路为主，引导同学以一条文化主线为中心，通过不同的专题路线，收录沿途重要的历史文化景观与遗址、遗迹、历史建筑等信息。用双脚丈量广州的厚度和深度，感受其独特的文化气息。通过"学校—博物馆项目"，一方面促使教师开展研究，在研究过程中提升教师的专业素养；另一方面通过资源的开发，拓展学生的视野，丰富学生的学习内容，培养学生的家国情怀。

4. 网络资源的开发

QQ、微信已成为在网络教研常用的交流工具。通过线上、线下互动，老师们的交流更加频繁，研究的范围更加广泛，资源共享更加普遍。

三、历史教学模式与方法

(一) 历史教学模式

历史教学模式是在一定历史教学理论或教学思想指导下，通过教学实践，抽象、概括而形成的相对稳定的教学活动的基本结构或范型。它是实施教学的一种方法论体系，或者说是一种教学策略。它既不同于纯粹的教学理论，也不同于具体的教学方法。

1. 信息传递教学模式

主要特征：以教师的课堂讲授为主要特征，它将教学视为在教师的组织和指导下学生进行认识的活动。学生的认识要得到发展，基础是接受信息和掌握知识，这就构成了教学活动的主要形态。

教学目标：使学生掌握基本的知识、技能和技巧，提高认识能力。

教学程序：组织教学，激发动机—复习旧课，导入新课—讲授新课，呈现信息—运用总结，巩固新课—布置作业，检查评价。

教学策略：①教师在课前做好充分的准备；②以课堂教学为主阵地，充分体现教师在教学中的主导作用；③以教科书为主要教材，并提供相关的历史材料；④以教师的语言讲述为主要方法，具体史实要讲得生动，抽象概念要深入浅出，理论分析要深刻；⑤充分发挥教师的表现力和感染力，以启发和调动学生接受信息；等等。在师生角色关系上，教师的作用是决定性的，而学生则是在教师的指导下发挥学习的能动性的。

2. 情景复现教学模式

主要特征：创设历史情境。其理论是学生的学习是认知活动与情感活动相互作用的发展过程，它需要在轻松愉快的教学环境下进行；学生的认识从具体生动的表象开始，进而发展到理性的认识；学生的历史认识不应该只是概念上的理解，而应该是通过对历史的感受和体验进而形成对历史的抽象认识。

教学目标：是通过对历史情境再造、复现、模拟等方式，使学生近距离感受历史的真实，激发他们的学习兴趣，调动他们的情绪和情感，引发他们进行观察和思考，从而掌握知识和发展能力，并促进其形成正确的情感态度和价值观。

教学程序：制定目标，师生准备—创设情境，具体展示—深入情境，情感体验—分析理解，共同探究—归纳评论，总结转化。

教学策略：①充分运用形象直观的历史材料，运用多种展示方式和手段；②注意学生情感和情绪的调动，促使他们投入到学习活动中；③激发学生的想象力和表现力，鼓励学生主动参与和进行交流；④注重迁移和转化工作，引导学生在感受和体验中进行思考和判断，透过现象认识本质；⑤调动全体学生参与，明确分工与合作；⑥教师要注意控制和调节情景复现的过程和节奏，并注意总结提高的环节；等等。情景复现教学模式可以有很多种变式，如角色扮演、模拟、直观演示等。在时间的安排上它可以是在一节整课上进行，或课上的某一阶段进行，也可以以课外活动的形式进行。在师生角色关系上，师生之间、学生之间的互动是很重要的，教师和学生都可以是情景复现的设计者和表现者，但教师的指导作用并不是降低了，教师不能只是成了"演员"或"观众"，甚至是"场记"。学生直接参与到情境的设计、复现活动中，其主体作用可以得到很好的发挥。

3. 资料研习教学模式

主要特征：学生对历史材料进行研究。其理论是把教学过程看作是学生直接参与发现的过程，也是学生对信息进行处理的过程，只有学生亲自动脑、动手，而不是被动地听讲，才能获得真正有效的信息，并掌握学习的方法和技能，积累学习的经验。历史信息的承载方式是以文字材料为主的，对历史资料的整理、辨析、判断、推论等是掌握历史信息的基本方式，学生形成历史认识的基础在于对历史材料的运用。

教学目标：使学生学会运用历史材料，掌握处理各种历史资料的方法，提高学习历史的能力。

教学程序：确定主题，提出问题—提出假设，搜集材料—辨析材料，质疑验证—得出结论，总结提高。

教学策略：①资料研习的活动要围绕历史教学内容中的重要问题；②要选择典型的、有代表性的和足够的材料，材料的内容可以相互冲突；③教师可以指导学生阅读材料和分析材料，但要采取开放的、民主的态度，要以学生为主体；④提倡对材料进行大胆质疑，提倡对材料的比较和综合运用；⑤结论虽然重要，但更重要的是探究的方法和途径，使学生能够把材料作为证据进行合理的历史解释；⑥注意把材料的研习与知识结构的建立联系起来；等等。在教学实际中，材料的搜集、编辑工作可以由教师来做，然后在教学中提供给学生进行研讨，也可以由学生通过各种渠道搜集材料。可以用整节课的时间进行资料的研习，也可以在一节课的某个阶段进行。在师生角色上，二者处于平等的地位，教师的角色主要是引导性和促进性的，帮助学生克服研习时的困难，而不是代替学生进行探究与思考。当前倡导的历史学科的研究性学习，就常常采用这种教学模式。

4. 问题探究教学模式

主要特征：师生讨论历史问题。人们的认识是起源于问题的发生，没有问题就谈不上学习和研究。正是在发现问题、探讨问题、研究问题、解决问题的过程中，认识得以提高和加深。教学的过程也是研究问题和解决问题的过程，这一过程应以学生对问题的探究活动为主，才能使学生在知识、能力、经验及态度、价值观等方面得到发展。历史认识也是对历史的解释，是对历史问题的看法。学生的历史学习，重要的是形成他们对历史的解释，对各种历史解释进行比较，交流各种看法，而不是被动机械地记住他人现成的观点和结论。

教学目标：通过对历史问题的探究和研讨，使学生形成自己对历史的认识，掌握正确的认识历史的方法，提高对历史及社会问题进行分析和解决的能力，提高表达的能力。

教学程序：创设情境，产生疑难—确定问题，引发思考—运用材料，推理论证—开展讨论，寻求答案—进行评价，深化总结。

教学策略：①提出的问题要有不确定性，能够引发思考，激活思维；②以学生的讨论为主，鼓励学生各抒己见，畅所欲言；③注意引导不同观点的交锋，在比较中使问题的探讨深入；④引导学生在同中求异，在异中求同；⑤注意在论证问题时所使用的方法；⑥问题本身及其结论都可以是开放性的，不强求达成一致的结论；等等。在师生角色上，教师只是组织者，或是扮演"顾问"的角色，让学生充当探讨问题的主人。教师不要对学生指手画脚、评头论足，而是要做引导性的工作。学生是问题探究真正的直接参与者，是问题及其结论的发现者。学生之间的交流、切磋、启发有着重要的作用。在探讨问题时，教师与学生、学生与学生之间的地位是平等的。问题探究教学模式在实际教学中常以讨论、辩论等形式出现，是历史教学中较为常用的一种教学模式。

5. 社会考察教学模式

主要特征：结合校外历史调查活动进行历史教学。其理论是学习要贴近社会，贴近实际，贴近生活，把书本知识与社会实际联系起来，从社会实际中获取有效的学习信息。历史学习的对象虽然是过去的事物，但遗留下来的大量的历史信息，它们很多是在书本之外的。走出课堂，进行实地考察、调查，可以使学生得到多方面的训练。

教学目标：通过考察或调查，掌握更多的直接材料，形成更真切的历史感受，并提高学生搜集信息的能力、社会实践的能力等。

教学程序：确定主题，提出任务—制订方案，明确分工—选择场所，实地考察—搜集信息，加工整理—形成成果，交流总结。

教学策略：①调动学生的积极性，使学生有走出课堂进行学习的兴趣；②把社会考察活动作为课堂教学的一种拓展，与书本知识的学习结合起来；③加强指导，随时解决遇到的困难；④注意学生活动时的分工与合作；⑤提倡多样化的成果形成，进行成果的交流；等等。在师生角色方面，教师是规划者、组织者和指导者，学生是主要的参与者和实施者，教师要对整个活动计划做到心中有数，但不要代替学生的实际操作。

上述这些历史教学模式各有特色，而且每种模式都可以有一些变式，并不是一种模式打天下，在教学实际中各种模式也可以进行交织、交替使用。

（二）常见的历史教学方法

什么是教学方法？教学方法是在教学过程中，教师和学生为实现教学目标、完成教学任务而采取的教与学相互作用的活动方式的总称。教学方法离不开师生的共同活动；这里的"方式"指教学活动的细节、形式。教学方法是教学过程的基本要素之一，直接关系到教学工作的成败。如果不能选择和使用适合的教学方法，会导致事倍功半，效果差。什么是中学历史教学方法？百年以来学者和教师一直在探索，例如，何炳松认为使过去能够"活现"。"活现"的方法归纳起来：①充分利用本地的各种历史遗迹等；②充分利用历史图画、图表等；③教师的生动讲述；④启发式的而非注入式的教学。第一代历史特级教师陈毓秀总结备课三步曲：第一步，使自己懂；第二步：使学生懂；第三步：使学生学得容易、有趣。重要经验：①多上公开课，压力变动力，推动自己成功；②认真备课，常教常新。北京特级教师刘宗华老师总结自己的上课经验：①上课前，充分准备，课本、教案倒背如流；上课时不看教案；②激发学生对历史课的兴趣；③语言生动幽默，教态亲切，富有情感。我国中学历史教学常用教学方法有四大类，包括了十种单一的教学方法。以语言文字信息传递为特征的讲述法、讲解法、谈话法、讲读法；以学生直接感知为特征的演示法、参观法；以实际训练为特征的调查法、模型制作法、材料解读法、练习法；以引导探究为特征的讨论法、探索法、研究法。改革开放以来提出的历史教学方法多达几百种，如历史结构教学法、历史板块教学法、历史交替教学法、历史程序教学法、历史编卡教学法、历史图示教学法、历史问题教学法、历史三步教学法、历史三段教学法、历史四段教学法、历史立体教学法……

1. 布鲁纳的发现教学法

布鲁纳认为教学目标在于：我们不仅应当尽可能使学生牢固地掌握科学内容，还应当尽可能使学生主动地思考；这样当学生在正规的学校教育结束之后，将会独立地向前迈进。布鲁纳提出的发现教学法有四个优点：第一，提高知识的保持程度，因为学生需要以有意义的方式组织知识；第二，增强智慧潜能，因为教学中为学生提供了便于他们用于解决问题的信息；第三，激励学生的内在动机，因为通过发现可以带来成就感；第四，获得解决问题的技能，因为发现过程就是解决问题的过程。

2. 奥苏伯尔的讲解式教学法

奥苏伯尔认为人的认识过程往往是先认识事物的一般属性，然后在这种一般认识的基础上，逐步认识其具体细节。因此，他要求学校的教学顺序应遵循人的认识规律，先呈现概念性的先行组织者，让学生对概念有所了解，然后呈现具体材料，使学生的认识结构从一般到个别，不断分化。同时也应注意知识的横向联系，使之融会贯通。

一些学者认为，发现教学法适合低年级，适合教授基础概念或原理，有助于迁移能力的培养，讲解式教学法适合高年级，适合教授概念之间的关系。而启发式教学既体现了奥苏伯尔所提倡的讲解式教学，也反映了布鲁纳的发现式学习，充分发挥了两种教学方法的优势。

3. 讲授法

讲授法又称讲演法，可能是教育历史上最悠久的教学方法之一，至今仍在普遍应用。新课程改革后，讲授法受到批判，满堂灌成了讲授法的代名词，把被动学习的罪责也归因为讲授法，是不是讲授法真的一无是处呢？为什么我们现在很多专家用的主要教学方法仍然是讲授法呢？国外已将讲授法与其他教学方法的效果作了比较。就学生成绩而言，讲授法同其他方法一样，同样有效。讲授法具有信息传递快的优势，教师讲解的内容能唤起学生的思维，引起学生的共鸣，一样能取得好效果。讲授法对专业水平、个人素养、教师的备课要求更高。

4. 小组讨论法

小组讨论法作为一种课堂教学法，起源于对讲演教学法缺点的反思。在小组讨论教学的条件下，学生面对面交流，可以自由发言、提问，可以立即作出回答。教师也可参与讨论。教师起指导、组织和提供信息以及小结等作用。小组讨论法的主要优点是：①培养学生批判性思维能力；②培养集思广益的技能；③培养口头表达能力。不是所有的教学内容都适合用小组讨论法，人文科学领域比较适合，如历史、政治、文学、艺术等。因为这些学科的许多概念和原理都存在争论，不同学派有不同的研究方法和评价标准。这些领域的教学目标虽然也需要传授知识，但不是传授现在的知识或一家之言，而是有广博的知识背景，各家各派的学说都有各自的观点和看法。通过讨论，学生能比较各种观点的异同，形成自己的看法。小组讨论法信息传递慢，对学生自控能力要求高，同时还需要骨干学生发挥作用。

在中学历史课堂教学中，教师应根据教学内容和学情灵活运用多种教学方法，最终达成教学目标。笔者认为各种教学方法都有它的特点，不能判断孰优孰劣，作为一线教师要明确每一种教学方法所起的作用，并结合具体教学内容和学情灵活运用。下面与大家分享戴世锋老师《从蒸汽机到互联网》的教学设计，运用多种教学方法取得了较好的教学效果。

【案例】第13课《从蒸汽机到互联网》教学设计（高二年级）

　　　　广东仲元中学　　戴世锋

一、课程标准

以蒸汽机的发明和电气技术的应用等为例，说明科学技术进步对社会发展的作用；以网络技术为例，理解现代信息技术对人类社会的影响。

二、教材分析

本课内容是三次产业革命成果的反映，是技术革新在生产、生活、物质、精神等不同社会领域的体现，与必修一、必修二的相关知识紧密联系。在单元结构上，本课系人教版高中历史必修三第13课，与第11课《物理学的重大进展》及第12课《探索生命起源之谜》共同构成了近代西方科学史的支柱，而西方科学的进步对于近代人类的政治革新、经济转型、思想观念的蝶变以及物质生活的变迁都产生了巨大影响。

三、教学立意

科学技术史是人类社会与自然对话的历史。科技活动及其成果的本质是社会性的。把科技成果普及到社会中，服务于生产生活，促进人类社会发展，体现了科学技术社会性的本质特征。从蒸汽时代到电气时代再到信息时代，人类对自身发展的追求推动科学技术不断社会化，科学技术社会化程度加深反过来推动科学技术更加迅猛地发展。因此，本课核心是学生在掌握三次科技革命发展历程和突出成果的基础上，通过历史细节和计量史学的方法，理解近代科技社会化的深远影响，感受科技社会化过程中科学家们的执着与追求，认识科技成果社会化背后的真正推动力。

四、教学目标

课标要求	目标细化
• 以蒸汽机的发明和电气技术的应用等为例，说明科学技术进步对社会发展的作用 • 以网络技术为例，理解现代信息技术对人类社会的影响	（1）识记三次产业革命中的代表性发明
	（2）理解"蒸汽时代""电气时代""信息时代"到来的必然性
	（3）认识科技成果社会化背后的真正推动力
	（4）理解近代科技社会化的深远影响
	（5）感受科技社会化过程中科学家的执着与追求，感悟科学家的人文情怀
	（6）运用唯物主义历史观，认识科技是第一生产力，社会的发展需要技术革命

依据必修三《社会文化发展》的主题和高二学生的认知特点，在教材的处理上本课的着眼点在于科学技术在什么力量推动下实现社会化，实现社会化后产生了什么深远影响。因此，本课教学重点是近代科技社会化的深远影响，难点是认识科技成果社会化的真正推动力。

设计意图：根据课标要求，以及加涅的学习层次论和布卢姆教育目标分类学，采用分层陈述教学目标的方法。基于历史核心素养，首先界定本课的教学目标属于理解层级，然后按照了解、理解、掌握三个层级逐层分解。其中，目标（1）属于了解层级；目标（2）（3）（4）属于理解层级；目标（1）（2）（3）（4）属于掌握层级；目标（5）属于情感领域的学习。

五、教学过程

导入：

从工业革命开始，一部世界经济史，根本上就是一部科技不断加速进步的历史。

——［英］霍布斯鲍姆《极端的年代》

设计意图：聚焦科技进步话题，起到凝神点题的作用；落实目标（4）。

（一）白烟岁月——"蒸汽时代"的到来

蒸汽，我们并不陌生，在我们的日常生活中很常见，我们可以用它来做很多事情，比如做饭、熨烫衣服等。可见蒸汽是有力量的。

蒸汽具有不可思议的力量，从来不曾有过哪一个巨人能具有这么大的力量。只要我们知道怎么去驾驭它，那么我们可以利用它来做的事将是无穷尽的。它不仅可以举动重物，还能够转动所有的机器。它将为我们拉动货车，推动船只，它能够耕田种地，它可以纺纱织布。

——［英］詹姆斯·瓦特

蒸汽不仅有力量，而且力量是巨大的，但人们对蒸汽的驯服并不是瞬间完成的，而是经历了一个漫长曲折的过程，最初人们的生产动力主要来自于人力和畜力，18世纪中后期，人们对动力的探索，引发了一系列的技术革新，发明层出不穷。

环节一：表格呈现蒸汽发明，直观理解蒸汽时代的到来

名称	发明时间	发明人及职业	国别
手摇纺纱机（珍妮机）	1765	哈格里夫斯（织工）	英国
水力纺纱机	1769	阿克莱特（理发师）	英国
滑膛枪	1798	惠特尼（家庭教师）	美国
骨瓷餐具	1812	伟奇伍德（陶工）	英国
联动式蒸汽机	1782	瓦特（修理工）	英国
汽船	1807	富尔顿（工程师）	美国
蒸汽机车	1814	史蒂芬孙（矿工）	英国

教学活动：回顾概念"工业革命"；引导同学为蒸汽机的发明颁发一个最具影响力发明奖并说理由。播放《瓦特故事》视频，引导学生认识瓦特的执着追求，落实情感态度价值观。

学生活动：颁发一个最具影响力发明奖，并说明颁奖理由。

设计意图：利用表格呈现层出不穷的发明，直观地凸显了蒸汽时代的到来；组织引导同学为万能蒸汽机撰写颁奖词，利用瓦特研究蒸汽机的故事感受科技社会化过程中科学家们的执着与追求，感悟科学家的人文情怀，从而落实目标（1）（5）。

环节二：搭建"脚手架"，认识蒸汽科技背后的社会推动力

过渡：再回到1851年的万国工业博览会，大部分工业展品都来自英国，英国仿佛在向世界宣告它强大的工业力量。博览会开幕式上，英国女王维多利亚反复使用一个词来形容自己的兴奋与骄傲："荣光、荣光、无尽的荣光"。18世纪，大国林立，工业革命为什么首先在这个只占地球陆地面积的0.2%，人口在当时只有1000多万的小岛国上开展呢？

英国及欧洲的工业化即"欧洲奇迹"，几乎完全是一种"历史的偶然"。18世纪中叶以前的中国与西欧没有什么实质性的区别，只是煤的广泛使用和西欧与新大陆的关系这两项"根本性的突破"，才使西欧胜出。伦敦附近有大片露出地表的煤层，市区内对煤需求量极大，并有一批从事马达、蒸汽机

等机器改良的工匠,对发展煤业极有助益……另一项"突破"是指新大陆等殖民地的开发与利用……

——摘编自彭慕兰《大分流:欧洲、中国及现代世界经济的发展》

教学活动:组织学生分析上述材料观点;引导同学讨论上述材料论断;鼓励学生利用必修二知识补充上述材料未提及的有关推动"英国奇迹"的因素;补充三则材料解释其他因素。

学生活动:分析材料,提取信息,分享观点;讨论材料论断,表达自身对材料论断的态度;利用已学知识补充其他因素。

材料一 英国东印度公司的一个非常重要的创新措施,就是将印度的棉织品介绍给欧洲。1619—1625年,运到欧洲的棉布为22.15万匹,到17世纪末,这项贸易直线上升,棉织品不仅比毛纺织品轻,而且便宜……这是一种销售范围很广、需求量很大的商品,它足以带动一场工业革命。

——[美]兰德斯《国富国穷》

材料二 早在1624年,英国议会就制定专利法(当时称"垄断法"),规定"第一发明人对其新发明拥有正当的财产权利"。

——岳麓版高中历史教材(必修二)

材料三 能爆裂一门大炮的水蒸气,如果按静力学规律加以控制,使其处于负荷与平衡的限度内,那么它就会像良马一样负担起重责。

——[英]莫兰(1685)

设计意图:彭慕兰的观点肯定了英国之所以出现工业革命是因为有煤、市场、原料、资金等有利条件,但她忽略了牛顿力学等其他因素,所以她的观点存在片面性。通过对这则材料的分析讨论,不仅培养了学生提取关键信息的能力,而且还引导学生认识历史不是一家之言,它需要不同观点的碰撞和不断的论证才能更加接近真相,并且帮助学生搭建"脚手架"引发学生自我思考而有所收获,符合最近发展区理论,从而落实目标(3),使学生认识科技社会化背后的推动力。

过渡:18世纪后半期,历史奇迹般地把可能发生工业革命的一切有利条件集中到了这个幸运的岛国头上。一切都准备就绪,科技成了这场伟大革命的杠杆,蒸汽打开了社会前进的闸门。1819年瓦特去世的那一天,英国伦敦所有工厂的机器都为他停止了运转;后人用"瓦特"命名功率计量单位来纪念心中的英雄。瓦特去世了,但蒸汽机所带动的机器轰鸣声却没有消失,蒸汽的威力变得越来越大,让一切改变都成了必然。

环节三:史料教学,理解科技社会化的深远影响

材料一 早在18、19世纪就有许多英国人居住在郊区而到城市中工作,这种生活方式使美国人后来创造出"通勤"一词,然而这一现象本身至少是

早在18世纪后期到19世纪,就成为英国人当中的一种典型现象。

——欧阳萍《论通勤生活方式与伦敦的郊区化》

设问:通勤生活方式是什么?为什么会出现通勤生活方式?

解析:"通勤"生活方式是指人们住在郊区而到城市中工作的生活方式;随着工业化进程,城市空间渐趋拥挤,城市环境逐渐恶化,而蒸汽轮船、蒸汽机车等交通工具的出现方便了人们出行,所以18、19世纪的英国人已经实现了居住在郊区而到城市中工作的生活方式。

材料二 1785年爱德蒙·卡特莱特发明了动力织布机,后来使用蒸汽机作动力……到1840年左右手织机已经处于被淘汰状态,而到1860年,手织机几乎就已经绝迹了。

——钱乘旦《英国通史》

材料三 在最先使用机器的地方,机器就把大批手工工人抛到街头上去……

——马克思《雇佣劳动与资本》

设问:蒸汽动力对生产力有什么影响?

解析:对社会而言,蒸汽机带动的机器逐渐取代工人,工厂取代作坊,机器化大生产逐渐形成。

材料四

16世纪至18世纪中期英国城乡人口比例(%)

年份	城市人口比例	乡村农业人口比例	乡村工业人口比例
1520	5.5	76.0	18.5
1600	8.0	70.0	22.0
1670	13.5	60.5	26.0
1700	17.0	55.0	28.0
1750	21.0	46.0	33.0

Wrigley, E. A. urban Growth and Agricultural Change: England and the Contient in the Early Modern Period, in Rotberg, R1. & Rabb, T. K. (eds), Population and History, Cambridge, 1986, 140.

设问:概括材料四中英国城乡人口比例的发展趋势,并分析原因。

解析:

1. 16至18世纪中期英国城市人口、乡村工业人口比例逐渐扩大,而乡村农业人口比例逐年缩小;

2. 在蒸汽机带动下,英国迎来了第一次工业革命,促进了英国工业化和城市化的发展。

设计意图：引导学生从"个人生活""社会生产""国家发展"等角度逐步递进分析蒸汽社会化的深远影响，从而落实目标（4）。

电光年月——电气革命的出现

环节一：学生填充表格，理解电气技术对生活的影响。

功能	电气时代前	电气时代后
照明	油灯等	电灯
交通	蒸汽机车、马车、步行等	电车
通信	写信等	电报、电话
业余生活	歌剧、戏剧、读书等	电影、电视
⋮	⋮	⋮

环节二：播放《没有电，我们该如何运转》视频。

环节三：

材料一 电炉炼钢法使世界的钢铁生产获得了巨大的增长。在1870—1900年的30年里，世界的钢产量从52万吨猛增到2830万吨，增长达50多倍，确实可观。

——樊亢《资本主义兴衰史》

材料二 早在19世纪50年代，马克思就预言电的伟大革命力量，认为"蒸汽大王在前一个世纪中翻转了整个世界，现在它的统治已到末日，另外一个更大无比的革命力量——电力的火花将取而代之。"

——人教版高中历史教材（必修三）

设问：为什么电力能够取代蒸汽？它有什么优势？（可从能源创新、工业动力、经济发展速度、人们生活变化的角度思考）

解析：从工业动力和经济发展速度的角度看，电力是一种比蒸汽机更强大、更方便的动力，而且使用更加普遍，使更多的工业部门涌现出来，生产技术也更加先进，企业规模的扩大以及生产、资本的集中促成了垄断组织的形成；从能源创新的角度看，电力相对来说减少了对环境的污染；从人们生活变化的角度看，电气技术的广泛应用，使城市的面貌和人们的生活发生了巨大的变化。

设计意图：电气技术与蒸汽动力都在生产、生活以及社会发展的不同角度对人们造成了深远的影响，从而带来了两个不同的时代，在此引导学生通过比较这两大动力对人类社会的影响，深化学生对科技社会化深远影响的理解。

极速时刻——信息技术的发展

环节一：小组齐分享——你最喜欢的手机软件是什么？它有怎样的用途？和组员一起分享吧！

环节二：

材料一　中国发出的第一封电子邮件：Across the Great Wall we can reach every corner in the world.

材料二　今年春节前中国铁路公司将网上预售火车票时间提前了60天，希望根据网上预订火车票的人数、车次情况，尽早针对春运更合理地安排运力，以更充足的准备应对春运大潮。

材料三　iPhone的芯片来自美国，存储系统来自韩国，摄像头、视网膜屏幕来自日本，cpu来自台湾。互联网为苹果提供了整合这些零件的生产、运输、组装等的可能性。

材料四　法国达能集团首席执行官伊曼纽尔·费伯说："中国人消费的婴幼儿配方奶粉，大约30%从网上订购，购买方式变化'非常、非常迅速'。"

——摘自《环球时报》2015-03-04

设计意图：信息时代是学生最为熟悉的。环节一的设计从学生的日常生活着手，通过学生的分享直观地感受信息技术社会化的影响。

近代以来人类经历了三次科技革命，一是蒸汽机改变了世界；二是电力技术开创了一个新纪元；三是计算机成为人类大脑的延伸。第四次科技革命的内容是什么？有人预测是太阳能成为首选的替代能源，有人预测是开发生物燃料，有人预测是核聚变解决全球性的能源问题。

设问：结合所学知识，谈谈你对技术进步与社会发展的理解。

解析：科技进步离不开当时社会政治、经济、思想文化方面的支持；科学技术是第一生产力，科技的社会化能对人们的生活、生产以及社会发展产生深远影响；科技的发展进步离不开科学家的钻研与付出。

设计意图：社会环境影响科技发展，科技进步乃至社会化能对社会各方面产生深远影响。此环节的设计是整节课教学主题的凝练与整合，通过学生依据所学知识畅谈对技术进步与社会发展的理解，回扣教学目标，升华本课核心。

六、教学反思

本课教学设计紧扣课标，立足于科学技术的社会性，以及科技成果普及到社会中服务于生产生活、促进人类社会发展的社会性本质特征进行设计。本课核心定位于学生掌握三次科技革命的发展历程和突出成果，理解近代科技社会化的深远影响,感受科技社会化过程中科学家的执著与追求,认识科技成果社会化背后的真正推动力,符合课标的要求,培养学生的人文情怀,体现了浓厚的"历史味",彰显了历史学科的特质。

但是科技史教学实践既要理清与历史学科背景差异较大的科技发展史脉络,又要把握科技与社会人文的内在关系,有机呈现两个层次的学习目标,确实不易把握,这是科技史教学实践中的难题之一。

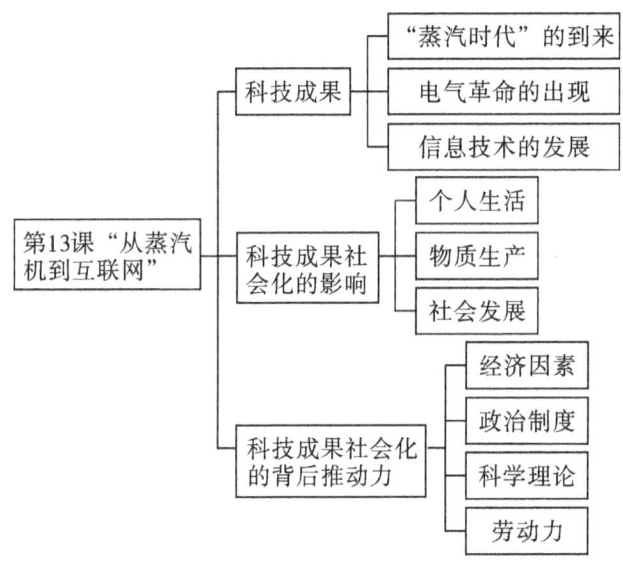

教学设计思维导图

3. 课堂教学活动过程

我们从宏观方面了解了教学模式,如何使课堂教学更加有效呢?我们借助皮连生主编的《学与教的心理学习》这本书谈谈课堂教学活动的过程。教学过程通常是指教师指导或支持学生学习的一般活动步骤。受苏联凯洛夫教育学影响,我国传统的教学过程主要是五步教学过程模型,即组织上课→检查复习→讲授新教材→巩固新教材→布置课外作业,这一模型主要体现了教师的教,忽略了教与学过程的多样性。为了改掉传统教学过程模型的弊端,皮连生教授构建了"六步三段两分支"的教学步骤,如表2-8所示。

表2-8 "六步三段两分支"的教学步骤

步骤	学的过程	教的过程
第一步	学习者的注意和对学习结果的预期	教师告知教学目标,明确学习任务

续上表

步骤	学的过程	教的过程
第二步	激活原有知识	提示学生回忆原有知识,找到新知识的同化点
第三步	选择性知觉	呈现有组织的新信息,促进新知识理解
第四步	积极地将信息与个人原有的相关知识联系起来,达到对新知识理解的目的	知识巩固与目标检测
第五步	知识的巩固或转化	提供反馈与纠正,引起学生的反应
第六步	知识的提取和运用	创设新情景,解决新问题,促进知识迁移

"六步三段两分支"的教学模型的特点:①着眼于师生双向活动。教是学习的外部条件,为学服务。离开了学,就没有教。②对知识进行分类,分为陈述性知识、程序性知识、策略性知识。③较好体现了学生主体与教师主导关系,反映了现代认知心理学关于知识分类的学习思想,较理想地解释知识与技能学习的异同。

【案例】《北洋军阀的黑暗统治》(初二历史,统编教材)教学过程

第一步　告知教学目标,明确学习任务

师:本节课我们学习北洋军阀的黑暗统治。(板书)

本节课的学习目标如下:

1. 通过绘制时间轴,说出袁世凯独裁、复辟帝制的主要活动;以及以孙中山为首的革命派维护民主共和的主要斗争。

2. 通过研读材料,说出北洋政府黑暗统治的主要表现,知道独裁专制违背了历史发展潮流,民主共和才是时代发展的方向。

3. 通过了解以孙中山为首的资产阶级革命派屡败屡战的故事,感受革命党人坚定的革命信仰和愈挫愈勇的革命精神。

第二步　提示回忆原有知识,找到与新知识的联系。

师:请同学们联系前面学过的知识,绘制时间轴,了解孙中山领导资产阶级革命派探索民主共和的足迹。

学生:根据已学知识绘制时间轴。

师:1911年孙中山当选为临时大总统,1912年1月1日中华民国建立。但是,中华民国的政权却掌握在谁的手里?

孙中山领导资产阶级革命派探索民主共和的足迹

```
        10月10日    12月      1911年  1912年    3月10日
                            |      1月1日
        ●──────────●──────────●──────●──────────●
        武          临孙       中      袁临
        昌          时中       华      世时
        起          大山       民      凯大
        义          总当       国      就总
                    统选       建      任统
                               立
```

第三步　呈现新知识，促进新知识理解

1. 确立本节课主题：捍卫共和与独裁复辟的较量

师：教师解读"北洋政府"这一历史概念。北洋政府指 1912 年—1928 年由北洋系军阀控制的中华民国北京政府。1912 年 3 月 10 日，袁世凯在北京就职中华民国临时大总统，逼南京临时政府前往北京，北洋政府的统治由此开始。

生：学生阅读教材，归纳捍卫共和与独裁复辟的几次较量。

2. 较量一：宋案及二次革命

师：展示材料，播放视频，并提出问题。

材料一　辛亥年，古老的中国打倒了专制、打倒了皇帝……然而中华民国虽建，民主与法治尚未巩固。

环顾民国现状：袁世凯大总统依北洋军之力，权力逐步增大；旧官僚模棱两可，畏首畏尾，大多成为袁世凯附庸……我们必须阻止那些谋求个人独裁之专制者的野心。民主共和制度在我华夏方可得以保证。

——摘编自《中国历史八年级上册教师教学用书》

材料二　播放宋教仁改组国民党的视频。

问题：（1）宋教仁认为民国出现了怎样的状况？他号召革命党人怎么做？

（2）观看视频，找出宋教仁阻止袁世凯独裁的两种方法。

生：通过阅读教材，并结合教材的内容分析问题。

师：边引导学生边点拨，并适时补充材料。

师：方法一：用《中华民国临时约法》限制总统权力。

展示材料，引导学生分析限制了袁世凯哪些权力。

第四条　中华民国以参议员、临时大总统、国务员、法院行使其统治权。

第十九条　参议院对于临时大总统，认为有谋叛行为时，得以总院五分四以上之出席，出席员四分三以上可决，弹劾之。参议院对于国务员，认为失职或违法时，得以总员四分三以上之出席，出席员三分二以上之可决，弹劾之。

——《中华民国临时约法》

生：学生分析得出结论：通过三权分立，设立责任内阁制，限制袁世凯的权力。

师：方法二：组建国民党（展示材料）

	总席位数	国民党占据席位数
下议院	596 席	269 席
上议院	274 席	123 席

师：运用材料，补充历史细节，并提出问题。

（1）谁是宋案的幕后黑手？

（2）面对袁世凯独裁，革命党人如何抗争？

材料三　上海《民立报》报道历史现场，上海地方检察厅的凶案现场进行调查判断：

其一，凶手行刺时，距离被刺者仅数步。

其二，行此极残忍之事，必非宿怨私仇。

其三，刺客一枪后，再左右连放两枪，必系刺之老手。

其四，就行刺时情形，刺客举止甚是从容，其旁必尚有同党。

其五，刺客行刺后，尚携其手枪以逃，必其附近有机关部或接应之人。

根据以上五点，结论是：该案是"有人买通行刺，故就性质而论，破案获凶或非难事也"。

——张耀杰《谁谋杀了宋教仁》

材料四　在公共租界公审会堂的一个听证会后，凶手却暴死狱中。赵秉钧总理……于1914年2月17日被神秘地毒死，卷入此案的其他人不是被杀害就是被毒死，此案便无结果地拖延下去，始终没有作出一个明确的判决，但是，人们一般相信袁是宋案的幕后主使。

——徐中约《中国近代史　1600—2000年中国的奋斗》

生：分析，回答问题，理解袁世凯独裁统治，为其复辟帝制扫除障碍。

……

第四步：积极将信息与个人原有相关知识联系起来，达到对新知识理解的目的。

师：教材展示材料，提出问题。

材料五　袁世凯在赶走了孙文，增修了约法，做上了终身大总统之后，其权力之大在民国史上可说是尚无第二人。

——唐德刚《袁氏当国》

材料六　据统计，在民国初年，光是四川内部各派军阀之间的战乱，即达400余次之多。在军阀的烧杀劫掠之下，百业俱废，民生凋敝，人民陷入了巨大的痛苦和灾难之中……从1912年至1928年的17年间，内阁变更了47次。正所谓"乱哄哄，你方唱罢我登场"。

——陈旭麓《近代中国社会的新陈代谢》

材料六　军阀割据混战造成的一些后果

农户	1914—1918年	减少1500多万户
耕地	1914—1918年	减少2600多万亩
荒地	1914—1918年	增加4900多万亩
陆军	1914—1919年	增加92万多人
军费	1916—1918年	增加5000多万元

根据材料并结合所学知识分析北洋政府的黑暗统治体现在哪些方面。北洋军阀的割据局面对中国社会造成哪些不利影响？

生：阅读材料，并分析问题。

第五步：知识的巩固或转化阶段。

师：教师投影几道练习题，检测学生对知识的掌握情况。

生：学生完成练习题。

第六步：知识的提取和运用阶段

请同学们查阅资料，从经济、思想、文化、外交等方面寻找历史的真相，全面还原真实的北洋大时代。

【评析】本节课的教学过程是根据广州市番禺区石碁四中简允诗老师的授课整理而成。本节课充分体现了皮连生教授构建的"六步三段两分支"的教学步骤。每一步教学目标非常清晰，教师通过创设情境、设计问题，启发引导学生思考问题。学生通过分析问题、发现问题、解决问题，深度参与学习，有效地达成了教学目标。

第四节　中学历史教师的通识知识

《国家中长期教育改革和发展规划纲要（2010—2020年）》提出"促进人的全面发展，适应社会需要"的培养目标。2017年，习近平总书记在十九大报告中明确提出："建设教育强国是中华民族伟大复兴的基础工程，必须把教育事业放在优先位置，深化教育改革，加快教育现代化，办好人民满意的教育。"2018年5月国务院发布《教育部直属师范大学师范生公费教育实施办法》，在选拔录取方面，"部属师范大学招收公费师范生实行提前批次录取，重点考察学生的综合素质、职业倾向和从教潜质"。百年大计，教育为本。教育要培养什么样的人？这是每一位教育工作者都应思考的问题。"没有一流教师，就没有一流的教育"，在现代教育体制下，学生的发展仍然离不开专业教师，尤其是训练有素的专业教师。历史学科是一门综合程度高的人文学科，它要求历史教师具有丰富的历史知识和相关学科的知识，俗话说，要上知天文、下知地理，还要贯通古今、关联中外。因此，历史教师要广泛涉猎各方面、各领域的知识，形成厚积薄发的文化底蕴，实现在师生交流、讨论合作中的应对自如。

一、博览群书，拓展视野

1. 学然后知不足

早在十九世纪，美国博德学院的帕卡德（A. S. Packard）教授在《北美评论》中说："我们给学生提供的这种教育是学生时代任何专业学习的一种准备，可以使学生在学习一种特殊、专门的知识之前对知识总体有一个综合全面的了解，总的来说已经是一种涵盖文学的、古典的和科学的尽可能综合的教育。"这虽然是对高等教育提出的要求，笔者认为也适用于中学教育。

1947年，美国总统杜鲁门专门成立杜鲁门高等教育委员会，该委员会《民主社会的高等教育》报告，列出11项高等教育通识教育目标：

能展现出具有民主理念和伦理原则的行为。

能积极参与所属团体或社区的活动，以其知识和能力而有所贡献。

能表达人际相互尊重的认识和行为，以促进了解与和平。

能了解和运用自然环境，应用科学方法，保障自己的生活，助益人类的生活。

能了解别人的观点，能有效表达自己的观点。

能把握自己的情绪，能保持良好的社会适应性。
能把握自己的健康和体能。
能了解和欣赏文学、音乐、美术，并参与艺术活动。
能与家人美满相处，具有家庭的知识和伦理。
能有适合自己兴趣才能的工作职业，在工作中展现才能和愉快。
能有批判性的能力和习惯，具有建设性的思想。

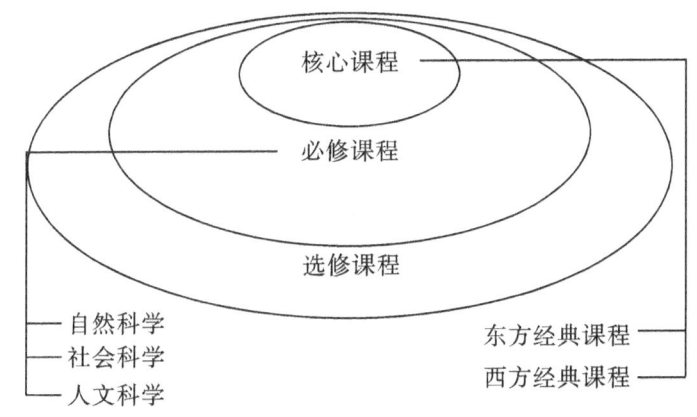

图 2-10　美国大学通识教育课程设计

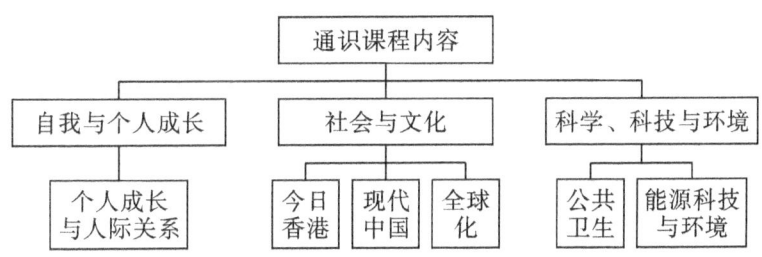

图 2-11　香港通识教育课程的设置

由此可见，美国大学生在高等教育阶段已系统地接受了通识知识，为日后的工作打下了坚实的基础。我国的高等教育更注重专业培养，而跨学科的学习主要是根据自己的兴趣和爱好，缺乏系统性。中国香港特别行政区在高中阶段就开设了通识教育的课程，注重培养学生的人文素养、科学素养、全球视野，这些都是 21 世纪人才培养的目标。我们了解发达国家和发达地区关于通识教育的方向和内容后，得到的启示就是"学然后知不足"。在大学期间我们就缺乏通识知识的学习，走上工作岗位后需要我们自主学习，阅读其他学科领域的书籍，了解自然科学和人文社会科学知识，我们在学科知识的基础上还需要广泛学习跨学科的知识，了解最新教育发展方向、最新的科学和学术成果，进一步丰富自己的学科知识。

2. 博观约取，厚积薄发

"博学之，审问之，慎思之，明辨之，笃行之。""博观而约取，厚积而薄发。"强调读书要广博而善于取其精要，要有丰富的积累并且谨慎地运用知识。陶行知先生说："教师必须学而不厌，才能诲人不倦。"作为中学历史教师，除了坚持不懈地阅读史学著作和专业期刊，丰富和更新基础性知识外，还要阅读教育学、心理学、学科教学论，以及哲学、地理、生物等其他学科领域的书籍，使自身具备更丰富的条件性知识。历史是综合性很强的学科，包括政治、经济、文学、艺术、科技、军事等，包罗万象。因此，要广泛阅读哲学、自然科学、地理、文学等方面的书籍，阅读是教师成长的阶梯。

二、现代教育技术的运用

（一）中学历史教师提升现代教育技术运用的重要性

《国家中长期教育改革和发展规划纲要（2010—2020年）》明确指出："信息技术对教育发展具有革命性影响，必须予以高度重视。"要"强化信息技术应用，提高教师应用信息技术水平，更新教学观念，改进教学方法，提高教学效果。"2013年10月25日，教育部印发了《教育部关于实施全国中小学教师信息技术应用能力提升工程的意见》，正式启动新一轮的信息技术应用能力提升工程，目标是到2017年底完成全国1000多万中小学（含幼儿园）教师的培训。2014年5月30日，教育部办公厅印发了《中小学教师信息技术应用能力培训课程标准（试行）》的通知，明确把信息技术对中小学教学的支持归结为三大方面——优化课堂教学；转变学习方式；促进教师专业发展。《中小学教师教育技术能力标准（试行）》，提出了教师的4个能力素质维度：应用教育技术的意识与态度，包括信息需求意识、信息应用与创新意识、对信息的敏感性与洞察力、对信息的兴趣与态度等；教育技术的知识与技能，包括教育技术的基本理论与方法，基本操作技能、信息的检索、加工与表达，信息安全与评价等；教育技术的应用与创新，包括教学设计、教学实践、信息技术与课程整合、自主学习与协作学习等；应用教育技术的社会责任，包括与信息利用及传播有关的道德、法律、人文关怀等。实际上，发达地区，如长三角、珠三角、京津地区，以及一些地区的中心城市的教师关于教育技术的运用已达到了教育技术应用与创新的层次了，即教学设计、教学实践、信息加工与课程整合、自主学习与协作学习等。

2005年，欧盟通过并发布了通用的教师能力和资格标准，通过对教师能力与资格设置共同的标准，明确制定了"基于学生核心素养的教师必备素质"，其中"运用知识技术和信息"这一维度的要求，如表2-9和表2-10所示。

表2-9　基于学生核心素养的教师必备素质——运用知识技术和信息

必备素质	具体内涵
运用知识技术和信息	具备并能够使用多种类型的知识； 教师的教育和职业发展应该使其能够具备这些能力：获得、分析、验证、反思和传播知识，有效利用技术； 教师的教学技能应该允许其具有建立学习环境和保留知识产权的自由等； 能够有效地将信息通信技术融入学与教的过程中； 应具备引导和支持学习者在网络上搜集和建立信息的能力； 对科目知识应有一个全面的理解并把学习视为终身之旅； 教师的理论和实践技能应该始终让他们善于从自己的经验中学习，并以学习者的需求广泛匹配一系列的教学和学习策略

表2-10　教师核心素养的定义举例——数字化素养

教师核心素养	定义举例
数字化素养	已通过专业技能测试，这些专业技能包括算术、识字、信息和通信技术（ICT）； 知道如何使用识字、算术、信息和通信技术（ICT）等技能，以辅助教学和更广泛的专业活动； 具备使用现代信息和通信技术的技能

在全球化进程中，关于现代教育技术方面，中国的教育发展方向和世界发达国家都要求教师掌握和使用现代信息和通信技术的技能。中国关于教师应具备的现代教育技术的要求更加具体、明确。

什么是现代教育技术？现代教育技术是指以计算机为核心的信息技术在教育教学中的理论与技术，运用现代教育理论和技术，通过对教学过程和资源的设计、开发、应用、管理和评价，以实现教学现代化的理论与实践。以计算机为基础的现代教学媒体主要指多媒体计算机、教室网络、校园网络。

（二）现代教育技术在中学历史教学中的运用

1. 充分利用历史资源网站

随着信息技术日新月异的发展，教师寻找教学资源最常用的方式之一就是利用网络。目前网络资源丰富，形式多样，种类繁多。根据《教育资源建设技术规范（征求意见稿）》，我国目前可建设的信息化资源主要包括9类，分别是媒体素材（又包括文本、图形/图像、音频、视频和动画）、试题库、试卷、课件和网络课件、案例、文献资料、常见问题解答、资源目录索引和网络课程。另外，还可根据实际需要，增加其他类型的资源，如电子图书、工具软件和影片等。海量的资源，各网站提供的资源侧重点不同，质量参差不齐，鱼龙混杂，教师难辨真伪，寻找优质的教学资源要耗费大量时间。目前我们常用的历史资源网站如下：

（1）历史教学类

K12中国中小学教育教学网：http：//www.k12.com.cn/

人教社历史天地：http：//www.pep.com.cn

中国基础教育网：http：//www.cbe21.com

中国历史课程网：http：//hist.cersp.com/

中学历史教学园地：http：//www.zxls.com/

历史风云网：http：//www.lsfyw.net/

历史学科网：http：//ls.zxxk.com/

中学历史教与学网：http：//www.chinaneng.com/Index.html

史海泛舟：http：//www.laoluo.com

（2）史学专业类

学术交流网：http：//www.annian.net

血铸中华网：http：//cyc6.cycnet.com：8090/xuezhu8

国学网：http：//www.guoxue.com

中国文物信息网：http：//www.ccrnews.com.cn/

国家文物局官方网站：http：//www.sach.gov.cn/

中国社会科学院历史研究所：http：//ich.cass.cn/

文史天地：http：//www.wstdw.com/

中华文史网：http：//www.qinghistory.cn/

近代中国网：http：//www.china1840—1949.com

历史春秋网：http：//www.lishichunqiu.com

（3）国外历史网站

History（历史）：http：//www.history.com/

National Museum of American History（美国国家历史博物馆）：http：//americanhistory. si. edu/

American Memory（美国记忆）：http：// memory. Ioc. gov/ammem /ammemhome. html

教师在利用网络资源时要遵循几个原则：

一是甄别和精选原则。历史资料浩如烟海，对历史的认识具有开放性和多元化的特点。作为中学历史教师应该明确：我们的教育培养什么人？怎样培养人？为谁培养人？不是所有的历史网络资源都可以用来教学的，需要教师进行甄别和精选。

二是高效实用原则。我们利用网络资源是为了更好地帮助学生解决问题，而不是加重学生的课业负担。

三是积极参与资源建设。目前基本上各省、市、区，甚至学校都建立了网络资源库，因此，教师要成为网络资源的建设者，将自己好的教学资源与同行共享，共同进步。

2. 开发信息技术资源

（1）一师一优课。党的十八届三中全会提出"构建利用信息化手段扩大优质教育资源覆盖面的有效机制"，按照《教育部关于全面深化课程改革落实立德树人根本任务的意见》精神，根据教育部2014年教育信息化工作部署，全国开展了"一师一优课 一课一名师"活动。该活动旨在以应用为导向，以资源共享为纽带，以教师课堂应用为中心，创新教育教学模式和方法，推动信息技术与教育教学深度融合，提高教育质量。"一师一优课 一课一名师"活动内容主要包括教师网上"晒课"与"优课"评选两个阶段。"晒课"内容包括一堂完整课堂教学的教学设计、所用课件及相关资源（或资源链接）、课堂实录（可选，拟参加教育部组织的"优课"评选者必选）和评测练习（可选）等。内容须符合2011版课程标准要求，体现学科特点和信息技术应用的融合性，突出展现数字教育资源的课堂应用及如何利用信息技术和数字教育资源创新教学方法，有效解决教育教学的重难点等课堂教学内容。"优课"评选是在网上"晒课"交流基础上，采取县（区、市）、市（地）、省（市、区）和国家分级评选的方式，对年度各年级各学科各版本的资源开展逐级推荐评选。活动评选出的"优课"覆盖义务教育阶段和普通高中各年级各学科各版本，可以为教师课前备课、课中上课、课后评价、教师专业发展等日常教育教学的各个环节提供参考和借鉴。活动开展了四年，推出了一批部优、省优、市优课，丰富了老师的教学资源。

（2）微课。微课是指基于教学设计思想，使用多媒体技术在10分钟左右就一个知识点进行针对性讲解的一段音频或视频。2008年，美国新墨西哥州圣胡安学院高级教学设计师、学院在线服务经理戴维·彭罗斯率先提出"微课程"的概念并开展研究实践。在教育教学中，微课所讲授的内容呈点状、碎片化，这些知识点可以是教材解读、题型精讲、考点归纳，也可以是方法传授、教学经验等技能方面的知识讲解和展示。微课是"互联网+"思维与教育尝试整合的产物，它短小精悍、制作方便、使用便捷，适合学习者移动学习、泛在学习（指基于移动设备的离线学习，即时记录学习进度的学习系统）和碎片化学习，是传统教学的有益补充和拓展。

目前对微课资源的开发主要是以主题的形式呈现，一个课程一个主题，或者说一个课程一件事；研究的问题来源于教育教学实践中的具体问题，或是生活思考，或是教学反思，或是难点突破，或是重点强调，或是学习策略、教学方法、教育教学观点等具体的、真实的问题。我们开发的初中历史关键问题和试题讲评微课如表2-11所示。

表2-11 初中历史关键问题微课

关键问题	具体问题
如何选择适切的"教与学"的策略	（1）如何整合与优化教学内容
	（2）如何开发与利用课程资源
	（3）如何创设历史学习的情境（包括神入历史）
	（4）如何进行教学问题链的设计
	（5）如何运用史料教学（包括历史细节的运用）
	（6）如何进行历史概念教学
	（7）如何渗透史学研究新成果
	（8）如何培养历史的证据意识
	（9）如何培养历史的时空观念
	（10）如何具体、生动、准确地描述历史事实
	（11）如何梳理历史的基本脉络与发展线索
	（12）如何对史实进行合理的解析与判断
	（13）如何客观评价历史人物
	（14）如何多角度地分析历史问题
	（15）如何开展自主、合作、探究学习

微课主要应用在以下几个方面：

一是在新授课上使用。课前预习：课前根据学生已有的知识基础和新知识的衔接知识点设计制作微课，可以让学生在课下先看微课，为新课做准备。新课导入：教师根据新课知识点设计新颖的问题，吸引学生的注意力，为新课的讲解做铺垫，并精选素材制作微课，在开始上课后让学生看。重难点突破：对本节重难点做点拨，用典型例题引导学生探究规律，加深学生对知识的理解。在学生自主探究或合作探究后一起看微课。练习巩固：教师设计少而精的习题并制作微课，用于巩固本节知识。

二是在学生自主学习中使用。现在网络通信的发展和微信的普及已经使自主学习成为常态，教师把学习中的重点和疑难问题制作成微课，上传到网上，学生便可以随时点播学习。微课能更好地满足学生对不同学科知识点的个性化学习，按需选择，既可查缺补漏又能强化巩固知识，是传统课堂学习的一种重要补充和拓展。

三是教师教学研究使用。微课将革新传统的教学与教研方式，突破传统的听评课模式。教师的电子备课、课堂教学和课后反思的资源应用将更具有针对性和实效性，制作微课就是微研究的过程。教师在实际教学中把发现问题、分析问题、解决问题的过程制成微课，本身就是一个教学反思的过程，能有效促进教师的业务成长。番禺区教师开发和制作的微课为师生提供了学习的平台。

试卷讲评课是中学历史教师在教学中的薄弱点，针对这个薄弱点，广州市番禺区开展了历史试题微课讲解大赛，教师根据自己的研究对试题进行了分门别类的整理，分析试题立意、命题意图、试题特点、解题技巧等，制作了试题讲评微课，通过大赛征集了一批优秀微课，并将这些微课推送到微信和QQ平台上，师生可以随时观看，为老师提供教学的示范，也丰富了教学资源。

【案例】《如何丰富历史细节》微课设计

作品名称	如何丰富历史细节（人教版历史九年级上册）	片长	8分50秒
作者	罗玉珊　陈柳	联系方式	手机：15813323939
所在单位	广州市番禺区市桥象圣中学		邮箱：41626203@qq.com
作品设计意图	本作品以文艺复兴为例，围绕文艺复兴的背景这一难点问题，从宗教、经济、阶级、文化四个方面补充历史细节，引导学生透过细节，理清文艺复兴兴起的背景和原因，帮助学生把握历史史实之间的内在逻辑关系，构建相对完整的历史		

续上表

作品 内容 简介 （200字以内）	本作品把握了文艺复兴这一课的难点问题，以背景入手，整合教材，选取了大量浅显易懂的素材，从宗教、经济、阶级、文化四个方面补充细节，化难为简。如运用了"绿鹅故事"和数字故事帮助学生理解什么是神权至上，通过分析意大利的地图、佛罗伦萨资本主义发展的资料、补充美第奇家族的故事等多方面材料，理解资本主义萌芽和新兴资产阶级产生对文艺复兴所起的作用
教学设计	一、教材分析 　　文艺复兴是人教版历史九年级上册第四单元《步入近代》第一课《资本主义时代的曙光》中的一个内容。它上承第三单元中古欧洲社会，下启资产阶级革命，是教材不可缺少的重要一环。文艺复兴是世界近代史上一个重大的事件，也是一个比较抽象的历史概念。尤其是文艺复兴的背景，课文叙述不够详细，学生不能很好地理解封建教会的压迫，资本主义的产生怎样促进文艺复兴的兴起，为什么开始于意大利等，因此在教学中要适当补充文字、图片、音像等史料，用细节拓展教材，深化历史事件之间内在的联系，帮助学生把握历史史实之间的内在逻辑关系，构建相对完整的历史。使学生更好理解关键问题，才能拉近学生与历史的距离，让学生走进历史，融入历史，感受历史的味道。 二、学情分析 　　初中学生因日常生活极少接触世界历史知识，对文艺复兴的相关知识的储备不足。因此，在教学中整合教材，运用直观、生动的例子，补充适当的材料，便于他们理解文艺复兴的背景和相关概念，降低学习难度。 三、教学目标 　　从宗教、经济、阶级、文化四个方面探讨文艺复兴兴起的因素，理解文艺复兴产生的背景和原因，有助于把握文艺复兴的性质——是一场欧洲资产阶级为了发展资本主义经济、反对教会陈腐说教而发起的思想解放运动。 四、教学重难点 教学重点：文艺复兴兴起的宗教因素、经济因素和阶级因素 教学难点：文艺复兴兴起的宗教因素和经济因素 五、教学策略 　　整合教材，通过补充大量图文资料和制作历史数字故事来丰富历史细节。 六、教学过程 　　【导入】　14—16世纪欧洲掀起的一场思想文化运动，带来了一段科学与艺术革命时期，揭开了现代欧洲历史的序幕。这场运动就是文艺

续上表

教学设计	复兴。文艺复兴是在怎样的背景下产生的呢？同学们，你们知道吗？ 【学习新课】 丰富历史细节 （一）：文艺复兴兴起的宗教因素 ▲教学素材1：《十日谈》中的绿鹅故事 著名文学家薄伽丘的《十日谈》里有这么一个故事：有一位名叫腓力的男子，他将儿子从小带至深山中隐修，在儿子的生活里头只有父亲和上帝，除此之外什么都没有了。18岁那年，儿子要求去城市里看看教堂，看看教士。于是腓力和儿子到了佛罗伦萨。迎面走来了一群健康、美丽的少女，头一次见到女人的小伙子心头扑通扑通地跳个不停，"爸爸，这是什么？"面对儿子这样的表情，腓力赶紧说："快低下头，别看它们，它们全都是祸水！""可是，它们叫什么名堂呢？"儿子追问道。"这是绿鹅。"岂料一路上对任何事物都不感兴趣的儿子，却偏偏爱上"绿鹅"，"爸爸，那我们就带只绿鹅回去喂养吧！" 为什么父亲会把女人形容为"绿鹅"和"祸水"？为什么儿子什么都没看中，却爱上"绿鹅"？ 为什么资产阶级会发起文艺复兴运动？我们先来观看一个数字故事，从数字故事中找出原因。 ▲教学素材2：学生制作的数字故事 14世纪前的意大利，是一个黑暗世界。 一颗名为"神权至上"的种子，深深埋进人的心中，他们信奉着"神"是万能的！ 资本主义经济的萌芽和发展，让地中海成为了最繁荣的地区。 这里开始出现一个新的群体——资产阶级。他们是富裕的群体，却又是备受压迫的群体。 因为，在这个时期——教会才是封建社会的精神支柱。 它建立了一套严格的等级制度，把上帝当作绝对的权威。 凡是与信仰无关的知识都是无用的，因为这个时代，不学无术是信仰虔诚之母。 文学、艺术、哲学都必须按照《圣经》执行。 否则，宗教法庭就要对他进行审判。 他发表了《日心说》，在教会迫害的逆流中寻找着真理，他的名字是——哥白尼。 一个又一个的科学工作者倒下了。 祸不单行，"黑死病"在欧洲蔓延…… 这加剧了人们心中的恐慌，使得人们开始怀疑宗教神学的绝对权威。

续上表

教学设计	人们对教会精神世界的控制不满，要求以人为中心而不是以神为中心。 同学们，观看完数字故事，你们找到原因了吗？ 我们不难发现，父亲把女人形容为"绿鹅""祸水"是受到封建教会禁欲苦行思想的束缚，而儿子在五光十色的世界里独独看中了"绿鹅"，说明了他顺从人性，有追求幸福的想法。 所以，从刚才的数字故事和"绿鹅"故事，我们可以知道那时封建教会对人们的精神控制十分严酷，引起了人们的不满，希望冲破宗教神学的束缚。这就是文艺复兴兴起的宗教因素。 丰富历史细节（二）：文艺复兴兴起的经济因素 ▲教学素材3：14世纪意大利地图 文艺复兴起源于意大利，这是为什么呢？我们来看这幅地图，意大利有什么特殊的地理条件呢？ 我们可以看到，意大利处于地中海的中心。在哥伦布发现新大陆前，地中海一直是东西方联系的纽带，是欧洲贸易最繁荣的商业区域，意大利占据了这个有利的地理位置。 14世纪，西欧5000人以上的大城市不到城市总数的5%，最大的城市大多在意大利，米兰、威尼斯、佛罗伦萨、罗马、热那亚等城市的人口均高达5万左右，热那亚和威尼斯更是当时的国际贸易中心。 ▲教学素材4：佛罗伦萨毛织业发展的史料、毛织业工场图片 1306—1308年，佛罗伦萨有300个毛织业作坊，年生产呢绒10余万匹。到了15世纪70年代，佛罗伦萨已成为全欧呢绒生产中心。 佛罗伦萨是意大利北部最大的手工业城市，它的繁荣发达依赖于三项经济活动：商业、工业和银行业。佛罗伦萨的位置正好处在北意大利和罗马连接的商道上，水陆两种交通方式为佛罗伦萨的商业贸易发展提供了得天独厚的条件。 商业的发展带动了佛罗伦萨另外一个经济支柱——毛织工业的发展。到了15世纪70年代，佛罗伦萨已成为全欧呢绒生产中心。 这对佛罗伦萨产生了什么作用呢？ 呢绒远销欧洲和东方各国，不仅使财富在佛罗伦萨聚集，也使欧洲资本主义萌芽最早出现在佛罗伦萨的毛织业工场。所以，文艺复兴在意大利兴起的经济因素就是资本主义萌芽。 丰富历史细节（三）：文艺复兴兴起的阶级因素 ▲教学素材5：美第奇家族故事和图片 佛罗伦萨的第三个支柱是银行业，而这也是佛罗伦萨特有的，佛罗伦萨银行业在欧洲各地都设分号，银行家们掌握大量的现金。新兴的资产阶级就是从这些富裕商人和银行家中产生的。新兴资产阶级就成为文

续上表

教学设计	复兴的推动者。 　　在文艺复兴的众多推动者中，佛罗伦萨的美第奇家族最为突出。 　　美第奇家族是佛罗伦萨著名家族，他们以银行业起家。他们对佛罗伦萨进行长达近300年的独裁统治，最主要代表为科西莫·美第奇和洛伦佐·美第奇。 　　美第奇家族酷爱艺术，不惜投入巨资招揽人才，发展艺术创作。我们熟悉的伟大人物，达芬奇、但丁、米开朗基罗、拉斐尔、薄伽丘、伽利略也曾是美帝奇家族的座上宾。可以说，美第奇家族是文艺复兴这一历史性里程碑的真正资助者。因此佛罗伦萨就成为文艺复兴的摇篮。 　　丰富历史细节（四）：文艺复兴兴起的文化因素 　　▲教学素材6：有关意大利保存了丰富的希腊、罗马文化的典籍材料 　　14世纪末，由于信仰伊斯兰教的奥斯曼帝国的入侵，东罗马（拜占廷）的许多学者，带着大批的古希腊和罗马的艺术珍品和文学、历史、哲学等书籍，纷纷逃往意大利避难。 　　我们可以看出，拜占廷帝国灭亡后，许多学者逃到意大利，带去了许多古代希腊、罗马的文化典籍。因此，意大利保留了古希腊、罗马的文化典籍，拥有丰厚的文化遗产。 　　所以，新兴资产阶级通过弘扬古代希腊、罗马文化的方式，反对教会的陈腐说教，掀起了一场以人文主义为主要思潮的思想解放运动。 　　回顾我们今天所学的内容：我们从宗教因素、经济因素、阶级因素、文化因素等方面探讨了文艺复兴的背景。
原创承诺	本人承诺本作品为本人原创，没有抄袭他人作品，侵害他人版权，若本作品侵犯他人著作权，或有任何不符合国家法律法规政策规定的不良信息内容，一律由本人承担责任。 　　　　　　　　　　　　　　　签名：罗玉珊　陈柳 　　　　　　　　　　　　　　　时间：2015年4月18日

（3）数字故事。数字故事是将讲故事的艺术与多种媒体（文字、图片、音乐等）技术结合而形成的一种讲故事的方式。历史数字故事就是将历史事件通过生动形象的故事情节，借助多媒体技术增强历史的表现力和感染力，进而充分展示作者对历史的经验和情感。为了培养初中学生学习历史的兴趣，进一步增强初中生的历史素养，提升他们对历史的观察、感悟能力，提高学生的综合素质，使学生得到全面发展，广州市番禺区开展了四次"历史数字故事"作品征集评比活动。该活动主要根据学生学习主题指导学生开展

数字故事的创作，最终由学生完成。通过四年"历史数字故事"创作比赛活动的开展，学生开发了大量的课程资源，许多老师将学生创作的数字故事用于课堂教学，丰富了教学内容，更利于学生理解教学内容。在制作数字故事的过程中，也培养了学生搜集和精选资料、理解历史、运用知识解决问题的能力。

3. 运用信息技术手段，开展课堂教学

2012年广州市番禺区教育局提出"智慧教育——让教育服务随处可行"的核心理念，以好知乐智慧教育云建设、基于电子书包教育应用为内容，推进课堂教学改革和评价机制建设。电子书包在教学中的运用经过五年实践，走过了会用什么就用什么的"摸索阶段"、能用什么就用什么的"表演阶段"、什么有用就用什么的"常态化应用阶段"。番禺区的初中历史教学也发生了变革：信息技术驱动了学生的学习兴趣；问题讨论驱动了学生的思维发展；小组合作驱动了学生自主探究性学习。电子书包使初中历史教学精彩纷呈。

对电子书包的理解有很多种，笔者比较认同上海市虹口区"虹口电子书包项目"推进小组对电子书包的解释："电子书包是一个以学生为主体，以个人电子终端和网络学习资源为载体，贯穿于预习、上课、作业、辅导、评测等各个学习环节，覆盖课前、课中、课后学习环境的数字化学与教的系统平台。"在五年实践摸索中，教师充分运用了课前、课中、课后学习环境的数字化教与学的系统平台。

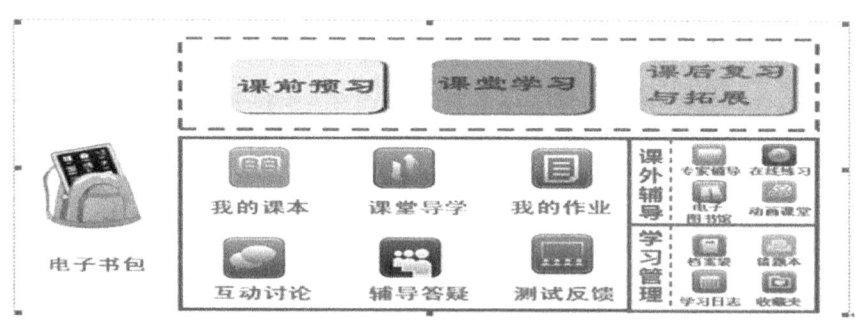

图2-12 电子书包功能栏

电子书包具有便携式、网络化、信息存量大的特点，具有电子书、管理学习资源、记录个人学习情况的功能。主要特征表现为：

（1）颠覆传统，翻转课堂。学生借助平板电脑等电子书包，可在家里或其他地方观看教学视频，而不必像在课堂上听讲那样神经紧绷，担心知识点的遗漏。教学模式转变为：学生课前进行以教学视频为中心的自主学习，传

统知识讲授的课堂则成为教师进行答疑解惑、个别辅导以及小组协作探究、师生互动的过程。这将导致传统课堂的完全颠覆，对传统的课堂教学模式将是一个很大的冲击。

（2）师生互动，跨越时空。电子书包还实现了移动式教学，支持泛在学习，老师可以随时发出主题，让有兴趣的学生参与讨论历史，既能把课堂延伸到课外又能激发更多的学生延续学习历史的兴趣。教师与学生的讨论、交流不仅仅限于课堂，在任何时候都可以实现，突破了时间和空间的限制，教师可以及时了解同学们在讨论过程中出现的一些典型问题。

（3）因材施教，个性化学习。通过电子书包的实时检测与反馈及时了解学生对知识点的掌握情况，教师根据统计结果分析学生的学习情况，为学生推送个性化学习资料或者补偿性练习，教学内容根据学生个体弹性变化，实现因材施教，个性化教学。课外，学生从电子书包的海量资源中依据兴趣与学习需求选择合适的资源，自主调整学习步骤，检测学习效果。

（4）资源优化，拓展课堂。电子书包包含多元化数字资源，除具有阅读、批注等基本功能的文本资源外，还包括音频、视频、动画、图片等形式丰富、内容生动的多媒体资源，为学生提供多感官刺激，学生可以在更近距离更仔细地观察，这样比传统教学时全班一起看PPT图片观察要更细致、更形象。

序号	标题	类别
1	新航路开辟	综合课例
2	文艺复兴	综合课例
3	文艺复兴	综合课例
4	迪亚士像	图片
5	关于意大利诗人但丁的评价	文本
6	《蒙娜丽莎》油画	图片
7	对黄金的需求促使新航路的开辟	文本
8	麦哲伦航行示意图	演示动画
9	最后的晚餐	演示动画
10	哥伦布航行示意图	演示动画
11	莎士比亚像	图片
12	船舱里的哥伦布	图片
13	但丁和维吉尔在地狱	图片
14	麦哲伦像	图片
15	迪亚士航行示意图	演示动画

图 2-13 学生自主学习资源包

综上所述，电子书包具有传统的课堂教学不可比拟的优势。它比传统教学更能激发学生的学习兴趣，它不仅带来了资源优化、高互动课堂，而且提供了灵活、多样的学习环境，使得教师具有全新、高效的教学模式，学生发挥主动性，加强与教师、其他学生的互动，提高了学习质量。但在试点研究的过程中不难发现，目前电子书包的应用刚刚起步，面临诸多的问题，比如课程资源开发还不够齐全，所以要利用电子书包支持有效教学，就需要与教学模式和策略相对应的，开发具有广泛学习特质的资源体系来支持。其次还要调动学科老师的积极性，由于目前学科教师教育理念相对滞后，教育研究的知识和能力有待提升，在使用电子书包组织教学的过程中不能突破传统模式的束缚，在很大程度上阻碍了电子书包的运用。

要让电子书包真正发挥它的作用，应用于各大学科的课堂教学，实现课堂翻转教学，真正做到因材施教，个性化教学，还任重而道远！

第三章

 中学历史教师的教学素养

关于教学,顾明远主编的《教育大辞典》定义为:"以课程内容为中介的师生双方教和学的共同活动。"王策三教授定义为:"所谓教学,乃是教师教,学生学的统一活动;在这个活动中,学生掌握一定的知识技能,同时身心获得一定的发展,形成一定的思想品德。"施良方等把教学定义为:"教师引导、维持与促进学生学习的所有行为。"皮连生把教学定义为:"教师帮助学生学习的一切活动,包括课前、课中和课后的活动。"

关于教学素养,洪岚在《构建多元研修共同体,提升教师教学素养——基于徐汇区教师进修学院附属小学的实证研究》中认为,教学素养通常指教师在课堂教学中的教学基本功,是教师专业素养的核心部分,主要包括课标解读能力、教材分析能力、教学设计能力、课堂调控能力、作业评价能力与课程开发能力等。张国礼等的《中小学教师教学素养、工作压力、主观幸福感的关系》认为,教师教学素养主要包括教学理论和教学技能两个方面,其中教学理念包括学生观和教学观,教学技能包括组织教学和课堂驾驭。笔者认为,教学素养是教师素养和教育素养的重要组成部分,简单说,就是解决教师"怎么教",引导学生"怎么学"所需要的素养。

第一节 中学历史教学设计

科学设计教学目标和教学计划,合理利用教学资源和教学方法设计教学过程,引导和帮助中学生设计个性化的学习计划等,这些都是教师的基本功。本节主要从教学设计的概念、中学历史教师在教学设计存在的问题、教学设计的操作思路等角度进行阐述,并提供教学设计案例供老师们参考。

一、教学设计概述

(一) 教学设计的涵义

教学设计是指教学的系统规划及教学方法的选择、安排与确定。也就是说,为了达到一定的教学目标,对教什么(课程内容)和怎么教(教学组织、教学模式、教学媒体等)进行选择、安排和规划。

教学设计可分两大类型:

1. 宏观教学设计

宏观教学设计在于解决教学的总体规划,制定教学体系的远景蓝图,以及教学的宏观方法学问题。教学宏观设计内容主要包括四个方面:①制定教学计划;②制定各门课程的教学大纲;③编选教材;④制定教学成效考核的办法。

2. 微观教学设计

微观教学设计指由教师进行的课堂教学设计。主要任务是根据其所教班级的学生的特点和所教课程的教材内容,将课程目标转化为单元或课时目标,并对这种目标加以分析,然后据此选择或开发适当教学策略(包括安排适当步骤、教材呈现方法、练习与反馈等),最后对照目标检测教学效果。主要包括六个步骤:①确定教学目标,即确定教学结束时所要达到的状态;②了解学生的准备状态,即了解学生原有水平;③制定教学程序计划,包括安排教学过程、内容,确定教学的组织形式,选择教学方式及媒体;④进行教学活动,即执行教学程序计划;⑤确定教学成效考核的内容及方式,以确切了解教学的实际效果;⑥对教学成效作出确切的评价,并对教学是否需要继续作出判断。

中学课堂教学设计的基本原则:目标性原则、互动性原则、系统性原则。

中学历史教学设计解决三个主要问题:

(1) 依据教学原理,遵循教学规律,结合教师对教学内容和学生情况的分析,确定教什么;

(2) 依据教学目标的计划性和教学资源、教学对象、教育者的客观现实性,创造性地设想采用何种手段和过程,实现教学目标,解决怎样教的问题;

(3) 把与教学过程有关的各种因素看作一个系统,用系统的观点来分析每一个因素，力求实现教学过程的最优化。

(二) 教学设计模型

加涅在其著作的《教学设计原理》（1992年第四版），引用了狄克和凯里的教学设计模型。图3-1为修订过的狄克和凯里的系统教学设计模型。

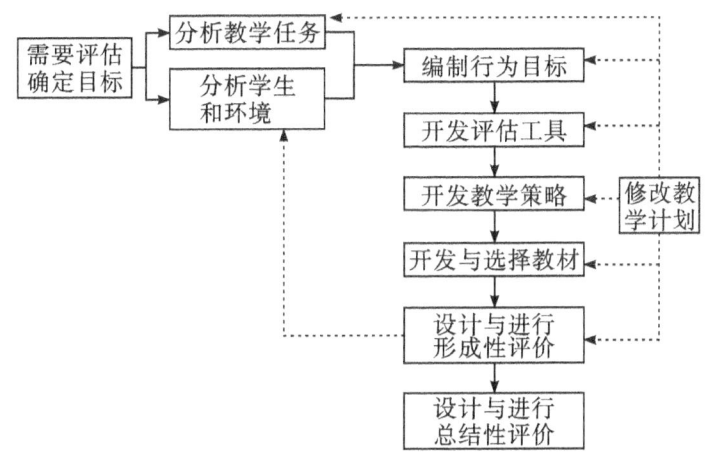

图3-1 狄克和凯里的系统教学设计模型

狄克和凯里的系统教学设计模型包括：

第一，确定教学目标。这里的教学目标是由教学完成之后学生会做什么界定的。教学目标的依据是社会需要和学生个人发展的需要。所以在确定教学目标之前要做需要评估。

第二，分析教学目标。分析教学目标包括分析学生完成教学目标所需要的技能。

第三，分析学生和环境。分析学生包括分析他们的已有知识、技能、爱好以及其他与学习有关的个性特征。分析环境包括分析知识与技能学习的环境以及知识与技能运用的环境。这些分析所提供的信息有助于决定教学过程和教学方法。

第四，陈述作业目标。作业目标也称行为目标，是用可以观察的行为陈述的具体教学目标。这样目标将便于测量和评估。

第五，开发评估工具。目标设置明确以后，在教学实践中，教学设计者需要预先开发测量工具来评估目标实现的情况。

第六，选择与开发教学策略。教学策略的范围广泛，包括预备活动、呈现信息、提供练习和反馈、测验以及课后活动等。教学策略主要是根据任务分析的结果决定的。

第七，开发与选择教学材料。教学材料包括学生的教材、测验和教学指导书等。选择与开发教学材料依赖于学习类型、已有的可以利用的有关教材和资源。

第八，设计与进行形成性评价。形成性评价是在教学过程中进行的，为改进教学提供数据。

第九，修正与补救教学。根据形成性评价结果，如果学生未达到教学目标，或发现学生存在学习困难，教学设计者应重新考虑教学设计，包括考察目标定位是否适当、教学任务分析是否准确等。

最后，根据形成性评价结果对教学进行修正与补救之后，再对教学效果进行总结性评价。

二、中学历史教学设计存在的问题

笔者从事教研工作十余年，在日常工作中主要是通过三种途径了解教师教学设计的情况。一是通过听课调研，每年都要听上百节课；二是开展教学设计征集评比活动；三是参加省市区等各级教学设计评比工作。通过海量的阅读和听课，笔者发现教师在教学设计方面存在很多问题，急需规范。

1. 课程标准

课程标准是规定一定学段的课程结构和课程水平的纲领性文件。是国家对基础教育课程的基本规范和质量要求，是对学生在经过一段时间的学习后应该知道什么和能做到什么的界定和表达，反映了国家对学生学习结果的期望。许多教师在备课时不看课程标准，不依据课程标准要求进行教学设计，脱离了课程标准。

2. 教学目标

照搬历史课程目标，将课程目标与课时目标混淆，割裂三维目标。教学目标的主体定位是教师而不是学生，课程标准强调课程目标的主体是学生。仍以知识目标为主，关注预设性课堂教学目标，忽视生成性课堂教学目标。

3. 学情分析

学情分析主要指对学习者特征进行分析，一般包含学习者智力因素和非智力因素的分析，要根据学生的相似性和差异性进行分析。学情分析主要存在以下问题：

（1）没有充分考虑学生的年龄特点和年级特点。笔者在听课过程中经常发现，如果初高中涉及同一教学内容，高中教师与初中教师在内容处理上基本没太大区别，也就是高中教师对内容处理和呈现方式与初中教师同样，原因就在于教师没有充分分析学情和课程标准对学生能力的要求。

（2）无视学生的班级差异。有些学校分了重点班、非重点班，有些学校高一年级就分了文理科班，不同类型的班级各有特点，即使是同一种类型的班级，其班风、学风状况也不完全相同，但有些教师忽视了这一点，一个教学设计打天下。

（3）只分析学生的相似性特征，忽视了差异性特征。我们看到很多教学设计都是套用了各年级段的心理学特征，没有针对所教班级的学生做具体分析。

4. 教学策略

教学策略是教学设计的重要组成部分，它不同于教学方法，它是教师在现实的教学过程中对教学活动的整体性把握和推进的措施。具体说，教师在教学目标确定以后，根据已定的教学任务和学生的特征，有针对性地选择并组合相关的教学内容、教学组织形式、教学方法和多媒体技术，选择教学活动的最佳方式、方法和步骤，从而形成具有效率意义的特定的教学方案。比较常用的教学策略有探究学习、合作学习、自主学习等教学策略。存在的问题：①对教学内容研究不透彻，对历史教科书的内容机械照搬，没有从学生的认识角度出发地，缺乏对内容的重组。②对探究问题的设计深度不够，没有充分提供给学生探究问题所需要的素材。③自主学习调控不当，学生放任自流，教师没有充当指导者的角色。④过于依赖多媒体课件，忽视教学策略的优化。

5. 课程资源

历史学科的课程资源非常丰富，包括文字资源、影视资料、乡土资源、考古遗迹和遗址、博物馆、图书馆等，除此之外，还有人力资源，这些资源都可与课堂教学相结合。教师在教学设计时也充分思考了课程资源的开发和利用。但存在的主要问题有：①没有充分考虑历史课堂教学中的生成性课程资源；②脱离历史教科书盲目进行课程资源的利用与开发；③选取课程资源时断章取义，缺乏学科的严谨性。"论从史出，史论结合""一分材料说一分话"是基本的治史方法，对教师选取材料可信度、严谨性要求很高。

6. 教学评价

教学评价是根据教学目标和教学原则，利用评价方法及技术对教学过程及预期的一切效果给予价值上的判断，了解教学目标是否实现，并提供信息改进教学，从而为修正设计提供依据。在教学评价中，教师常见的问题有：①评价主体单一，教师是评价的唯一主体，评价过程往往是根据教师的主观判断，缺乏自评、同伴互评等；②评价途径单一，注重口头回答和书面测试，忽视了其他测评方式；③评价内容单一，注重对记忆知识的测评，忽视对能力的培养和评价；④注重总结性评价，忽视形成性评价与诊断性评价。

三、中学历史课堂教学设计的操作思路

（一）中学历史课堂教学设计的基本策略

中学历史教师要明确中学历史课堂教学设计的六大策略：①深入了解学生，找准起点能力；②研究课程标准，依据教材特点，优化教学内容；③精心设计学习方式，引导学生合作探究；④注重历史教学过程，发展创新思维能力；⑤关注教学评价，建构学生自信；⑥改进备课方案，完善教学设计。

（二）规范课堂教学设计的写作范式，明确各个环节的基本要求

第一环节：分析教学问题

1. 分析课标要求和教材内容

（1）分析课程标准的要求。课程标准规定了学习的最低目标，是每个学生都必须达成的学习目标。

（2）分析每课教材内容在整个课程标准中和每本教材（每个模块）中的地位和作用。

2. 分析学生

（1）分析学生已有的认知水平和能力状况。

（2）分析学生存在的学习问题。

（3）分析学生的学习需要和学习行为。

第二环节：确定教学目标

（1）教学目标陈述的是预期学生学习的结果，包括认知、情感和动作技能三个领域。

（2）教学目标陈述应力求明确、具体，可以观察和测量，尽量避免用含糊的和不切实际的语言陈述目标。

（3）教学目标陈述应反映学习结果的类型。

第三环节：建立解决教学问题的方案

1. 确定课堂教学重点与难点

（1）确定课堂教学重点。

（2）确定课堂教学难点。

2. 设计课堂教学方式策略

确定进行课堂教学所采取的教学策略、路径与方法。

3. 设计课堂教学环境和教学用具

（1）教学环境的设计与准备。

（2）教学用具的设计与准备。

4. 设计学生课前探究活动方案

设计出引导学生进行课前准备和探究的问题及活动方案。可根据教学实际情况决定是否进行。

第四环节：组织实施解决方案

1. 课堂导入方案设计

设计出一节课的教学导入方案。教学导入的设计以实现和达成"凝神、起兴、点题"为目的。

2. 课堂教学内容及教学活动方案设计

（1）针对教学内容及教学活动过程，设计出整堂课的教学结构、步骤及实施方案。

（2）写出每步设计的意图及目的。

3. 课堂总结设计

（1）呈现整个课堂教学结构（即板书结构）。

（2）设计出归纳、总结课堂教学内容的方案。

（3）设计出发散、扩展、升华学生思维的方案。

第五环节：评价实施结果

了解、检测学生课堂学习效果。

第六环节：反思修改设计方案

（1）结合课堂教学目标、课堂教学实施步骤与过程，反思总结教学设计方案及策略是否合理、是否有效。

（2）结合课堂教学的实践感悟，写出教学感想、心得体会。

（3）根据课堂教学实践的检验情况，对教学设计方案进行及时的修改、补充、完善。

四、中学历史课堂教学设计案例

（一）新授课

人民解放战争的胜利（七年级下册统编教材）

广州市广外附设外语学校　李露

一、教材分析

课程标准要求学生了解刘邓大军挺进大别山的史实；知道辽沈、淮海、平津三大战役和南京解放；知道解放区的土地改革；简析国民党南京政权覆亡和人民解放战争迅速胜利的主要原因。学会从当时的历史条件理解历史上的人和事，并经过分析、综合、概括、比较等思维过程，形成历史概念，进而认识历史发展的时代特征和历史发展的基本趋势。感悟近现代中国人民为救亡图存和实现中华民族伟大复兴而进行的英勇奋斗和艰苦探索，认识中国共产党在中国革命事业中的决定作用。

本课是第七单元《解放战争》的最后一课，主要讲述中国共产党领导解放区军民开展土地改革，展开战略反攻，发起三大战役，最终取得战争胜利的历史。从全书来讲，解放战争是初中阶段所学中国近代史的最后一个重大事件，近代中国人民奋斗的两个基本目标（救亡图存和实现现代化）是否实现，需要在此做一个总结；下一阶段中国人民的努力方向，需要做一些基本铺垫，为下学期学习做准备。从本单元来看，本课讲述解放战争后期的过程以及最终结果。从内容来看，本课分为"解放区的土地改革"和"三大战役和南京解放"两个子目，土地改革为解放战争的胜利提供人力、物力保障，两个子目存在因果联系。

二、学情分析

通过上节课的学习，学生知道解放战争前期国民党军队和共产党军队实力悬殊的实际情况，了解中共中央高超的作战谋略。但由于初中生的抽象逻辑思维主要基于经验的支持，单凭阅读教材，难以理解中国共产党如何在短短三年内扭转战局，取得最后的胜利这一史实。我校学生大多来自城市，不熟悉农村的历史，理解土地改革对于解放战争的意义这部分内容困难不小。

而经过一年多的历史学习，学生具备一定的历史阅读能力和观察能力，掌握从材料中找出关键信息能力的基本方法。

三、设计立意

唯物史观是历史学科诸素养的灵魂，是诸素养得以达成的理论保证。只有运用唯物史观的立场、观点和方法，才能对历史有全面、客观的认识。人民群众是历史的创造者。在人民解放战争的历史进程中，中国共产党获得广大人民群众的支持。人民群众为什么支持共产党？人民群众怎样支持共产党？土地改革这部分内容主要解答这两个问题。中国共产党率领广大军民取得解放战争的胜利，符合历史发展潮流和中华民族的利益。土地改革和三大战役中和平解放北平等相关史实充分证明了这一论断。所以，《人民解放战争的胜利》这一课的主题确立为"人民的胜利"。

四、教学目标

核心目标：知道土地改革和三大战役的相关史实，理解人民解放战争胜利的原因。

1. 回顾不同时期，共产党的土地政策，归纳相关土地政策出台的背景；阅读宣传土地改革的标语，观察土地改革时期的土地执照，分析土地改革面临的困难以及共产党的对策；阅读《中共军事经济史》相关片段，分析土地改革的影响，初步认识人民群众在历史发展中的重要作用，欣赏中国共产党的亲民作风。

2. 观察国共双方兵力变化示意图，分析不同时期国共双方兵力变化，知道中共中央发起战略进攻和战略决战的时间、地点、指挥官，欣赏中国共产党高超的作战谋略。

3. 观察教材地图，分析三大战役的战略意图；观察平津战役示意图，讨论和平解放北平的意义；观察三大战役战果归纳表，结合地图，分析三大战役的意义，知道三大战役基本消灭国民党军队主力，欣赏中国共产党维护中华民族传统文化和人民群众生命财产安全的良苦用心。

五、教学重点与难点

教学重点：土地改革和三大战役
教学难点：土地改革的重要性

六、教学策略

以"胜利"作为关键词串联本课基本线索，按照时间顺序和因果关系将教材内容整合成"胜利的保障""胜利的序幕""胜利大决战""胜利再出发"四个部分。

以精心挑选的宣传标语、土地执照图片、历史照片等为载体，搭建具体的有意义的学习支架，激发学生的学习兴趣，降低学习难度。

七、教学用具：幻灯片

八、教学过程

（一）导入

教师活动：展示陈逸飞油画《占领总统府》

提出问题：中国共产党在短短三年内扭转战局，取得解放战争的胜利，原因是什么？

学生活动：体会油画的艺术感染力，思考问题。

设计意图：油画场面壮观，气势恢宏，具有撼人心魄的艺术感染力，可以带领学生感受胜利的喜悦，回到历史情境中品味历史。课堂提问让学生带着问题进入新课学习，引导他们积极思考，明确本课的学习目标。

油画《占领总统府》

(二) 教学内容及教学活动方案

【环节一】胜利的保障——土地改革

教师活动：

1. 问题导学，史实回顾

提问：共产党在井冈山时期和抗战时期的土地政策分别是什么？引导学生分析不同时期土地政策的背景。

2. 背景分析，政策解读

分析抗战胜利后，主要矛盾的变化，引导学生思考土地改革的原因。展示土地改革时期的宣传标语："天下农民是一家，斗倒地主咱当家。实行耕者有其田，土地才能回老家。"引导学生理解土地改革总路线。展示当时的土地执照（见图片一），引导学生分析其中蕴含的信息。

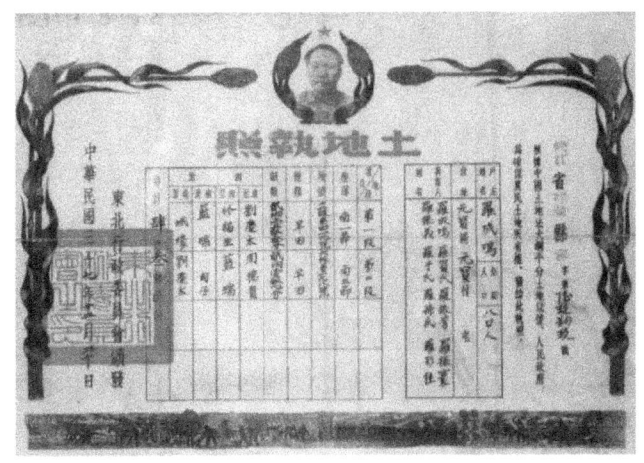

土地执照

3. 意义归纳，前景展望

提问：农民保障土地所有权的前提是什么？农民怎样做才能保证土地不会得而复失？

学生活动：思考问题，分析土地改革的背景、土地改革的内容、土地改革的意义。

设计意图：土地改革这部分内容既是重点，也是难点。在教学活动中，教师提问与引导交替进行，三个环节层层推进，并且提供具体生动的历史材料，降低学习难度，拉近学生与历史的距离。通过分析不同时期土地政策的背景，使学生初步认识到必须从当时的历史条件理解历史上的人和事。通过观察宣传标语和土地执照，培养从图片中找出关键信息的能力，而通过对土地执照进行分析，让学生理解农民在解放战争中支持共产党的原因。

【环节二】胜利的序幕——刘邓大军挺进大别山

教师活动：展示1946年6月和1947年6月，国共双方兵力变化示意图，引导学生分析国共双方兵力的变化情况；展示刘邓大军挺进大别山示意图，引导学生思考：为什么说刘邓大军挺进大别山揭开了战略反攻的序幕？

学生活动：分析国共双方兵力变化情况；观察刘邓大军挺进大别山示意图，讨论刘邓大军千里挺进大别山的战略意图。

设计意图：通过分析国共双方兵力变化示意图和刘邓大军挺进大别山的战略意图，使学生了解刘邓大军挺进大别山的基本史实，欣赏中国共产党在解放战争中的谋略布局和高瞻远瞩。

【环节三】胜利大决战——三大战役

教师活动：

1. 合作探究

展示教材第 116 页的三大战役示意图，引导学生分析三大战役的战略意图。

2. 细节渲染

讲述（或鼓励学生讲述）辽沈战役"关门打狗"的故事；展示淮海战役中陈毅和粟裕的照片，讲述陈毅力排众议支持粟裕的作战方针的故事；展示平津战役示意图，讲述（或鼓励学生讲述）和平解放北平的故事。

3. 战果归纳

展示三大战役战果归纳表，引导学生分析三大战役的意义。

学生活动：观察三大战役示意图，讨论、分析三大战役的战略意图；聆听教师或同学的讲述；依据教材内容，填写三大战役战果归纳表，观察地图，结合数据，分析三大战役的意义。

设计意图：通过设问，引导学生观察三大战役示意图，培养"时空观念"素养；同时帮助学生理解三大战役的战略意图；通过具体生动的历史故事，提高学生的学习兴趣，进一步理解共产党最终取得胜利的原因。结合地图分析三大战役的意义，深化学生对战略大决战的理解。

【环节四】胜利再出发——西柏坡会议

教师活动：展示百万雄师过大江相关图片，简述解放南京的史实；提问：近代中国人民的奋斗目标有哪些？这些目标都实现了吗？展示西柏坡会议相关图片，指出解放战争胜利后共产党面临的新挑战。

学生活动：回顾所学知识，梳理中国近代史的基本线索；思考解放战争胜利后共产党面临的新挑战。

设计意图：通过回顾近代中国人民的奋斗目标，梳理中国近代史的基本线索；通过了解西柏坡会议，为下一阶段的学习做铺垫。

（三）课堂总结

【板书设计】　人民的胜利

胜利的保障——土地改革

胜利的序幕——刘邓大军挺进大别山

胜利大决战——三大战役

胜利再出发——西柏坡会议

【内容总结】中国共产党领导人民进行了三年多的解放战争，推翻了国民党在中国大陆的统治，取得了新民主主义革命的伟大胜利。在中国共产党带领下，中国人民走上了民族复兴的伟大征程。在中华民族伟大复兴的道路上，我们取得了哪些成就？又走了哪些弯路？提供了哪些宝贵的经验？又留下了哪些惨痛的教训？这些问题，留待下学期历史课上解答。

【思维拓展】

教师活动：再次展示陈逸飞油画《占领总统府》，提出问题。

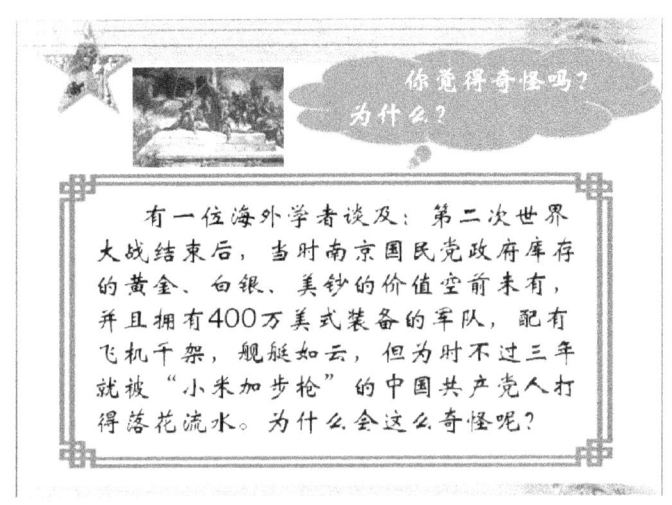

学生活动：讨论、分析共产党取得解放战争的胜利原因。

设计意图：通过问题探究，深化学生对解放战争相关史实的认识，培养学生论从史出、史论结合的能力，初步理解人民群众在历史发展进程中的重要作用。油画展示与导入首尾呼应，既有助于解答学生的疑惑，也使学生体会到历史的鲜活与厚重。

（四）教学评价设计

活动内容：近一个世纪以来，每个普通中国人的日常生活，都蕴含着各自的苦难和荣耀，映射着历史的投影，值得我们停下脚步去倾听，用心去探索。可随着生活节奏的加快，家庭成员彼此之间的了解沟通渐渐变得"奢侈"。想一想：我知道祖父母的名字和生日吗？我的老家在哪？长辈们年轻时的生活是怎样的？

这个假期，我们不妨带着敬意与好奇，同长辈和家人促膝长谈，聆听他们的故事，了解他们的人生，重新认识这些"最熟悉的陌生人"！

温馨提示：

1. 采访家里的长辈，了解他们或家族的历史。如果列一个提纲，把你感兴趣的问题先准备好，效果会更好。

2. 不妨准备一些图片（照片或插画都行），安置在适当的地方，做一些简单的说明，这样更吸引人。

3. 长辈们大都乐于与后辈分享生活经历，如果你记录的内容太过简略，他们会伤心的。所以，请填满表格空白处（作业纸为 A3 纸大小，此处略）。

4. 有一本书可供参考：《我们的历史：中学生笔下的那些年》。

设计意图：

1. 通过了解长辈的故事，从另一个角度品味历史，认识到每个人都是历史的参与者。

2. 通过撰写采访报告，锻炼学生的语言表达能力和图文编辑能力。

3. 鼓励学生与家里的长辈多沟通，通过采访家里的长辈，了解长辈的故事，品味长辈的人生。

4. 备课组挑选优秀作品在学校中庭展出。中华人民共和国成立之前的故事，可以加深学生对相关史事的理解；中华人民共和国成立之后的故事，可以作为八年级下册的教学资源。

九、教学反思

在授课过程中，关于中国共产党在解放区的土地改革，学生提了不少问题。例如：这样做对地主公平吗？这样做不是收买人心吗？对于第一个问题，我作了解答。很多地主在农村铺路修桥、建学校、赈灾荒，为社会发展做了贡献。用激烈的手段批斗他们确实不合适，但是，用激烈的手段甚至侮辱性的手段批斗作恶多端的地主，难道就合适吗？对于第二个问题，我只是反问学生：农民在土地改革过程中有没有获得实际的好处呢？并没有就此进行探讨。

（二）复习课

高三热点专题复习：社会转型及战略机遇期

广东仲元中学　谭方亮

一、导入

教师：历史的发展不是一帆风顺的，有坦途，更有沟坎，有黄金发展，更有矛盾凸现。社会转型既是挑战，也是机遇；既有阵痛，也有快速发展。抓住了这些机遇，就会迎来社会的飞跃；错失了这些机遇，就会被历史无情地抛弃。综观历史，在封建社会的形成和发展阶段，中国较好地抓住了历史机遇，社会转型比其他地方早，也就成就了辉煌灿烂的中华文明。但从 15 世纪开始，中国的社会转型却异常的艰难。当西方思想解放潮流蓬勃兴起、资产阶级革命风起云涌、工业革命高歌凯进之时，中国却依然固守着天朝上国、农本商末、闭关锁国的传统观念，不愿正视世界的变化，结果中国与西方的差距一天天拉大。这个专题就是寻找两千多年来中国在历史发展的关键时刻，是怎样抓住机遇的，又是怎样错失机遇的，总结出历史的经验与教训，从而指导中国特色社会主义建设，尽快实现中华民族的伟大复兴。

二、设计思路

一是通过教师的渲染，以强烈的听觉冲击，引起学生的共鸣，激发他们学习探究的兴趣。二是告诉学生这节课的学习方法和学习目的，即跳出教材，站在一定的高度，宏观考察历史学习方法，将历史与现实联系起来，总结经验与教训，发挥历史学科的教育功能。

三、教学过程

（一）社会转型是社会结构的全方位变动

教师：展示热点材料及思考题一（幻灯片1）。

> **热点资料**　"在社会学上，社会转型指社会结构的整体性、根本性变迁……其具体内容至少包括结构转换、机制转轨、利益调整和观念转变……是在当社会历史变迁进程中出现社会渐进过程的中断和质的飞跃、社会发生激烈的变化、由一种社会形态过渡到另一种社会形态的时候所出现的社会整体性变动"。
>
> ——文军，朱士群《高速转型期中国农村社会稳定的社会学分析》
>
> 思考题一：根据上述材料，结合所学知识，解释什么是社会转型期。你认为中国历史上有哪些重要的社会转型期？

生：阅读，思考，回答……

教师：社会转型期是指社会结构的全方位变动，包括结构、机制、利益和观念，以及人们的行为方式、生活方式、价值体系等。

教师：从唯物史观和文明史观的角度来看社会转型，会有什么样的认识呢？

学生：思考，回答……

教师：从唯物史观角度看，社会转型就是指原始社会、奴隶社会、封建社会、资本主义社会、社会主义社会五种社会形态更替的重要历史阶段。从文明史观角度看，社会转型指人类由采集、渔猎文明到农耕文明再到工业文明更替的重要历史阶段。

教师：按照这一含义，中国历史上有哪些重要的社会转型期呢？

学生：思考，回答……

教师：展示中国历史上重要的社会转型期（幻灯片2）

中国历史上重要的社会转型期（一）			
阶段	转型的实质	转型的方式	结果
春秋战国			
明清时期			
清末民初			
过渡时期			
改革开放时期			

学生：自主学习，思考，填表……

教师：提供预备的答案。校正、完善与总结。

【设计思路】一是掌握历史概念，多角度（史观）看历史；二是从宏观上把握历史发展的大势，为后面的认识与启示做好铺垫；三是建立通史的时序，形成纵贯历史的线索，以进一步突出文明的演进和社会形态的转变。

教师：展示中国历史上重要的社会转型期表格（二）（幻灯片3）

中国历史上重要的社会转型期（二）			
阶段	世界历史背景	重大历史事件	阶段特征
春秋战国		政治： 经济： 思想文化：	
明清时期		政治： 经济： 思想文化：	
清末民初		政治： 经济： 思想文化：	
过渡时期		政治： 经济： 思想文化：	
改革开放时期		政治： 经济： 思想文化：	

学生：自主学习，看书，思考，填表……

教师：一是巡视，点拨，适当地个别指导。

二是选取一、两个阶段作重点讲评，其他阶段由学生相互校正、完善。

三是提示阶段特征的归纳方法。内容上，从文明的演进和社会形态转变的角度；语言上，精炼、宏观视野，不能涉及具体史实。

【设计思路】回归教材，重新落实最基本的史实。同时，给学生三个思路：一是将中国历史放到世界历史的大背景中去考察，强化中外联系。二是打破模块界线，重新整合教材，形成完整的历史知识体系。三是归纳阶段特征，培养透过浩繁的历史事件把握历史发展趋势的学科能力。

教师：透过上述几次重要的社会转型，我们可以得到哪些共同的规律性认识？并由此可以得到哪些启示？展示认识与启示类题目的答题模板（幻灯片4）。

<table>
<tr><th colspan="4">认识、启示类题的答题模板</th></tr>
<tr><th>题型</th><th>提问词</th><th>答题方向</th><th>答题模板</th></tr>
<tr><td>认识类</td><td>认识、说明、看法、反映、结论等</td><td>一般从事件本身思考，"就事论事"，侧重于是什么、为什么，反映了什么、产生了什么影响</td><td>一是共性特征（从材料或题目的答案内容入手，归纳总结出一些规律性认识）；二是"探因寻果"</td></tr>
<tr><td>启示类</td><td>启示、借鉴、感想、经验、教训、对策、建议、主张等</td><td>一般从经验、教训方面思考，联系现实，侧重于要怎么样、不能怎么样两方面回答</td><td>一是理论高度（辩证唯物主义和历史唯物主义的基本原理）；二是现实指向（密切联系最新的事，对现实有指导意义）；三是反面的东西正面说</td></tr>
</table>

教师：解释，并举例说明。

【设计思路】指导学生准确回答历史开放性试题。了解开放性试题的基本特征，思考的方向和回答问题的角度，并归纳答题的基本思路。

学生：根据上述答题模板完成下面的表格（幻灯片5）。思考、填表、小组讨论，并展示、交流。

对社会转型的规律性认识与启示	
认识	是什么： 为什么： 反映了什么： 产生什么影响：
启示	态度： 理论高度： 现实指向：

教师：巡视，指导，点拨，并个别指导。不提供答案。

【设计思路】认识与启示类题属于开放型试题，言之成理即可，但要注意两点：一是紧扣主题，二是言之有物。通过学生的讨论和交流，既能活跃课堂气氛，形成课堂教学的高潮，同时也让学生学会了答题的基本套路。

(二) 战略机遇期是不可多得的稀缺资源

教师：展示热点材料及思考题二（幻灯片6）。

热点材料 "综观国际国内大势，我国发展仍处于可以大有作为的重要战略机遇期。我们要准确判断重要战略机遇期内涵和条件的变化""变压力为动力，化挑战为机遇，坚定不移地推进全面建设小康社会，确保到2020年实现全面建成小康社会宏伟目标。"

——中共"十八大"报告

思考题二：根据上述材料，结合所学知识，概括战略机遇期的含义。你认为中国历史上错失了哪些战略机遇期？

生：阅读，思考，回答……

教师：战略机遇期主要是指国际国内各种因素综合作用形成的，能为国家（地区、集团）经济社会发展提供良好机会和境遇，并对其历史命运产生全局性、长远性、决定性影响的某一特定历史时期。

问：按照这一含义，中国历史上错失了哪些重要的战略机遇期呢？

学生：思考，回答……

教师：展示中国历史上错失的战略机遇期（幻灯片7）。

中国历史上错失的战略机遇期
①15—18世纪：明清时期——夕阳无限好，只是近黄昏
②19世纪中叶：鸦片战争后——落后会挨打，应对勿迟滞
③20世纪初：辛亥革命——革命尚未成功，同志仍需努力
④20世纪60、70年代：文化大革命——激情燃烧的岁月，不可思议的革命

问：从时间上看，这些错失的战略机遇期有什么共同点？这说明了什么？

学生：思考，回答……

教师：中国错失的战略机遇期大多是在15世纪以后。这说明在历史发展的较长时期，尤其是封建社会的形成和发展时期，中国比较好地抓住了机遇，一直走在世界的最前列。但1500年以来，在向资本主义转型时期，中国多次错失了战略机遇，逐渐落伍于世界。

【设计思路】指导学生从宏观上把握历史，得出基本的结论：15世纪前领先和近500年的落后。由此反思，为下面的学习做好铺垫。

教师：展示中国历史上错失的战略机遇期表格（幻灯片8）

中国历史上错失的战略机遇期

阶段	国际机遇	国内机遇	错失原因	机遇的宠儿
明清时期			具体： 根本：	
鸦片战争后			具体： 根本：	
辛亥革命			具体： 根本：	
文革时期			具体： 根本：	

学生：思考，看书，填表……
小组讨论，完善答案。
教师：巡视，指导，点拨。

【设计思路】一是回归教材，落实基本史实。二是将国际、国内历史联系起来考察，学会关注国际大环境的变化。三是从中外抓住与错失战略机遇的两类国家的对比中找出原因，并进行反思，为学习"中国错失战略机遇期的认识与启示"做铺垫。

教师：展示对中国错失战略机遇期的认识与启示（幻灯片9），并要求学生按照上一节课认识与启示类题的答题模板填写（教师预设答案）。

对中国错失战略机遇期的认识与启示	
认识	是什么： 为什么： 反映了什么： 产生什么影响：
启示	态度： 理论高度： 现实指向：

学生：思考，填写，组内讨论。

【设计思路】进一步规范答题形式，拓宽思路，开拓视野。组内讨论，相互探究，生教生，形成和谐和相对民主的课堂氛围。

（三）新时期的社会转型任重道远

【总结与提升】

教师：展示材料式主观题。

材料一 20世纪70年代以来，信息技术革命推动了新一轮全球化浪潮，从而给世界各国，也给中国创造了新的战略机遇期。70年代初，以毛泽东、周恩来为代表的中国老一辈革命家，敏锐地觉察和捕捉到这个战略机遇期的有关信息，吸取历史上正反两方面的经验和教训，……为中国后来的……紧紧抓住新的战略机遇期，创造了十分重要的条件，走出了极为重要的一步。从70年代末开始，以邓小平为代表的中国共产党人……为中国紧紧抓住新战略机遇期创造了条件。

——刘德喜《中国的战略机遇期意义、内涵、问题》

材料二 十一届三中全会之后的社会转型是一个整体性的社会发展过程，依次经历了经济、政治、文化三个层次并最终形成了三个层次的转型齐头并进的发展格局，其涉及面之广，改革程度之深，都是史无前例的，这也增加了当代中国的社会转型的难度。

——苏世隆《邓小平理论与当代中国的社会转型》

（1）结合材料一，以史实说明20世纪70年代中国两代领导人是怎样紧紧抓住机遇为后来创造条件的？

（2）根据材料二和所学知识，指出十一届三中全会后的社会转型在经济、政治、文化三个层次上各有何表现？

（3）新时期的社会转型异常艰难，试从国际、国内两方面分析不利于我国社会转型的因素。

学生：思考，做题，组内讨论。

教师：预设答案，检查学生的答题情况，并适当指导和点拨。

【设计思路】首先，历史是为现实服务的，通过对中国历史上重要的社会转型期和错失的战略机遇期的学习，从中得出认识与启示，以正确指导我国当今的社会转型。其次，通过该题让学生对改革开放以来的史实进行归纳，回归课本，给学生一种"材料在书外，答案在书中"的意识，养成学生重视教材的观念。

【评析】社会转型期是人类历史长河中的一个个精彩片段。它往往诱发社会政治、经济、文化诸多方面的变革和革命，成为我们认识和把握历史的关键。处于社会转型的各个历史时期，包含着丰富的知识体系和阶段特征，以社会转型为切入点考查学生对不同时期基本史实的识记以及理解分析问题的能力，不仅可以弥补各个模块之间的裂痕，还能帮助学生从不同的思维角度、多元的思维层次去认识和理解事物，从而提升学生的思维能力。因而近几年高考特别注重对社会转型期的考查，很多高考试题的落点都集中于历史上的重要社会转型期。为了复习备考的需要，本专题十分注重对教材基础知识的整理和概括，力图培养学生宏观与微观相结合的历史观和大跨度、宽视野、高概括、纵横联系的历史学习方法。

（三）基于电子书包的教学设计

资本主义时代的曙光——文艺复兴

学校	桥城中学	班级	初三	教师	陈岳庄	日期	2013年3月16日
学科	历史	课题	资本主义时代的曙光——文艺复兴	课时	1课时	课型	新授课
教学理念	● "研学后教"教学理念 课前教师在深入研究学情、学法的基础上制定研学案，学生根据研学案的指引，进行自主、合作、探究学习。课堂上教师针对学生研学问题进行恰当的点拨、拓展和延伸，以有效地达成教学目标						

续上表

教学理念	● 个性化学习理念 《国家基础教育课程改革纲要（试行）》要求教师在教学过程中应与学生积极互动、共同发展，要处理好传授知识与培养能力的关系，注重培养学生的独立性和自主性，引导学生质疑、调查、探究、在实践中学习，促进学生在教师指导下主动地、富有个性地学习 ● 分层教学理念 针对学生的学习情况，将其分为不同等级，并分别制定相应的教学目标及策略
教学分析	● 学生特征分析 1. 本课授课对象是初三年级学生，他们具有一定的历史知识基础，初步掌握了学习历史的方法和思维技巧； 2. 历史作为非中考科目，为了减轻学生负担，课后不能布置作业，但初三又要全区会考，因此老师在课堂上利用平台的在线作业，当堂检测学生知识掌握情况，提高课堂时间的利用效率，实现有效教学； 3. 学生对电子书包和网络的使用基础不错，能够根据教学需要熟练使用电子书包。但个别学生不自觉，喜欢用电子书包玩游戏，需要教师监督与引导 ● 教学内容分析 "文艺复兴"是人教版历史九年级上册的学习内容。文艺复兴运动是在欧洲资本主义经济得到发展的历史背景下，资产阶级在思想文化领域里展开的反封建斗争，是一次思想解放，它在一定程度上推动了新航路的开辟和欧洲宗教改革，使欧洲资本主义得到进一步的发展
教学目标	● 知识与技能 1. 了解文艺复兴时期但丁、达·芬奇、莎士比亚等代表人物的作品和思想内涵； 2. 理解文艺复兴的含义和实质 ● 过程与方法 1. 通过观察、比较、讨论、判断等，学会运用发现的眼光探究文艺复兴的魅力； 2. 能够基于"电子书包"网络平台，熟练开展自主、合作、探究等形式丰富的学习活动，提升分析问题、解决问题的能力 ● 情感态度与价值观 1. 通过欣赏作品感受人文主义思想，培养人文主义情怀； 2. 通过小组讨论互动，培养学生合作探究精神

续上表

教学重点和难点	● 教学重点：文艺复兴的本质和主要代表人物的作品介绍 ● 教学难点：文艺复兴的含义和实质

教学设计与实施的详细流程

教学环节	教学内容	教师活动	学生活动	电子书包应用
课前回顾，知识巩固	上节课互动讨论情况	对上节课互动讨论情况进行点评	巩固上节课的知识	互动讨论区
自主学习，初识文艺复兴	文艺复兴的兴起时间、发源地和思潮；文艺复兴的主要代表人物及成就	课堂导入，引导学生完成本课基础知识学习	学生自主学习、小组讨论，完成导学案题目	我的学案
合作讨论，探究文艺复兴	文艺复兴的背景、思潮和实质	在电子书包上展示古希腊、古罗马和文艺复兴三个不同历史时期的作品，引发学生问题探究，并给予点评	观察作品，阅读教科书上相关知识，小组合作讨论，回答问题	我的学案
作品欣赏，感受文艺复兴	但丁、达芬奇、莎士比亚等代表人物的作品和思想内涵	通过电子书包展示文艺复兴时期《神曲》《罗密欧与朱丽叶》《哈姆雷特》《蒙娜丽莎》《最后的晚餐》等名作，提出问题，引导学生思考	欣赏、感悟作品，小组派代表讲述有关故事、心得体会	我的学案

续上表

教学环节	教学内容	教师活动	学生活动	电子书包应用
师生小结，回味文艺复兴	文艺复兴的作用	展示钱学森对文艺复兴的评价，指引学生理解文艺复兴的作用	理解文艺复兴就是强调以人为本，尊重人的一场思想解放运动	我的学案
课堂检测，评价反馈		布置作业，并给予及时反馈、点评	运用电子书包"在线作业"模块进行小测，根据自己的检测题目对错情况在"在线作业模块"再做补偿性练习	在线作业
课后拓展发帖讨论	材料分析题	在电子书包互动讨论区发布课后拓展讨论帖	在电子书包互动讨论区发帖和讨论	互动讨论区
教学评价				

● 诊断性评价

针对学生课前研学问题的完成情况进行诊断性评价，发现问题，有针对性地开展教学过程

● 形成性评价

对学生进行自主、合作、探究学习过程中的具体行为表现进行实时评价，发现问题并及时调整教学策略

● 总结性评价

进行课堂检测，评价学生知识掌握情况，检查教学目标达成情况

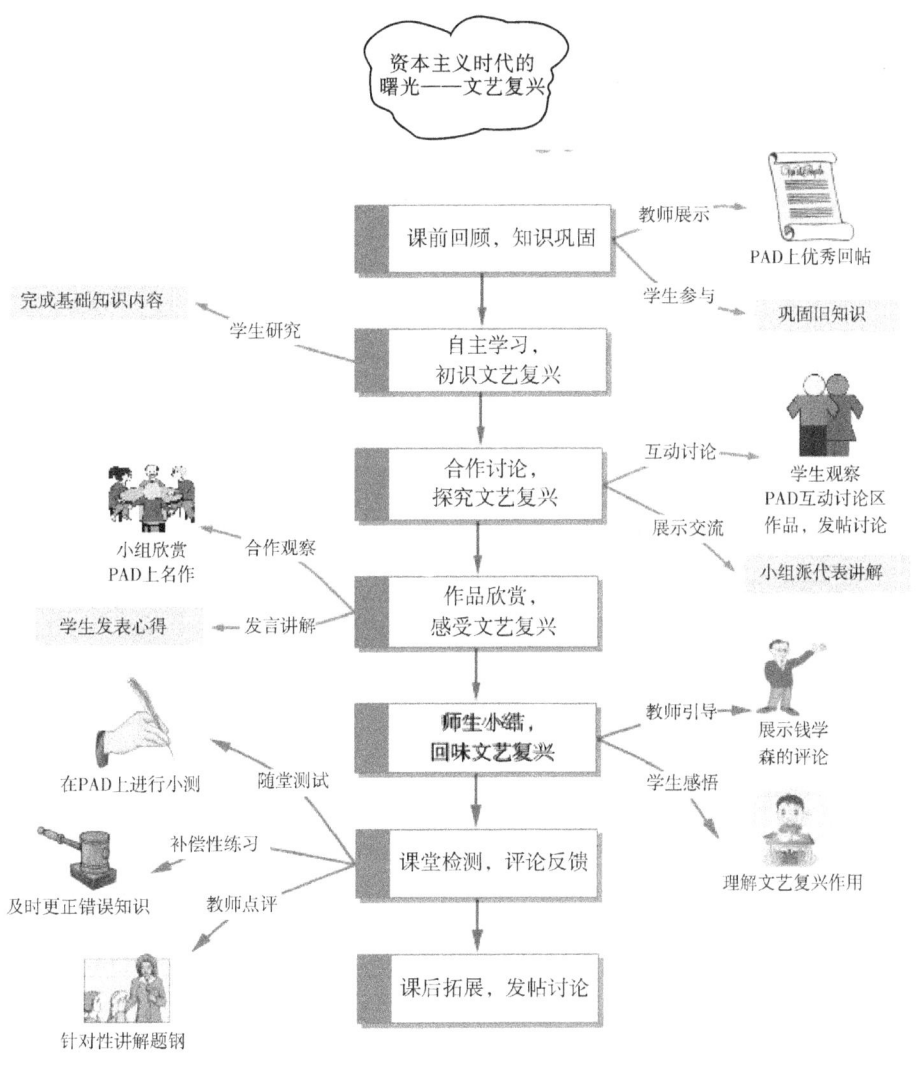

教学流程图

(四) 活动课

《烽火戏诸侯》的故事是真的吗？主题研究活动方案

广州市番禺区市桥桥兴中学　陈丽嫦

一、活动设计背景

《烽火戏诸侯》这个故事学生耳熟能详。通过日常访谈发现，不少学生把它当作真正的历史。下面是笔者与两个学生的对话。

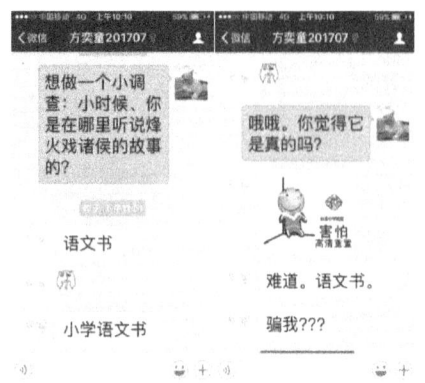 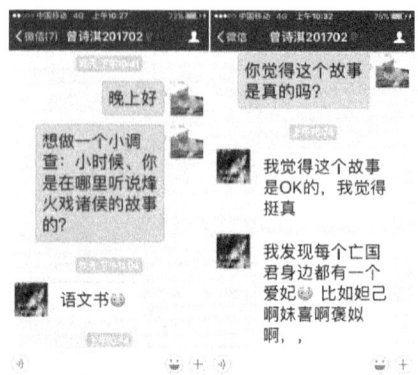

学生1　　　　　　　　　　　　　学生2

后来，我翻看了人教版语文五年级下册第六单元《古人传递信息的故事》，其中对《烽火戏诸侯》的故事是这么论述的：

在2700多年前的西周后期，有一个昏庸无能的周幽王。他为了讨宠妃褒姒的欢心，竟听从一个大臣荒唐的建议，让士兵点燃边防线上烽火台的烽火。各路诸侯看到烽火，以为有敌人入侵，火速率兵出击。后来发现平安无事，才知道上当受骗了。褒姒见到各路诸侯如临大敌，率兵跑来跑去，一阵忙乱，不由得一笑。褒姒笑了，周幽王高兴万分，给出主意的大臣以重赏。不料后来敌军果真进犯京城，虽然周幽王及时派人点燃了烽火，然而诸侯们望见熊熊燃起的烽烟，却以为是周幽王故伎重演，个个按兵不动。结果周幽王被杀，褒姒被俘，西周从此灭亡。

这个故事使我们知道，早在2700多年以前，我们的先人就已经利用烽火传递信息了。

这段史事，曾经笔者也一度以为是信史，因为毕竟它出自《史记·周本纪》。《吕氏春秋》也有记载，虽然不是燃点烽火，而是击鼓，但是情节大体相似。

2012年初，清华大学整理获赠的战国竹简（"清华简"）时，发现竹简上的记述与《烽火戏诸侯》相左。清华大学刘国忠教授因此断言这个故事根本就是编造的。而此前，钱穆在《国史大纲》中，对《史记》记载《烽火戏诸侯》之事亦曾提出了疑义。

初一的学生刚刚接触历史，往往对小时候听到的、在书上看到的古代的故事信以为真。为了破除学生"尽信书"的认知偏差，培养学生批判质疑的意识，引导学生初步树立"史料实证"意识，贯彻2011年版新课标"鼓励自主、合作、探究式学习"的课程基本理念，特设计了此主题探究活动。

二、活动的开展目的

1. 在课堂学习的基础上，通过查找网络资料、阅读书籍等途径，进一步了解课标所要求学生掌握的西周分封制的概况、司马迁与《史记》。

2. 通过对《烽火戏诸侯》故事的质疑和证伪，使学生初步树立批判质疑、"史料实证"的意识，即知道认识历史只能通过现存的史料，必须重视史料的搜集、整理和辨析。

3. 初步尝试从资料中提取有效的信息，形成自己的历史叙述，据此提出自己的历史认识。

三、活动的设计与实施

1. 活动适用对象：广州市番禺区桥兴中学初一学生。

2. 活动的形式：学生以小组为单位，在教师的引领下，开展课堂内外的探究。

3. 主要的研究方法：网上查阅资料、讨论分析等研究方法。

四、活动实施过程

（一）活动开题阶段

活动环节	教师活动	学生活动	设计意图
课前准备	布置学生活动，上网查找资料，说出课本上没有涉及的与西周分封制相关的礼乐制度、宗法制度的知识	学生自主上网查找资料，进一步了解西周与分封制相关的礼乐制度、宗法制度	为研究准备知识基础
导入	课前：使学生回忆小学语文课本上《烽火戏诸侯》的故事（抹去标题）。这则故事的名称是什么？	说出故事的名称：《烽火戏诸侯》	引入研究主题
提出研究主题	你认为这小学语文课本上的《烽火戏诸侯》故事是真的吗？ 针对这则故事的情节，请提出你的看法与质疑	学生以四人小组为单位，回忆小学五年级下册语文课本上《烽火戏诸侯》的故事，并对这故事提出看法与质疑	激发学生的批判、质疑的意识

续上表

活动环节	教师活动	学生活动	设计意图
分解、分配研究主题	在学生发言的基础上，总结分解研究主题。 1. 有哪些古籍文物记载了《烽火戏诸侯》这则故事？请找出原文，编辑成PPT 2. 请查找对记载《烽火戏诸侯》古籍文物的解读，编辑成PPT 3. 请查找记载《烽火戏诸侯》古籍的历史地位及作者的简介，编辑成PPT 4. 请查找对《烽火戏诸侯》故事及情节的真实性提出质疑的网络文章，提炼它的主要论点与论据，布置制作成PPT	小组代表提出本小组的看法与质疑； 学生根据感兴趣的研究课题，重新分组，每4人一个小组； 每3个小组承领一个研究小主题，进行独立研究	帮助学生理清研究思路
后续研究	布置学生进行课外研究活动，并完成研究任务单的填写	学生以小组为单位进行研究活动。填写探究任务单	让学生体验历史研究的过程

（二）活动实施阶段

1. 学生根据自由组合的小组，组内自主分工，利用周末开展主题研究。主题分配如下：

研究主题	负责小组
1. 有哪些古籍文物记载了《烽火戏诸侯》这则故事？请找出原文，并编辑成PPT	2个小组
2. 请查找对记载《烽火戏诸侯》古籍文物的解读，编辑成PPT	2个小组
3. 请查找记载了《烽火戏诸侯》古籍的历史地位及作者的简介，编辑成PPT	2个小组
4. 请查找对"烽火戏诸侯"故事及情节的真实性提出质疑的网络文章，提炼它的主要论点与论据，制作成PPT	3个小组

2. 学生填写研究任务单，每小组一份

研究任务单

组名		成员	
研究主题			
小组任务			
成果记录			
资料1			
来源		搜集人	
资料2			
来源		搜集人	
资料3			
来源		搜集人	
资料4			
来源		搜集人	
小组研究结论			

注：研究过程应与其他组保持沟通，避免研究成果高度重复。

（三）活动结题阶段

1. 学生以小组为单位，以 PPT 形式把研究成果在班级分享，并且阐述小组对研究主题"'烽火戏诸侯'的故事是真的吗？"的看法。

2. 提升：学生以《司马迁都出差错，历史还能有真相吗？》为主题，撰写随笔。

五、预期成果

1. 形成一个关于"烽火戏诸侯"的来源与真伪的资料包。

2. 学生初步体验通过不同资料来源进行历史研究的过程。

3. 学生随笔《司马迁都出差错，历史还能有真相吗？》

第二节　中学历史教学实施

教学实施是实现教学目标的中心阶段，教学实施策略的选择既要符合教学内容、教学目标的要求和教学对象的特点，又要考虑在特定教学环境中的必要性和可能性。教学活动低效、无效问题，主要表现为：

（1）在课堂管理方面。疏于课堂管理和课堂管理不当并存。

（2）在教学时间分配方面。教学时间规划不协调；轻课内时间，重课外时间。

（3）在教学方式方面。以教代学和以练代学；教学活动孤立化和绝对化；缺乏课堂教学的思考性设计；教学环节的展开序列欠科学；演绎性的教学多，归纳性的教学少；注重陈述性知识，忽视程序性、策略性知识；"填空题"式的问题多，思考性的问题少。

（4）在作业方面。作业求数量，不求质量；作业布置缺乏分层等。

面对目前课堂教学中存在的问题，如何改进？如何实施有效教学？本节主要从新授课、讲评课、复习课和活动课四种课型探讨中学历史教学的有效实施。

一、新授课

新授课对教师教学能力的要求主要是：教学内容与要求的把握理解能力、教学预见能力、教学设计能力、教学实施能力和教学评价能力等。

（一）基于问题为中心的新授课

1. 问题教学的内涵

在新授课中以问题为中心的中学历史课是一种常见课型，笔者简称为"问题教学"。苏联教育家列尔涅尔认为："问题教学是指在教师引导下，学生有根据地解决他们认为的新问题的过程，学生学会独立获取知识，运用的知识经验及掌握从事创造性的经验。"顾明远在《教育大辞典》一书中对问题教学的解释是："设置情境，提出问题，解决问题从而进行教学。"问题教学理论的主要提出者马赫穆托夫认为，问题教学是"发展性教学，在这种教学中学生经常性的独立探索活动同他们学习现成的科学结论结合在一起，教学方法体系的建立要考虑问题性目的和问题原则。问题教学是现代发展性教学体系的主导因素"。

关于问题教学的涵义,笔者认同巴罗斯的观点:是一种"学生中心、基于问题、基于探究、综合性、合作性、反复性的学习"。主要特征有:

(1)问题性。教学始于问题,是问题教学基本的特征。因此,问题是教学的起点,贯穿整个教学过程。在教学过程中,依托问题,激发学生的学习与探究的兴趣,并激活学生与该主题相关的已有知识与经验;借助问题,帮助学生发现重要的概念以及它们之间的相互联系。可以说,在问题教学中,学生的学习过程就是发现问题、界定问题、分析问题和解决问题的过程。

(2)探究性。在问题教学中,教学以问题方式呈现,学生的学习始于对问题的分析,终于问题解决,无论是问题分析,还是问题解决,都将使学生直接面对自身的知识与能力方面的欠缺与不足,为了填补不足与缺陷,学生必须依靠探究与合作。他们进行任务分工,开展调查研究,展开小组讨论,相互交流研究成果。在知识的不断建构和再建构中,他们不仅找到教科书中所涉及的知识,更主要是有新的发现,收获了各种解决问题的方法与途径,使学生能力得到提升。

(3)自主性。在问题教学中,教师与学生的角色发生了很大的变化,教师不再是知识的主要传授者,而是成为学生自主学习、合作学习的促进者。学生成为知识的主动建构者,学生为自己的学习负责,并对所学的内容与学习的过程进行评估与反思。对学生自主学习的强调是问题教学模式的一个显著特征。

(4)合作性。小组合作学习是问题教学的一个重要特征,小组成员之间的讨论和争论有利于思维能力的发展,并促进知识的建构与再建构。小组合作学习有助于培养学生团队合作的精神和能力,形成人际交流的技能,同时还有利于形成多角度思考问题的习惯和学习风格。因此,在问题教学中,组建小组、开展合作学习是必需的环节。

历史学科不像自然学科那样具有反复实验、重复演绎的特点,历史学科具有时序、因果、变迁、证据等特点,是不可复制的。正如马克·布洛赫所说:"只有一门关于时间中的人的科学,而这门科学的任务是把对死者的研究和活人的研究结合在一起。"历史学科就是用过去的经验教训更好地处理当下的问题,历史教学理应是一门解决问题的学问。

2. **问题的设计**

问题设计是教学目标有效达成的关键,问题设计的方式要多样化。如何使问题的设计科学性强、多样化,更大限度地培养学生的思维能力呢?我们需要从了解知识的分类入手。《学习、教学和评估的分类学:布卢姆教育目标分类学》(2001年修订版)吸收了40多年来认知心理学的研究成果,它

将认识领域的学习归结为四类知识的学习。这四类知识是:

(1) 事实性知识。知晓一门学科或解决学科中的问题所必须获得的基本成分,其中又分术语知识和具体细节与要素知识。

(2) 概念性知识。能使各成分共同作用的一个大结构中基本成分之间的关系知识,其中又分类知识、概念和原理知识以及理论、模型和结构知识。

(3) 程序性知识。知晓如何做事,探究方法,运用技能、算法、技术和方法的标准。其中又分特殊学科的技能和算法知识、特殊学科的技术和方法知识、决定何时运用适当程序的标准的知识。

(4) 反省认识。一般认识的知识和有关自己认知意识的知识,其中又分策略性知识、关于任务的知识、自我知识。

在中学历史新授课中,学生主要以学习陈述性知识为主,学生活动主要表现为对陈述性知识和程序性知识的信息加工过程。学生对陈述性知识学习速度快,如果没有信息加工过程,遗忘得也快。心理学研究表明,陈述性知识的内部加工分为激活启动、获得加工、巩固迁移三个阶段,每个阶段都为后续学习提供了基础。学习陈述性知识的学生活动要素主要有:①描述或举例说明陈述性知识(是什么);②将它与已有知识或若干陈述性知识之间建立联系(为什么);③建立联系时使用科学思维方法(怎么做);④学生建立联系后达到自我的认识,并能表达自己的观点(做得怎么样)。

学生获得知识要经历记忆、理解、运用、分析、评价和创造这样由低至高的六级水平的认知过程。冒兵从布鲁姆—安德森目标修订构架结合历史学科的特点,提出了"课程知识的问题设计"和"记忆层次的问题设计",值得借鉴。

表3-1 课程知识的问题设计

类型	设计目标	问题示例	疑问词	教学指导
事实性知识	要求学生进行课程学习或问题解决时必须知道的基本要素	中国古代文人画有哪些特征?工业革命的标志性发明是什么?	是什么	形式多样、角度新颖地复述、重复信息
概念性知识	要求学生厘清知识整体结构中基本要素之间的组织与联系	中国为什么没有产生近代自然科学?	为什么	通过易于理解的形式组织学习内容
程序性知识	指导学生掌握课程学习的技能和历史探究的方法;根据标准确定知识的应用	收集与义和团有关的史料和研究资料,分析"扶清灭洋"思想的由来	怎么做	创设类似学术研究的情境指导行为标准或展示操作流程

续上表

类型	设计目标	问题示例	疑问词	教学指导
元认知知识	学生达成一般认知和自我认知应具有的知识	概括中国史近代知识结构策略	做得怎样	告知学习目标；提供学习发生的背景及学习任务的特征

表 3-2 记忆层次的问题设计

层次	设计目标	问题示例	行为动词	教学指导
解释	变换信息的表征形式	根据经济数据概述经济发展的全球化趋势	简述、解释	用恰当的方式提示或指导，刺激学生回忆相关历史事件的前提、条件；通过多样性的训练，使学生掌握具体知识并形成需要状态，从而抽象出解决问题的方案
举例	寻找具体事件解释概念或说明原理	用17世纪以来欧洲政治、经济和思想领域的重大变化说明"近代化"的含义	列举、例证	
分类	判定历史事件类型，从而发现一般性概念或原理	1949—1956年的中华人民共和国是什么性质的国家？	分组、归类	
总结	抽象出主旨或要点	总结红军第五次"反围剿"失败的原因和教训	概括、归纳	
推断	对呈现的信息进行逻辑判断	面对日本帝国主义侵略和工农武装割据，蒋介石应如何应对？	推理、猜测	
比较	查明两个或多种事情、观点和情境之间的一致性或差异性	比较郑和下西洋和新航路开辟在目的、性质与历史影响等方面的差异	对比、比较	
说明	建构一个系统的因果关系模式	英国君主立宪制的确立与英国工业革命之间的关系	说明、建构	

我们了解一个历史事件，一般要从时间、起因、背景、经过、结果、地位、影响、意义等要素入手。例如，浙江省温州二中虞森老师所授《汉代儒学独尊地位的确立》一课就是通过"从'百家争鸣'到'儒学独尊'，独尊的为什么是儒学？汉武帝是怎样独尊儒学的？独尊儒学有哪些影响"这三个问题围绕本课核心问题、重点难点问题、主干知识进行问题设计，形成问题链，层层递进，引导学生分析问题，建构知识，培养学生的历史思维能力。

历史问题教学是通过将历史内容中的重难点"问题化"，创设一定的历史问题情境，并将问题贯穿于整个历史教学过程，激励学生的历史学习兴趣和求知欲，从多个角度出发对历史问题从浅入深、由表入里进行思考，在学生主动参与、积极探究、体验历史的过程中，培养学生搜集和处理历史信息的能力，获得新知识能力、分析和解决问题的能力。

3. 问题解决的模式

现代认知心理学家和一些教育研究者主要根据问题解决的过程观和信息加工观对问题解决进行了较深入的研究，提出了各种各样的问题解决模式，主要有奥苏伯尔模式、格拉斯模式、吉克模式。

奥苏伯尔模式是奥苏伯尔和鲁宾逊于1969年提出的，他们认为问题解决要经历四阶段：呈现问题情境命题→明确问题目标与已知条件→填补空隙过程→解答之后的检验。

格拉斯模式是格拉斯于1985年提出的。他认为问题解决的过程可以划分为四阶段：形成问题的初始表征，也就是对问题的理解→制订解决问题的计划，寻找解决问题的方法→重构问题表征，即对问题进一步理解或对以前理解的修订→执行计划和检验结果。

吉克模式是吉克等在20世纪80年代末90年代初提出来的。他们根据对问题解决策略的研究，提出问题解决的四阶段：理解与表征问题、寻求解答、尝试解答、评价，并在此基础上提出了教学模式。该模式将问题解决的过程应用其中，强调了对问题解决的理解与表征，学生已有认知结构或已有知识经验对问题解决的重要作用，并进一步说明问题解绝不是线性关系。

在历史学科问题解决模式的探讨中，比较常见的有：王铎全的"提出问题—展示材料—分析讨论—形成假设—解释问题—总结"；聂幼犁的"问题研讨模式"；张建伟的"巩固、熟练、深化、整合"；李惠军的"提出问题—解决问题""认知冲突—困惑质疑—探索思考—提出假象—交流借鉴—解决问题"的自主探究过程；杜芳的"问题—假设—推理—验证—总结"提高历史课堂探究式教学模式的基本程序；刘国增创建的教学流程及操作程序"创设情景—提出问题—自主探究—合作探究—总结归纳—思维训练"；台湾教师张静构建了问题探究模式,如图 3-2 所示。

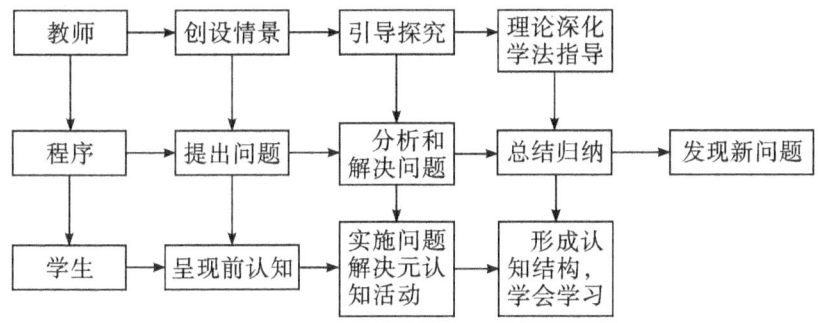

图 3-2 张静构建的问题探究模式

通过上述的介绍,可以看出关于问题教学是具有一些可操作、可借鉴的模式,笔者比较认同中国台湾张静老师构建的问题探究模式,步骤清晰、易操作。

4. 问题教学的课例

新航路开辟

广州市番禺区象贤中学　张汝如

问题一:新海路开辟的原因是 15 世纪奥斯曼土耳其的扩张阻断了中西方的贸易通道吗?

阅读材料,请回答问题:

材料一　从一些研究成果看,奥斯曼帝国在军事上虽与西欧国家处于敌对状态,但在商业关系上并无明显的敌对行为。特别是 15 世纪仍统治着埃及的马木路克封建主大力利用战争造成的交通困难,把自己统治下地区发展为东西方交通枢纽,从中获得大量的税收。……有些数字说明,15 世纪,经过中东运往西方的香料不在少数。威尼斯从列万特运往欧洲的胡椒每年有 500～600 吨,而经热那亚和加泰罗尼亚商人运往西方的胡椒每年有 250 和 400 吨。15 世纪最后几年,威尼斯人的贸易量还在稳步增长。

——王加丰《扩张体制与世界市场的开辟——地理大发现新论》

材料二　中世纪后期……十分重要的香料贸易并没有受到什么影响。意大利商人继续在地中海东部诸国的各个港口与阿拉伯商人相会,收取欧洲公众所需要的种种商品。这种情况对牟取中间人厚利的意大利人和阿拉伯人来说,颇称心如意;但是,其他欧洲人则大为不满,他们热切地寻找直接抵达东方的途径,以分享这笔厚利。这就解释了为什么在中世纪后期会出现许许多多为突破或绕过将欧洲人限制在地中海地区的穆斯林屏障而制定的计划。

——斯塔夫里阿诺斯《全球通史，1500年以后的世界》

材料三　意大利人、阿拉伯人、犹太人、摩尔人，不同种族、甚至不同信仰的专家、学者，聚集在他（葡萄牙亨利王子，1394—1460）的麾下。他们改进了中国指南针，把只配备一幅四角风帆的传统欧洲海船，改造成配备两幅或三幅大三角帆的多桅快速帆船，正是这些20多米长、60到80吨重的三角帆船最终成就了葡萄牙探险者的雄心；他们还成立了一个由数学家组成的委员会，把数学、天文学的理论应用在航海上，使航海成为一门真正意义上的科学。

——《大国崛起》第一集海洋时代

教师提问，学生思考回答：

1. 材料一和材料二作者表达了什么观点？对照课本阅读，这一观点与课本的观点相同点和不同点是什么？你支持哪一种观点，理由是什么？

2. 结合材料和所学知识，你认为新航路开辟还有哪些推动力？

3. 对财富的渴望、对东方的向往由已久，结合材料三解释：为什么在15世纪才能成功开始新航路？

【教师小结提升】

1. 为了香料、为了金银、为了宗教、为了土地，这些都是新航路开辟的动机。单个原因不足以推动地理大发现的连续性。

2. 葡萄牙亨利王子开辟了政府介入的先河。国家的支持使得扩张成为持续进行的，有计划有组织的，目的明确，有进行航海探索支持的事业，这有别于欧洲早期民间自发性的探险。

问题二：为什么首先是葡萄牙人推动新航线开辟？

材料一　葡萄牙居于领先地位的原因有两个。其一是疆域不大，且位于大西洋沿岸，三面为西班牙领土所包围。这有效地保护了葡萄牙人不会因受诱惑而将自己的财力浪费到欧洲战争中去。由于亨利王子的领导，他们开始致力于远洋事业。其二是葡萄牙掌握较多的航海知识，主要是从意大利人那里获得的。

——斯塔夫里阿诺斯《全球通史，1500年以后的世界》

材料二　幸运的是，就在葡萄牙大张旗鼓地进行海洋探索并从中获利的近一个世纪里，欧洲的其他地区还在中世纪的封闭中明争暗斗：英格兰和法兰西还没有形成统一的民族国家，贵族之间战争不断；德意志土地上大大小小的几百个邦国在进行着远交近攻的游戏；意大利的城邦正享受着传统贸易带来的最后一段美好时光；而葡萄牙的邻国西班牙还在为光复国土而战。

——《大国崛起》

教师提问，学生思考回答：

葡萄牙地处伊比利亚半岛，是西欧的边缘地区，似乎是相对落后的地区，为什么却是由它来发起近代的大探险运动？

【拓展思考】市场的扩张为什么没有使得葡萄牙的资本主义实现突破性发展？为什么一度生气勃勃而又在不太长的时间里走向衰落？这跟中国历史上王朝的兴衰起伏有相似之处吗？（可参阅《强国兴衰史丛书》中《西班牙葡萄牙帝国的兴衰》）

【教师小结提升】支持远洋探险的西班牙葡萄牙都是封建国家，说明封建主义与资本主义一样，也是推动新航路开辟的重要力量。

问题三：为什么说"哥伦布以后有无量数之哥伦布"，而"郑和以后再无第二个郑和"？

材料一 郑君之初航海，当哥伦布发现亚美利加以前六十余年，当维哥达嘉马（瓦斯科·达·伽马）发现印度新航路以前七十余年。顾何以哥氏、维氏之绩，能使全世界划然开一新纪元。而郑君之烈，随郑君之没以俱逝。我国民虽稍食其赐，亦几希焉。则哥伦布以后，有无量数之哥伦布，维哥达嘉马以后，有无量数维哥达嘉马。而我则郑和以后，竟无第二之郑和。噫嘻，是岂郑君之罪也！

——梁启超《祖国大航海家郑和传》

材料二 世界历史的最大嘲弄之一是，哥伦布至死还确信，他已抵达亚洲。他确信圣萨尔瓦多岛离日本所在的位置非常近，下一步是找到日本。当他向西南航抵美洲大陆时，他相信自己到了马六甲海峡附近某地。哥伦布坚持自己的错觉这一点，带来了重大结果：它鼓舞人们进一步勘探南北美洲，直到在墨西哥和秘鲁发现大笔财富。

——斯塔夫里阿诺斯《全球通史，1500年以后的世界》

教师提问，学生思考回答：

结合材料与所学知识分析中国明朝郑和下西洋与哥伦布发现新大陆产生的不同结果及其原因。

【评析】本节课的亮点在于，通过问题设计把课本碎片化知识串联起来，逻辑性强。通过补充史实激发学生对一些课外知识表现出强烈的兴趣，引发学生深入思考，课堂气氛热烈，较好地培养了学生的史实实证和历史解释能力。

（二）基于创设情境的中学历史教学

所谓情境教学，是指在教学过程中，教师为了达到既定的教学目的，从教学需要和教材出发，结合学生的特点和自身的经验，创设与教学内容相适应的具体情境或气氛，以激起学生的兴趣，引起学生的情感体验，从而帮助学生正确有效地理解教学内容，并使学生心理机能得到发展的教学方法。它的特点是重视学生的主体作用，重视认知与情感，活动和环境等有机结合起来。

特级教师李吉林在《为全面提高儿童素质探索一条有效途径——从情境教学到情境教育的探索与思考》中指出："情境教学的核心是'情境'，它以'情'为经，将被淡化了的情感、意志、态度等心理要素确定为学科教学的有机构成，将学生的兴趣、特长、志向、态度、价值观等人的素质的重要方面摆在学科教学应有的位置上；以'境'为纬，通过各种生动、具体的生活环境的创设，拉近了学科教学与学生现实生活的距离，使死的知识成为活的生活，为学生的主动参与、主动发展开辟了现实的途径。"顾明远认为，情境教学就是运用具体生动的场景，以激起学生主动的学习兴趣、提高学习效率的一种教学方法。张华在《课程与教学论》中指出："情境教学是指创设含有真实事件或真实问题的情境，学生在探究事件或解决问题的过程中自主地理解知识，建构意义。"

历史情境教学是教师为了达到一定的教学目的，运用语言、图片等直观教学手段再现或创设历史情境，使学生置于具体的场景下通过具体形象的感知形成历史表象，掌握历史知识，并通过具体场景的体验，促使学生积极思考、主动学习的教学方法。

历史学科的情境教学主要有以下方式：

（1）通过材料，创设情境，使学生深入历史。教师通过精选材料，最大限度地还原历史，试图使学生回到历史现场，深入历史。

（2）运用多媒体创设情境。现代信息技术具有直观、快捷、资源丰富等特点，是中学历史教师最常用的方式。教师运用多媒体呈现文物、地图、图片，播放影片、歌曲等，再现历史情境，直观表现历史事件和历史现象，缩小了学生与历史之间的距离。有些教师根据教学内容和学生特点自主开发多媒体资源，如数字故事、微课等。

（3）通过角色扮演，神入历史。广州市中学历史学科每两年举办一次中学生历史剧创作表演大赛，至今已经第五届，很多教师开发课程资源，把课堂教学的内容改编成剧本，学生在课堂用5至10分钟的时间表演，将学生代入到历史场景中，体验、感悟历史。例如，在讲商鞅变法时，学生表演《立木为信》的故事；讲《中国早期人类的代表——北京人》，广州市番禺仲元实验中学的学生表演了自己创作的历史剧《北京人的一天》，这部历史剧不仅在课堂上表演，而且还参加了广州市第三届中学生历史创作表演大赛，获得一等奖，并在广东省博物馆公演。

（4）通过虚拟故事，创设历史情境。虚拟故事情节生动，引人入胜，深受学生欢迎。唐云波老师虚拟的二毛的故事，夏辉辉老师虚拟的帕帕提的故事可以说是最经典的课例了。但虚拟情境也暴露了一些问题：一是学生对虚拟的真实性产生怀疑；二是学生容易混淆虚拟情境与真实史实之间的界限，尤其初中学生更是如此；三是教师所创设的历史情境与历史真实之间存在较大的差距。因此，教师在历史情境教学时，要做到：①教学目标明确，创设有效的情境；②要选择恰当的形式和内容，创设历史情境；③从培养学生学科核心素养的角度，创设历史情境。

【案例】吴逸新老师《改革开放》课堂教学实录

吴逸新老师通过故事的形式，以现实中的三个人物安徽凤阳村民、马胜利、马化腾为原型，塑造了三个人物：从化吕田村村长梁守发、梁守发的儿子梁胜利、村民王小贵。吴老师在课件上以可爱的卡通人物造型，展现了故事中三位主角，立刻吸引了学生的注意力。故事发生在1978年的从化吕田村。

创设情景一　村长梁守发的故事

1978年，从化吕田受旱，时间持续到1979年。梁守发试图组织村民抗旱，但因实行平均主义大锅饭的分配方式，农民的积极性并不高，甚至有村民选择离开吕田，其中就有梁守发的儿子梁胜利和村民王小贵，他们不愿意一辈子做农民。

教师：为什么村民们当时的劳动积极性不高？

（好的开头是成功的一半。故事吸引了学生，学生踊跃举手发言。）

学生：大锅饭、农民缺乏积极性。

（简单明了，帮助学生理解了农村进行改革的原因。）

为了发动村民的积极性，渡过旱灾，1979年，村长梁守发带领村民把土地承包到户，实行多劳多得。就这一招，居然使全村战胜了旱灾，而且还获得了丰收。

教师：梁守发的"这一招"具体指的是什么？是梁守发首创的吗？

学生：（阅读课本后，学生得出答案）家庭联产承包责任制；安徽凤阳。

教师：为什么"家庭联产承包责任制"能让吕田的经济起死回生？

（学生兴奋起来了，积极回答问题，课堂上掀起了一个小高潮。）

学生：农民交足国家分配的粮食指标，剩下都是自己的，提高了农民生产积极性。

（教师通俗易懂地讲解了家庭联产承包责任制的概念，解决了本课的一个难点问题。）

实行家庭联产承包责任制后，吕田的农作物年年丰收，龙眼、荔枝多得卖不完。有的甚至白白烂在树上。这时的梁守发又在考虑着如何处理多余出来的农作物。

教师：假如你是吕田村的村民，请你向梁守发提点建议。

（学生非常踊跃，畅所欲言，帮助梁守发献计献策，课堂热闹起来了。）

学生甲：把荔枝晒干，拿去卖。

学生乙：发展旅游业，开放荔枝园让游客摘荔枝、品尝荔枝。

学生丙：发展食品加工业。

……

教师：同学们的建议非常好（肯定学生，赏识学生）。请同学结合课本相关内容概括表述。

学生（齐声回答）：发展乡镇企业、走专业化、商品化、社会化的道路。

（创设情景、巧设悬疑，学生们轻松掌握了本节课的第一个重点知识——农村经济体制改革的内容。教师充分调动了学生学习的积极性，体现了学生的主体性，培养了学生的发散性思维）

教师（用板书，总结归纳）：从改革的时间、措施归纳了农村改革（注意基础知识的落实，突出主干知识，充分体现了学科特色）。

创设情景二　村民王小贵的故事

王小贵到了省城，在陈 L 济厂打工，工作勤奋认真的他很快被提升为厂主任。但厂的工资是大锅饭平均分配主义，大部分人工作缺乏热情。20 世纪 70 年代以来工厂基本是年年亏损。

教师：依你估计，为什么企业经营不景气且年年亏损？

学生：（学生依据材料很快得出结论）搞大锅饭（平均主义）、工人工作缺乏积极性。

（教师补充讲解了高度集中的计划经济存在的弊端，帮助学生理解并得出结论，进一步分析了城市实行国有企业改革的原因。教师适时点拨，化难为易。）

1985 年，市政府给厂下达了一个"年利润 17 万的任务"，当时的厂长不敢接，但王小贵却提出了要承包整个厂，并且说他能在 3 个月时间，使厂的年利润达 140 万，并上交了计划书给市政府。

承包计划书

一、在保持陈 L 济主要资产不变的前提下，把原来是陈 L 济的采购部转卖给个人；生产车间由车间员工集体经营；而厂房和机器等仍属于国家所有。

二、市政府减少对陈 L 济生产的干预，让陈 L 济获得更大的经营自主权。实行部门经理责任制，经理职位和企业利润挂钩。

三、打破大锅饭的分配方式，实行多劳多得。推出奖励计划，为陈 L 济找到一个大客户奖励 100 元，找到一个小客户奖励 30 元。职工奖金与陈 L 济利润挂钩。

教师：市政府为什么同意王小贵的承包计划？

学生：（学生结合课本得出答案）1985 年后，城市改革全面展开。

教师：王小贵的计划书中包含了哪些改革措施？

学生：（学生阅读承包计划书后，七嘴八舌讨论起来，准确概括出答案）所有制、经营权、分配方式。

（关于国有企业的改革是本节课的重点、难点。教材从三个方面概括城市经济体制的内容，即把单一公有制经济发展为以公有制经济为主体多种所有制经济共同发展；对国有企业实行政企分开，逐步扩大企业的生产经营自主权，实行经营责任制；实行按劳分配为主多种分配方式并存的制度。如果教师单纯解释城市经济体制的内容，枯燥、乏味，学生难以理解；如果教师通过补充资料讲解，学生仍是被动接受，很难全面、直观地掌握。但是，吴老师独具匠心，通过讲故事的形式使学生身临其境，故事已深深吸引了学生，同学们关注主人公的命运，想知道故事的发展，吴老师巧妙设计了王小贵向市政府上交《承包计划书》这一情节，吸引同学们迫切想知道《承包计划书》的内容，同学们在吴老师的引导下认真阅读《承包计划书》，通过阅读思考解决了本节课第二个重点知识——国有企业改革的内容。《承包计划书》的设计是本节课的一个亮点，最枯燥的内容，老师最怕讲的内容，吴老师在不经意中就解决了，通过阅读《承包计划书》，培养了学生解读材料的能力。故事仍在继续，接下来的问题就迎刃而解了。）

1992 年，党的十四大提出建立社会主义市场经济体制以后，王小贵又乘着这次契机，实行新一轮的改革。

陈 L 济国有企业建立了股东会、董事会，模仿港澳地区建立现代化的企业制度。同时王小贵也准备联合"王 L 吉"建立大集团式企业。

教师：1992 年后，王小贵又实行了什么改革措施？

学生：公司制、股份制、现代企业制度；改组、联合。

（教师板书，概括城市经济体制的措施。）

创设情景三　村长梁守发的儿子梁胜利的故事

梁胜利来到了深圳，20 世纪 80 年代末他跟朋友模仿国外的聊天软件创办了国内的聊天软件"GG"。虽然这一行业很有前景，但由于资金缺口较大，网络服务器落后，公司举步维艰。

教师：（1）为什么梁胜利选择来深圳？假如梁胜利不选择深圳，你觉得他当时还应该去哪些城市去发展？

（2）对于目前遭遇到的困境，假如你是他的合伙人，你有什么好的建议呢？

学生甲：吸引外资。

学生乙：依托香港、澳门，吸引侨资。

学生丙：引进外国的先进技术，加快产品更新换代。

学生丁：科学管理。

……

（学生提出建议，分析了经济特区的优势，认识我国设置经济特区的必要性，培养了学生多角度的思维能力，同时使学生准确掌握了我国最早设置的四个经济特区。）

教师：请你们结合课文，猜想一下聊天软件GG和梁胜利的命运如何。

（课堂沸腾了，把这节课推向了最高潮。同学各抒己见，梁胜利的命运牵动着同学们的心。）

学生甲：虽然梁胜利为了开发聊天软件GG投入了大量的资金，但公司仍无起色，而且负债累累。因为20世纪80年代网络并不普及。

学生乙：为了尽快偿还资金，梁胜利改行发展加工制造业了。

学生丙：梁胜利开发的聊天软件没人买，梁胜利的企业破产了，他只好回家务农了。

学生丁：经过了十多年的磨难，到了20世纪90年代，互联网迅速发展，梁胜利的公司才有了起色。21世纪初，随着互联网的进一步普及，梁胜利扩大了企业规模，企业发展蒸蒸日上。

教师：非常好！请问梁胜利是如何扩大企业规模的？

学生甲：扩大企业经营的范围，发展相关配套的产业。

学生乙：大规模发展子公司，在全国建立销售网点。

教师：你认为在全国建立销售网点，应该从哪些地区或城市开始呢？

（教师展示地图，在教师的引导下，学生逐一点评，充分运用地图使学生掌握了对外开放的格局。教师预设的问题和学生生成的问题不谋而合，顺理成章地解决了本节课的第三个问题——对外开放。构思精巧。）

故事结局：通过招商引资，聊天软件公司GG获得了美国国际数据集团IDG注资220万美元，解决了资金的缺口。同时积极与电讯盈科密切洽谈，并准备到香港联交所科技板块上市。梁胜利与IDG的合作经营，不但吸收了对方的资本，还吸取了对方先进的科学技术和管理经验。后来，GG拓展到了广州、上海、海南等十几个城市；1998年，聊天软件GG覆盖了整个珠江三角洲、长江三角洲、环渤海开放经济开放区；21世纪初，就连新疆、西藏地区都能使用GG聊天软件。

布置作业：上网搜索梁守发、王小贵、梁胜利三个人物在现实生活中的真实原型。

（拓展延伸，留有余味。让学生在课后结合所学知识联系生活实际，找到原型人物，帮助学生加深对所学知识的理解，有效地引导学生"活学"历史。）

"叮铃铃……"下课铃声响了，我意犹未尽，仍沉浸在故事中。

建构主义认为："学习总是与一定的'情境'相联系的，在实际情境下进行学习，可以使学习者能够利用自己原有认知结构中的有关经验去同化当前学习到的新的知识，从而赋予新知识以某种意义。"学习并不是一件乐事，尤其是《改革开放》一课，教材内容单薄，学生读起来索然寡味，面对初二的学生，如何调动学生学习的兴趣，激发学生的求知欲，让学生在学习中凭借自己的情感、直觉、灵性直观地感受、体味和领悟历史？吴老师发挥他的创造力，突出体现了三个特点：第一，创设情景，用故事推动课堂教学。吴老师把学生成长的故土和身边熟悉的素材改编成故事，通过创设活生生的情境，有效地激发了学生学习的兴趣，营造了有生命力的历史课堂，使枯燥的内容变得鲜活。第二，教学设计思路清晰。吴老师明确本节课学生必须掌握的三个内容：家庭联产承包责任制、国有企业的改革、深圳等经济的建设及对外开放。吴老师通过三个人物的故事把相关内容串联在一起，故事与问题相结合，层层推进，环环紧扣，学生时而置身于当时的历史之中，与故事中的人物同呼吸、共命运，时而又置身于故事之外审视历史，学生在自主、和谐、平等的氛围完成了学习任务。第三，教学策略运用得当。苏霍姆林斯基说过："一个孩子，如果从未品尝过学习劳动的欢乐，从未体验过克服困难的骄傲——这是他的不幸。"吴老师在课堂教学中充分体现了强调主体体验的历史教学策略。吴老师围绕问题创设情境，引导学生参与课堂活动、自主探究、合作交流、发现问题、解决问题。例如，假如你是吕田村的村民，请你向梁守发提建议。请同学们猜想一下聊天软件GG和梁胜利的命运会是如何？……让学生在体验中解决问题，灵活拓展了学习思维。

【评析】一提起《改革开放》（《中国历史》八年级下册第三单元第9课，人教版）一课，初中历史老师就感到头疼，内容枯燥、专业术语多、理论性强，老师对教材难以把握，是老师们公认的最难上、最沉闷的一课。吴逸新老师独具匠心，通过故事的形式，娓娓道来，把学生带到1978年，再现了改革开放的历程，让学生体验历史、感悟历史。一堂好的历史课是贴近学生生活的、是关注现实的、是引人入胜的、是耐人寻味的。

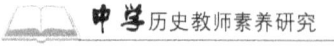

（三）基于主题式的中学历史教学

1. 主题式教学概述

《现代汉语词典》中对"主"的解释："最重要的，最基本的"；对"主题"的解释："一是指文学及艺术作品所蕴含的中心内容，二是泛指谈话、文件、会议等主要内容的核心。"华南师范大学黄牧航教授认为："主题"是指所研究或讨论的内容的中心思想，"历史主题"是把若干孤立的事实按照一定的观念和逻辑组合在一起，并在此基础上所扩展的现实意义和社会意义的问题。包启昌老师认为，主题教学的目的是明确一节课的中心内容和重点知识。夏辉辉老师认为，主题教学是用核心目标统领课堂教学，主题是课堂的灵魂，目的是培养学生的核心素养。王继平教授认为："'主题化'课堂教学是将教学内容细化为一定的教学主题，依主题整合教学知识，并利用教学资源，设计实效环节以提升教学内涵，并且主题教学的设计与实施以学情为基础，以学生发展为目的。"袁顶国教授认为，"主题式教学是指在现代教学方法论核心——有机整合思维方式主导下，以教学新概念为基础，以主题为枢纽，牵引教学系统内诸要素之间相互联系、相互作用，在整体协调运行的过程中，在师生彼此适应与互惠发展的过程中，在学生自我实现、自我完善、自我超越的过程中，形塑身心和谐发展的'完整的人'的整体型教学。它具有整体性、灵动性、互惠性、超越性与开放性等基本特征"。袁教授从理论及实施意义方面对这一概念作了阐释。

综上所述，笔者认为，历史主题教学就是以能反映历史阶段特征或历史事件的核心的主题切入，将相关的历史知识、教学资源进行整合，并充分调动学生已储备的知识对新历史现象进行合理的解释，从而培养学生核心素养，提升教学内涵的教学方法。

"一节课要有一个主题一个中心""历史课要有灵魂"这些观点已得到老师们的普遍认同，"通过确立教学主题，让历史课有中心、有高度、有灵魂，让学生获得历史认识和历史思考，对实现历史教学核心价值、实现历史教学的根本诉求有重要意义，也是提升教学境界的重要途径。"主题式教学在中学历史课堂教学实施中是非常必要的，一是历史学科特征的需要。历史学是在一定历史观指导下叙述和阐释人类历史进程及其规律的学科。探寻历史真相，总结历史经验，认识历史规律，顺应历史发展趋势，是历史学的重要社会功能。通过主题的构建搭建历史与现实的桥梁，更能把握历史发展的规律。二是培养学生核心素养的要求。我国教学改革经历了从双基（基础知识和基本能力）到三维目标，再到核心素养的发展过程。学科核心素养是学科育人价值的集中体现，使学生通过学科学习而逐步形成的正确价值观念、必备品格和关键能力。历史学科核心素养包括唯物史观、时空观念、史料实证、历史解释、家国情怀五个方面。主题的构建就是培养学生核心素养的过程，学生需要在唯物史观的指导下把主题放在特定的时空下进行认识和合理的解释，这是培养历史思维能力的最有效的方法。三是提高课堂教学效率的需要。"点—线—面"是历史学科的呈现方式，"点"是具体、生动的历史事实，"线"是历史发展的基本线索，"面"是历史发展的整体状况。历史主题教学通过主题构建，使"点"与"点"之间建立联系，从而形成"线"，通过历史发展的线索整体认识历史。主题式教学解决了知识碎片化的问题。四是中高考试题导向的要求。中考、高考主观试题的命制基本上都以主题的形式呈现，平时教师采用主题式教学利于提高备考效率。

2. 主题的提炼

主题教学的关键是凝练主题，切合历史事实、紧扣教学内容，符合学情的主题能起到提纲挈领的作用。有些老师在提炼主题时过于求新、求异，也会出现剑走偏锋的现象。如何提炼主题呢？

（1）研讨课标和教材，提炼主题。课程标准是纲领性的教学文件，是教材编写的依据，可指导教学。教材是历史学习的基本素材，课标要求通过教材内容来落实，一些新思想与观点也要通过教材体现。因此，教师要仔细研讨课程标准，认真挖掘教材，联系课程标准与教材，把握教学的核心知识，提炼教学主题。

【案例】《中国早期人类的代表——北京人》（统编教材七年级上册第一课）

【课程内容】认识北京人的特征，了解北京人发现的意义。知道化石是研究人类起源的主要证据。

【课标解读】迄今已发现的我国早期人类的遗址有很多，之所以选定北京人为我国早期人类的典型，是因为北京人考古发掘的成果最具代表性，"北京人是世界上最早发现的直立人之一，资料十分丰富，长期以来成为研究直立人的典型标本"。学生通过学习北京人的相关内容，可以了解我国境内早期人类的体态特征、生活与生产状况；并通过北京人的发掘过程，了解科学家执着探索的精神。

【教材解读】教材用三个子目概述本节内容。第一子目：我国境内的早期人类。主要概述了我国境内早期人类遗址分布的情况，并介绍了我国境内目前已确认的最早的古人类元谋人。第二子目：北京人的发现。北京人发现和研究的概况。第三个子目：北京人的特征。主要介绍了北京人的生活与生产状况。

【教学主题】寻找北京人

【主题说明】北京人是我国早期人类的代表,为了突出北京人的重要价值,本主题以北京人为中心,通过北京人发掘的艰辛、北京人的发现对了解人类起源的重要意义、北京人头盖骨丢失引起关注等方面的介绍,帮助学生认识考古发现的重要价值,知道北京人在认识人类起源的重大意义。

【教学环节】

环节一:北京人在哪里?

环节二:北京人是什么人?

环节三:北京人不见了

(2)整合教学内容和资源,确立主题。"一标多本",目前我们有多个版本的教材,高中教材又分为必修教材、选修教材,还有学校开发的校本教材。我们可将不同版本的教材、模块之间、单元之间、必修与选修之间、教材内容与最新的学术成果等进行整合。

【案例】近代前期旧民主主义革命时期(1840年至1919年)

近代前期旧民主主义革命时期历史事件多,知识庞杂,关联中外,学生学习这段历史难度很大。为了理清线索,突出时代的主题,很多老师从三个角度概括主题。屈辱史:半殖民地半封建社会的形成与深化;探索史:中国近代化的孕育、启动与发展;抗争史:反对外来侵略,争取民族独立。

西安中学郭富斌老师把这段历史的主题确立为"走向共和,世界政治潮流中中国近代政治的艰难转型"。以"梦"为话题:

鸦片战争——天朝梦的破灭

太平天国——天国梦的破灭

甲午战争——帝国梦的破灭

八国联军战争——古国梦的破灭

辛亥革命——王朝梦的终结

五四运动——民主梦的觉醒

通过"梦"把这一时期发生的重大历史事件联系在一起,利于学生把握事件之间的内在联系,步步推进,使学生切切实实感受民主共和的艰难历程,同时又契合了今天的中国梦。

(3)关注历史与现实,找寻主题。"一切历史都是当代史",历史是连接过去和现在的桥梁。高中历史课程标准也明确提出:"学习历史是一个由感知到深化和理解的过程"。以史为鉴,因此,在历史教学中通过联系现实、关注时代特征来确立教学目标和主题思想,在现实中沉淀,在历史中反思,切实落实立德树人的根本任务。

【案例】

从"丝绸之路"到"一带一路"

广州市番禺区石碁第四中学　简允诗

2017年5月24日,中国教育技术协会、新疆维吾尔自治区电化教育馆和广东省教育技术中心联合主办了"'互联网+教研'新粤跨区域教育信息化应用案例交流研讨活动"。在活动中,广州市番禺区石碁第四中学简允诗老师运用电子书包为新疆喀什地区疏扶县第三中学七年级维吾尔族学生上了"从'丝绸之路'到'一带一路'"一课。

一、基于学情,选择主题

本次授课的对象是新疆喀什地区疏扶县第三中学七年级维吾尔族学生,他们使用的教材是维语版历史教材,教师平时用维语授课,学生是第一次听用汉语授课的历史课,第一次使用电子书包。面对汉语底子弱的学生,如何选择适合学情的教学主题显得至关重要。简老师抓住了当今的热点问题、国家经济发展的重点——一带一路,并根据新疆乡土历史,结合当今国家的经济发展,设计了一节电子书包历史专题课:从"丝绸之路"到"一带一路",时间跨越了两千多年,将古老的丝绸之路和现代的一带一路紧密联系起来,体现了历史发展的传承和创新。从历史的角度看,古丝绸之路的发展与新疆密不可分,是古丝绸之路的必经之地,喀什是举世闻名的古丝绸之路上的商埠重镇,是古丝绸之路南道、北道、中道的交汇点和交通枢纽,是享誉世界的国际商埠,在历史上喀什是中国西部重要的政治、经济、文化和商贸中心,曾一度出现过"人如蜂聚、货如云屯"的繁荣景象。从现代的角度看,随着中央新疆工作座谈会的召开及国家"一带一路"战略的实施,喀什再次成为了世人关注的焦点之一,喀什迎来发展的战略机遇期。2010年5月,中央新疆工作会议上中央正式批准喀什设立经济特区。喀什是中国的西大门,"五口通八国、一路连欧亚",喀什是丝绸之路经济带的重要战略核心城市。简老师的授课对象是喀什地区的学生,因此,简老师利用喀什这一地区在古代丝绸之路和一带一路中的特殊性和重要性将2000多年的历史有机结合起来,用学生生长熟悉的地方为切入点,激发学生的学习兴趣,培养学生的家国情怀。

二、基于学情,开发资源

由于本节课时间跨度大,教学内容多,学生汉语底子弱,教材所依托的知识少,需要老师精选教学内容,合理整合教学资源。因此,简老师设计了三个主题,通过"丝路"将三个主题有机地串在一起。

主题一:坎坷丝路忆英雄。通过诗人郭小川赞美新疆的诗句:"不进天山不知新疆如此人强马壮;不走南疆不知新疆如此天高地广;不到喀什不知新疆如此源远流长"激发学生的家乡自豪感。阅读史料。

史料一:"西域……本三十六国,其后稍分至五十余,皆在匈奴之西,乌孙之南。……东则接汉,厄以玉门关、阳关,西则限以葱岭。"

——《汉书·西域传上》

解读史料,引导学生在地图上找出西域的具体位置,使学生进一步了解喀什重要的地理位置。

史料二:"然张骞凿空,其后使往者皆称博望侯,以为质与国外,外国由此信之。"

——《史记·大宛列传》

通过分享张骞凿空西域的故事,让学生感受张骞坚韧不拔的毅力和不辱使命的爱国之心;理解为什么司马迁对张骞通西域的壮举称为"凿空",在历史发展的长河中体现人的重要性。

主题二:古老丝路促交流。简老师设计了以下三个问题。问题一:陆上丝绸之路路线经过哪些地方?学生运用电子书包填写历史地图,回顾汉代陆上丝路的路线。问题二:运用一组图片。图片资料主要有西域和中原地区的物产、科技文化、宗教等图片,让学生观察,并提出问题:(1)一支汉朝商队从长安出发往喀什做生意,他们会携带哪些货物?(2)汉朝商队到达喀什后,可能买回什么货物返长安?(3)丝绸之路开通后,从中原传入喀什的文化有什么?(4)从喀什传入中原的文化有什么?学生运用电子书包完成问题,教师能及时看到学生反馈的情况。问题三:通过上述的问题,你认为丝绸之路是一条什么样的路?学生水到渠成,得出丝绸之路是一条商贸之路、文化之路、友谊之路。问题四:跨越千里,在祖国的南方,也有一条具有同样性质的道路,但它不走陆地,而走海洋,这条路叫什么?点出海上丝绸之路。广州,祖国南方的明珠,海上丝绸之路的重要商港,与喀什一起,共同见证着千百年来,丝绸之路的兴衰,将古代的喀什和广州有机地联系起来,为后面的学习做好了铺垫。

主题三:崭新丝路创辉煌。丝绸之路,兴于汉,盛于唐,衰于明清。今天,沉寂了五百多年的丝绸之路因我国一个重大发展战略而重新焕发生机。简老师通过自然的过渡将丝绸之路和一带一路有机地结合起来,并设计了两个讨论题:

讨论问题1:观看视频《厉害了我的"一带一路"》,根据视频的介绍和你所知的一带一路,你觉得一带一路是一条什么样的路?它与古丝绸之路有何共通之处?(学生运用电子书包,发表自己的见解,跟帖讨论。)

讨论问题2:在一带一路发展过程中,喀什如何抓住自身优势,把优势变为机遇?请你为喀什的未来发展方向描绘蓝图。(要求:可利用思维导图或绘画的形式表述,完成后请将作业拍照上传到电子书包互动讨论区。学生运用电子书包,跟帖讨论。)

通过问题探究、讨论,学生理解了一带一路是一条和平、繁荣、开放、创新、文明之路,感受在一带一路发展过程中,喀什具有地缘优势、资源优势、文化优势、政策优势,培养学生的家国情怀。

三、寓情于景,火花四射

本节课学生没有现成的文本资料,容量大、跨度大、内容跳跃性强、学生知识储备量不足等,简老师精选课程资源,运用了电子书包,突破时空限制,拓展了课堂的广度和学生的参与度。

课前:简老师将预先编写好的网络学案和教学资源上传到电子书包平台,简老师上传的教学资源主要有:①陆上丝绸之路线路图;②喀什介绍;③《携手共建一带一路——习近平一带一路高峰论坛开幕式主旨演讲》。并在互动讨论区提出了两个讨论问题(上述讨论问题1、2)

课中:教师播放自制的数字故事《丝绸之旅》,视频《厉害了我的"一带一路"》,在简老师的讲解、引导下,学生充分利用电子书包的互动讨论区进行交流、展示、点评。在开放性的平台,学生和教师都可以独立平等的身份加入讨论,每个人都能够自由发表观点、陈述意见,疑难处老师可以随时进行点拨和提升。在电子书包平台上,同学们各抒己见,思维碰撞,火花四射。

以讨论问题2为例:学生上传非常踊跃,全班32位同学都上传了自己的作品。下面选取了一些学生的发帖。

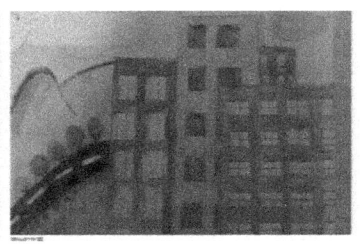

学生甲：我把未来的喀什描绘成一棵参天大树，树上结了三个大苹果，分别代表文化、商贸和交通。文化：指开发喀什的文化资源。喀什是丝绸之路的必经之地，千百年来，东西方文化在喀什交汇，维、汉、回等31个民族在喀什繁衍；喀什的刺绣、服饰、乐器等民族手工艺品闻名于世；喀什人能歌善舞、热情好客；悠久灿烂的历史文化，独特的自然景观使喀什市魅力无比、闻名中外。所以说："不到喀什，就不算到新疆"。商贸：指开发喀什的商业贸易，吸引外资。喀什盛产瓜果，被称为"瓜果之乡"，天然气资源也非常丰富。交通：指充分利用喀什优越的地理优势。喀什具有"五口通八国，一路连亚欧"的地理优势，因此应利用一带一路的政策优势把喀什建设成美丽的参天大树。

同学乙：绘制了新旧对比图，绘制了现在的喀什和未来的喀什，未来的喀什高楼林立。

同学丙：在沙漠中绘制了高速公路。

同学丁：我把喀什的地理优势比喻成太阳，把文化资源、自然资源、政策优势等绘制成围绕太阳的小恒星。因为喀什的地理优势，才能开发喀什的文化资源、自然资源，才能有政策的优惠。

……

孩子们用带着浓郁新疆口音的普通话描绘着喀什未来，听课老师被同学的描绘感染着。下课后，疏扶县三中的校长，眼里含着泪花，激动地说："没想到我们孩子这么了解和热爱自己的家乡。""一切历史都是当代史。"历史就是过去与现在无休止的对话，纵观学生们的观点，充分展现了孩子们作为喀什主人翁的姿态，表达了他们对伟大祖国的赞美，显示了民族的自信心，寓情于景，这难道不是培养学生家国情怀最好的体现吗？

【评析】 首都师范大学徐蓝教授在"历史核心素养研制的几个问题"专题讲座中，阐释了"历史，到底要学什么？要学习历史知识，但在学习这些知识的过程中，学生要能够掌握学习历史的能力和方法，形成正确的情感、态度、价值观。通过历史学习，学生要具备比了解一般的历史知识更上位的东西。""家国情怀是学生学习和探究历史应形成的情感态度价值观，是历史育人功能的重要标志。"简老师在《从"丝绸之路"到"一带一路"》一课中运用了大量历史素材，其中图片（含地图）61张，文字材料5则，数字故事1个，视频1个。大量的素材拓展了学生视野，拓宽了课堂的广度，在教师的引导下，学生通过"自主—合作—探究"学习了解了历史，展望了未来，使家国情怀教育有血有肉，形成对国家、民族、文化的认同感，具有家国情怀和国际视野；教师立德树人，立足学生，寓情于景，真正体现了历史学科价值目标。

二、中学历史复习课教学

复习课是中学历史学习的重要环节，中学历史教师普遍认为复习课比新授课难上，时常抱怨学生基础差、复习效率低、学生成绩不理想等。中学历史复习课主要存在以下问题：一是"灌输式"的复习教学模式，课堂教学中教师讲得多，学生对知识机械重复、死记硬背，轻视对知识的整合归纳。二是"题海战"式的复习教学模式，教师布置大量的练习题、测试题，学生大量练习，教师订正习题，缺乏对学法的指导。三是"自由式"复习教学模式，一节课的时间基本交给学生，让学生自主阅读教材和相关资料，自己提出问题、自己练习，教师在复习中缺乏计划性和针对性。自由复习这种做法对成绩好的学生效果不错，但对成绩差的学生效果未必好，对于中等和中等偏下的学生需要教师的指导和点拨。

复习课对教师教学能力的要求主要是：教学内容整合能力、确定重点与突破难点的能力、考试要求与动态的把握能力、多途径与多形式巩固学生知识和技能的能力、引导学生提高知识综合运用水平的能力等。教师如何解决上述复习课存在的问题，切实提高中学历史复习课的有效性？如何提高教师上复习课的能力？可从以下四个环节入手。

第一环节：立足教材，夯实基础。基础知识永远是第一位的，基础不牢，地动山摇。不管考题形式如何千变万化，新颖材料怎样层出不穷，但归根结底都要落实到历史知识上来。因此，上复习课时必须重视基础，全面、准确掌握重要史实、历史概念、历史结论、阶段特征、基本线索、发展过程等，这才是学习、提分之道。基础知识的夯实，需要学生自主夯实。一项大规模的教育心理学研究发现，不同的教学方式产生的教学效率是不相同的。学生对所教内容记住率平均为：教师讲授记住率为5%；学生阅读记住率10%；视听并用记住率20%；教师演示记住率30%；学生讨论记住率50%；学生实践记住率70%；学生教别人记住率95%。教师可以指导学生运用时间轴、表格等行之有效的形式归纳并夯实基础知识，可以让同伴之间互相检查复习的效果。

第二环节：重点突破，深化知识。这个环节教师的主导作用非常重要，需要教师深入钻研，精心备考，确立教学的重点、难点，以及如何突破重点、难点，如何照顾到不同层次的学生掌握重点、难点知识。教师可以通过课程标准、教材、近几年中高考试题、学术研究的专著和期刊、社会热点问题等把握重点、难点问题，通过问题设计、创设情境、方法指导等解决重难点问题。例如，在复习《甲午中日战争》一课时，笔者把本节课复习重点难点确立为"甲午战争是中华民族觉醒的开始"，围绕这一难点问题，精选史料，设计问题。

阅读材料，回答问题：

材料一 光绪帝严厉斥责李鸿章："身为重臣，两万万之款从何筹措；台湾一省送予外人，失民主伤国体"，并愤然说道："台割则天下人心皆去，朕何以为天下主？"

——《大清德宗景皇帝实录》卷366

材料二 浙江学政徐政祥上奏："往岁英法犯阙，不过赔千余万两，添设通商口岸二三而已，未闻割地以求成也，今倭一海岛小国，以中国之全力受困东隅，国将何以为国？"

——《光绪朝朱批奏折》（第120辑）

材料三 一位前来南京赶考的安徽廪生上书两江总督："自五、六日来，念天下事深切祀忧，或中夜坐起，或对食忘餐，审计深算，极心思之力，以求中国自强之策。"

——中国近代史资料丛刊续编《中日战争》（一）

材料四 "唤起吾国四千年之大梦，实自甲午一役始也。吾国之大患，由国家视其民为奴隶。积之既久，民之自视。……吾国之人视国事若于己无与焉，虽经国耻、历国难，而漠然不以动其心者，非其性然也，势使然也。……吾国则一经庚申圆明园之变（1860年法联军烧毁圆明园），再经甲申马江之变（1884年中法马江之战），而十八行省之民，犹不知痛痒，未尝稍改其顽固嚣张之习。直待台湾既割，二百兆之债款既输，而鼾睡之声，乃渐惊起，此亦事之无如何者也。"

——梁启超《戊戌政变记》

材料五 John E. Schrecker曾对《清季外交史料》（1875—1911年）中的"主权"二字进行统计，他发现从1875年至1894年间，"主权"二字仅在每百页出现"一次"，而从甲午战争之后的1895年起，"主权"二字的出现频率明显增加，到1902至1910年间，每百页出现次数高达22次之多。

——钟文博《甲午战败后近代中国民族主义的形成》

1. 阅读上述五则材料，并结合所学知识，概括甲午中日战争前后中国民族意识发生了什么变化。
2. 为什么甲午中日战争能促使中华民族的觉醒？

第三环节：贯通古今、关联中外，拓展视野。只是夯实基础知识还远远不够，对重点难点问题的理解，也只加深了对问题理解的深度，还需要拓展对知识理解的广度，才能全面把握具体时代的历史特征，回归历史现场，建立历史事物之间的时空联系，提高对知识认识的高度。

【案例】19 世纪 90 年代至 20 世纪 20 年代初的中国近代史

19 世纪 90 年代至 20 世纪 20 年代初，是世界剧烈变动深深影响中国历史走向的三十年，也是中国各种社会思潮、政治观念、新的思维和行为方式广为流布、竞相奔逐的三十年，更是中国新的革命力量孕育发展并决定中国未来发展走向的三十年。

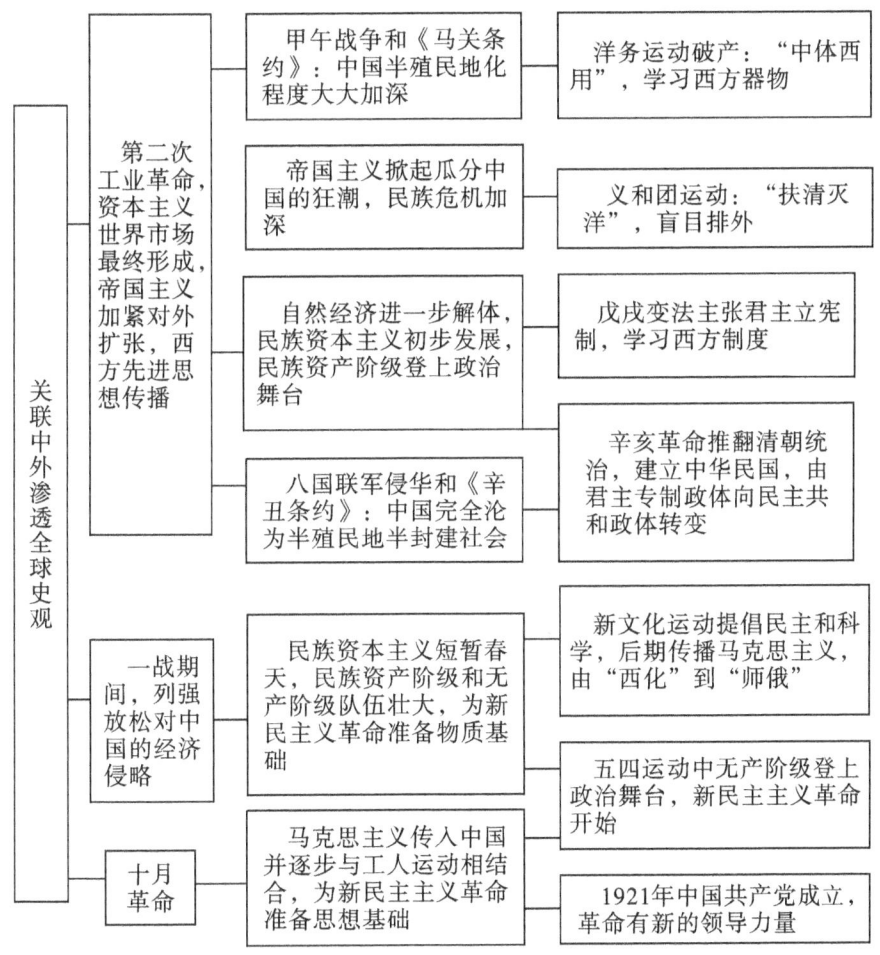

在搭建框架的基础上，创设情境，设计问题，帮助学生进一步理解，培养学生的历史思维能力。

材料一 20世纪80年代以来，我国有些学者提出"现代化（近代化）史观"。主张"从宏观历史学的角度，把现代化作为一个全球性大转变的过程，从传统农业社会向现代化工业社会转变的大过程，进行整体性研究"，涉及政治、经济、思想文化等方面。

（1）19世纪末20世纪初（1895—1919年）是中国现代化的整体发展时期。试结合所学知识列举这一时期中国现代化的主要表现。

经济：19世纪末民族资本主义初步发展，20世纪初民族资本主义出现"短暂春天"。

政治：民主政治的探索，从维新派的君主立宪到革命派的民主共和；辛亥革命推翻封建君主专制制度，建立资产阶级民主共和国；《中华民国临时约法》的颁布。

思想文化：新文化运动提倡"民主与科学"，后期传播马克思主义。

材料二 一般来说，"五四"以前中国知识分子的"格义"方式主要是运用中国传统文化的观点分析、吸取西方文化，用中国传统文化的模式去套用西方近世文化；"五四"以后，人们的主要倾向则是借用西方文化的观点评析、批判中国传统文化，用西方文化的模式去解释中国传统文化。前者实质上从旧文化的立场批评或赞赏新文化，后者则用新文化批评或赞赏旧文化。

——欧阳哲生《严复评传》

（2）请各举一例分别评述材料二提到的"五四"以前和"五四"以后出现的文化倾向。

"五四"以前：地主阶级知识分子提出"中体西用"思想，以中国传统的文化来驾驭西方的"器物"；康有为以"托古改制"的方式宣传变法政治理论，以中国固有的文化眼光去赞赏西方文化。

"五四"以后：新文化运动全盘否定中国的传统文化，前期倡导民主和科学，后期宣传马克思主义，是在用新文化批评旧文化。

材料三 中国近代史的发展进程呈现出由"沉沦"到"上升"的发展过程，中国社会走出了一条"U"字形路线。近代中国历史的前期（晚清时期），其基本特征是"沉沦"，从一个完全的独立国家变为半殖民地国家；近代中国历史的后期（民国时期），其基本特征是"上升"，进一步发展成一个半封建半资本主义的国家。在"沉沦"和"上升"中间有一个过渡期（1901年到1920年），既是"沉沦"的谷底时期，也是"上升"的起始时期，是"沉沦"到"上升"的转折期。

（3）根据材料三的观点，列举1901年到1920年间体现近代中国"沉沦"的重要历史事件。简要分析这一时期推动中国由"沉沦"到"上升"的社会因素。

事件:《辛丑条约》的签订、《二十一条》的签订、"善后大借款"、巴黎和会外交努力失败。

因素:①辛亥革命推翻了清朝的统治,建立了资产阶级共和国,为中国社会的转折提供了政治基础;②中国民族资本主义不断发展,进一步壮大了中国资产阶级和无产阶级的力量,为中国社会的转折提供了物质基础和阶级基础;③资产阶级民主思想、新文化运动、马克思主义的传播等,为中国社会的转折提供了思想基础。

材料四　中国的变革与外部世界的挑战密切相连,中国以外的现代化模式对中国变革起着巨大的示范影响。19世纪以后,资本主义的世界化进程加强了全球经济的相互依赖性,中国日益卷入与外部世界的广泛联系中。伴随侵略和压力而来的外来观念冲击着中国社会,改变着中国人的观念和行为,刺激了中国人强烈的变革图存意识和变革活动。外部世界的冲击具有明显的二元性质,一方面它严重破坏了中国现代化的展开,另一方面新型的外部现代化成功模式又刺激了中国现代化因素的增长。在一定程度上,外部世界的侵略、干预和影响,决定了中国变革的反应模式和中国现代化的规模与速度。

——自高华《近代中国社会转型的历史教训》

(4) 结合所学知识,概括说明在近代中国社会转型中外部冲击具有的二元性质。

破坏作用:①经济上。外来侵略势力掠夺中国原料,抢占中国市场,阻碍了中国民族主义的发展。②政治上。外来侵略势力破坏中国主权,扶植中国反动势力,阻碍中国民主化进程。

刺激作用:①经济上。外来侵略势力和压力促使中国学习西方发展工商业,促进了中国工业化的进程。②政治上。外来侵略和压力促使中国掀起了民主运动,学习西方民主制度,促进中国政治民主化的进程。③思想文化上。外来侵略和压力促使中国知识分子高举民主和科学旗帜,批判传统文化,促使中国文化从传统向现代转型。

材料五　现代化主要有两种途径:一种是原发型,主要是内部因素积累,自发转变;一种是传导型,大多数国家都是,主要不是内部因素,是外部刺激,是回应和学习。

实现近代化(现代化)是近代以来世界各国发展的必由之路,在向近代化迈进的过程中,中国和西方各走了一条不同的道路。学者认为,西方近代的变革首先是精神层面的变革，然后是制度方面的变革，最后才是器物方面的变革，而中国在近代的变革顺序却正好相反。

（5）结合15—19世纪上半叶西方世界所发生的重大历史事件，简要说明西方变革的发展历程。

①15—16世纪，欧洲的文艺复兴和宗教改革运动，使人们逐渐摆脱了教会的束缚和控制，推动了欧洲向近代社会转变；②18世纪的启蒙思想使人们进一步摆脱了封建专制和宗教愚昧的束缚，成为资产阶级革命的思想武器；③英法美等国通过资产阶级革命，确立了资产阶级的统治，为资本主义的发展开辟了道路；④18世纪中叶起，工业革命迅速扩展，大机器生产方式确立，欧美国家相继实现工业化。

（6）结合材料五指出中国近代化途径。联系19世纪下半叶到20世纪初的史实，说明中国近代的变革顺序。扼要分析导致中西方变革顺序相反的原因。

途径：传导型近代化。

顺序：①19世纪60年代起，洋务派提出"中体西用"，开展了洋务运动，学习西方先进生产技术。②19世纪末20世纪初，维新派和革命派学习西方政治制度，走资本主义道路，开展戊戌变法和辛亥革命。③新文化运动提倡民主与科学，解放了人们的思想。

原因：列强对中国的入侵，打断了中国社会正常的发展进程。中国人在学习西方的过程中，对西方文化的认识有一个渐进的过程。

第四环节：学以致用，巩固提升。会学更要会用，掌握知识是为了更好地解决问题。通过一些试题能比较好地检测学生对知识的掌握程度和灵活运用知识解决问题的能力，真正达到巩固提升的效果。一是借助经典试题巩固提升。可以选择经典的中高考试题和模拟题对学生进行实战训练，提高学生运用知识的能力。二是尝试创新设计锦上添花。联系现实生活，在生活中找到学生比较熟悉的现象，从不同角度进行巧妙的设问，创设新题，进行针对性的训练，既能提高学生学科能力，又能激发学生学习的兴趣，还能从更深层次理解教材内容，从而提高备考效率。例如，彭红和谭方亮老师在复习"罗斯福新政"一课时的创新设计非常有助于进一步开阔视野。

（1）罗斯福新政的当代版：2009年2月17日，美国总统奥巴马在丹佛签署7870亿美元的经济刺激计划。美国《政治周刊》甚至将该计划称为"罗斯福新政的当代版。"试从两者的内容方面来谈谈：你是否同意这种观点？为什么？

（2）中国式的罗斯福新政：现在我们国家的新农村建设，不仅解决了中国经济发展不平衡和生产过剩的问题，也解决了如何将农村带入现代文明社会的问题。被称为中国式罗斯福新政。你如何理解？

（3）倒牛奶现象："倒牛奶"现象一直以来多被理解为是资本主义腐朽性的表现，如今我们国家也发生这种现象。结合以下两幅图片，谈谈你是如何看待同样是"倒牛奶"现象的？

2004年浙江乐清村民倒牛奶图

罗斯福新政时期农民倒牛奶图

（"倒牛奶"现象应理解为一种市场自发的调节行为，跟国家性质没有任何关系，它给我们的启示则是生产活动必须以供求关系为坐标，避免盲目生产。）

（4）货币贬值面面观：有学者认为，放弃金（银）本位制，人为制造通货膨胀是对财富的一种掠夺。你同意这一观点吗？运用20世纪三四十年代国民政府和罗斯福的货币政策分析上述观点。

20世纪30年代的美国，债务阶层人数庞大，罗斯福新政放弃金本位制，大量发行纸币，有利于稀释债务，减轻负担，缓解债务阶层的经济压力。这种政策不但没有掠夺财富，反而是有利于广大人民的。而20世纪40年代后期，中国国民政府滥发纸币，造成恶性通货膨胀，损害了百姓利益，阻碍了民族工业发展，造成金融体系崩溃。）

上述四个环节，体现了复习课对教学内容的整合、重难点的突破，准确把握要求和动态，多途径、多形式巩固学生知识和技能的能力，引导学生提高知识综合运用水平的能力，值得中国历史教师借鉴。

三、中学历史讲评课教学

讲评课是中学历史教学常见的课型。在听课过程中，我们发现老师的讲评课主要存在以下问题：

（1）讲评不及时，课前准备不充分，就题讲题。

（2）教师在堂上从头到尾机械地念答案，学生机械地做笔记，使讲评课成了答案记录课。

（3）教师不分主次，萝卜白菜一把抓地讲解答案，毫无针对性和指导性。

（4）教师只注重答案的说明，忽视能力的培养。

（5）教师只是就题论题，不能从多角度分析问题，忽视对学生发散思维的培养。

（6）教师只注重点评答案，培养学生的思维能力和解题能力，忽视了学生的非智力因素。

如何避免上述问题，提高讲评课的有效性？讲评课对教师教学能力的要求是：具有对学生学习状况的诊断能力、归因能力、对学生学习的指导能力等。根据讲评课对教师教学能力的要求，可以采取以下策略。

1. 课前做好试卷分析，明确教学目标

做好试卷分析和学生答题情况分析是上好讲评课的基础和依据。

（1）对试题或练习进行认真分析。

（2）对学生答题情况进行认真分析，教师真正找出学生的知识薄弱点，提高讲评课的针对性和有效性。

（3）对近三年高考试题评分标准和学生答题情况进行分门别类的归纳、分析和总结。

（4）一卷两改：学生自改，教师再改，让学生真正找出了自己的知识薄弱点，提高学生复习的针对性和有效性。分析了解学生知识和能力的缺陷及教师教学中存在的问题，在此基础上认真编写教案，明确教学目标，确定讲评重难点，使讲评具有针对性和实效性。这样的讲评才能做到切中要害，有的放矢。

2. 重组、归类讲评应遵循学生的认知规律

对要讲的题目可按试题的类型重新组织，使讲评内容有逻辑性、系统性，循序渐进，讲评时对那些普遍存在的问题作为重头戏，做耐心细致地分析，对一些错误率低的题目宜采用课外个别解答。

例如，我们可以将选择题分为四类或两类，进行组重，找出学生存在的共性问题，寻找解题的规律。四类："识记"类；准确阅读材料，提取有效信息类；理解运用概念、政策、制度、措施、主张类；理解运用历史事物的背景及其阶段特征类。两类：可分为"现象＋本质"和"原因＋结果"类。

在讲解时要把握每类题型的特点，例如，"识记"类题型要回归教材，查漏补缺；阅读材料，提取有效信息的"材料"类题型要仔细阅读材料，正确理解材料的观点，根据题目要求找出材料中的关键字，再根据所学知识判断；理解运用概念、政策、制度、措施、主张的"理解运用"类题型要求复习时注意理解记忆，多看教材，多思考；理解运用历史事件、人物的背景及其阶段特征的"历史阶段特征"类题型应该熟记重要历史事件的时间及历史阶段特征，根据题目给的时间去判断时代特征。主观题我们可以按材料的类型分类，如文字材料题、表格数据材料题、图片材料题、漫画类材料题等，也可以从设问角度分类，如概述类、分析类、比较类、论述类等。

3. 充分发挥学生的主体地位

找出学生优秀答卷或问题突出的答卷，组织学生研讨或讲解，避免教师一言堂。在讲评课上，要给学生表达观点、表现自我的机会，这也是讲评课的目的——充分调动学生思维的积极性和敏捷性，提高其分析问题和解决问题的能力。可是如何突出学生的主体性？如何让学生多讲、想讲、有兴趣讲呢？方法是多种多样的。

（1）讨论法：对跨度大、综合性强、学生普遍感到困惑的题目，可以先让学生讨论，在讨论的基础上由教师综合、点评，形成参考答案。

（2）谈话法：教师可根据事先了解的学生答题情况，精心设计，巧妙提问，恰当引导，按自己设计的解题思路诱使学生"钻进圈套"。

（3）笔者比较推崇案例教学法（主要针对主观题）。即在课前教师收集学生试卷中每道题各层次得分的答题案例，课堂上展示给学生，然后将这些案例与学生一一讲解，和学生一起分析错例、错因，并评出分数。

4. 总结解题方法和答题规范，授之以渔

试题浩如烟海，我们接触的只是沧海一粟，若不注意归纳，盲目做题，搞"题海战术"，既加重学生的负担，又容易导致事倍功半。因此，讲评中要注意引导学生总结规律，归纳出一般的解题方法，达到举一反三，触类旁通的效果，主要从两个方面入手。

第一，讲审题。审清楚题才能明确作答的方向，如果学生粗心大意，一着不慎，全盘皆输。材料解析题的审题方法简单归结如下：

（1）仔细观察材料（包括出处、材料的介绍、图表名称等），可以给材料分层、找关键字，最大限度提取有效信息，并用笔勾画出这些关键的字、词或句子，准确掌握材料的意思。注意先不要联系课本知识。

（2）联系课本知识，对应起来，判断材料实际上考的是什么知识点。

（3）审清楚题目的求答项（是原因、条件、目的，还是影响等）、限定语（如政治、经济、文化，包括时间空间的限制等），锁定答题方向。

第二，讲答题规范。在历年高考评卷的总结中，都有因词不达意、表述不准而失分的现象。所以，除了审题意外，教师一定要特别注意指导学生答题的规范性，即答题语言的科学性、逻辑的严密性、叙述的层次性等，这些问题往往是容易被学生忽视的。这些看似小节的问题，对学生的得分往往会有较大的影响。答卷的规范具体要求有三个方面：

（1）答案内容的构成要规范，做到史论结合，论点要由史实来支撑。而史实应该选取课本相关内容中最核心的知识用精练语言呈现（比如重大历史事件、重要政策、制度等）。

（2）答案的组织形式要规范，做到段落化、要点化、序列化。

（3）答案的文字表述要规范，条理清楚，或按时间顺序，或按逻辑顺序作答，避免杂乱无章，颠三倒四。

以上并不是一成不变的可以完全照套的公式，在做题的过程中应根据具体试题灵活变通，不断地总结。

5. 补偿性训练，巩固和深化对知识的理解

一份试卷的容量是有限的，考题毕竟是有一定代表性的。在试卷讲评中，教师一定要善于对考题所涉及的知识点进行延伸与拓展，以考题为切入点，带动其他相关知识体系的梳理和整合。此外，对学生易错的知识，也应配备一些补偿性练习，让他们通过强化训练，牢固掌握基础知识和基本技能，加深对相关知识的理解和巩固。

讲评课结束后，老师往往让学生订正试卷，这是必要的，但远远还不够。每一次测试学生都会出现各种错误，其原因往往是多方面的，教师应该指导学生认真地反思与分析。不仅仅学生需要课后反思，"有效教学必然是一种反思性实践，有赖于教师持续的反思与探究"，因此教师也要写好教学札记，根据实际教学效果把成功的方法、经验，失败的教训等都记录下来。老师只有把握好最后这个环节，才能圆满完成讲评课的任务，达到讲评课的目的。总之，我们要重视试卷讲评课的教学，它是提高教学效率、保证教学质量的重要环节，更是提高学生应试技巧的重要途径。往往一堂高质量的试卷讲评课比做几套试卷的功效还要高。如果我们长期坚持具有实效性的试卷讲评，教学就能达到事半功倍的效果。

第三节 中学历史教学评价

教学评价是一种动态的价值判断过程,是教育教学过程中的一项重要内容。课程改革给我们的教学评价带来了很大的变化,从单一评价方式向多元化发展。实现评价目标多元化、评价手段多样化、形成性评价和终结性评价并举、定性评价和定量评价相结合、反思性评价与鼓励性评价相结合,建立纸笔测试、非纸笔测试(开放式考查)、平时成绩三部分构成的新课程教育质量评价体系。本节主要从以下两个方面谈教学评价,一是对教师评价方法的介绍;二是多元评价方式、多视角、全过程评价学生发展。

一、教学评价概述

1. 教学评价的含义

对于教学评价的定义尚无统一的看法。许多学者从不同的角度做出了一些解释。例如:加涅指出,通过系统收集、分析、解释证据来说明一个教学产品或教学系统结果如何的方法称为教学评价。我国学者冯忠良将教学评价视为对学生成绩测验所得的数据进行分析及解释。张玉田则更加强调对教学效果的评价,认为教学评价就是根据教学目标和教学原则利用所有可行的评价技术对教学过程及其预期的一切效果给予价值上的判断,以提供信息改进教学和对被评价对象做出某种资格证明。孙瑞清、张德锐等都持类似的观点。在朱汉国、郑林主编的《新编历史教学论》中关于教学评价的概念,从广义和狭义两个角度概括。从广义上分析,教学评价可以包括学校教学管理、教师的教学工作、课堂教学、教学方法、教学模式与内容、教学资源的利用与开发,以及学生的学业成就、一般智能发展、个性发展、思想品德状况等方面的内容。从狭义的角度看,教学评价一般只包括教师教学、学生学习评价两个方面。

《义务教育历史课程标准(2011年版)解读》对教学评价定义为:教学评价是以教学目标为依据,运用科学可行的方法,对教与学过程进行的价值判断,是课程实施的重要环节。在新课程背景下,教学评价体系以促进学生发展、促进教师发展、以学评教的教学评价理念为指导,主要包括教师教学的评价体系与学生学业评价体系两方面的内容。本节所研究的教学评价以此为依据。

2. 教学评价的要素

（1）对教师的评价。对教师的评价包括教师与教学活动有关的一切方面，具体为教师的修养、教学技能、教学活动的各个环节，如教学目的是否明确、教学计划是否合理、教学组织和管理的严密性如何、教学实践效果如何等。因此，教师教得如何，教师的敬业精神如何，教师的专业水平如何，教学方法是否得当，师生关系如何，教师的学历如何，教师的群体状况如何等都应在评价之列。本节主要讲教师的课堂教学质量评价，因为学生的学习效果更多的是直接由课堂的教学质量所决定的，对教师的评价归根到底是为提高学生的学习效果服务的。

（2）对学生的评价。学生是教学评价的直接对象和最终归宿。对学生的评价主要包括认识领域（知识、技能、认知等）的教学效果，还包括态度、习惯、兴趣、意志、品德、个性形成、情感领域等。本节重点关注对学生学习效果的评价。

3. 教学评价的作用

新课程实施后评价功能发生了变化，改变了单一性的选拔功能，呈现出多样性。体现了促进学生全面发展的导向功能。即"学生通过历史课程的学习，初步学会从历史的角度观察和思考社会与人生，从历史中汲取智慧，逐步树立正确的世界观、人生观和价值观，提高综合素质，得到全面发展"。

评价功能，主要体现在以下几个方面：

（1）诊断功能。通过教师的教学评价，学生的学业评价，及时发现学生在历史学习中存在的困难与不足，并分析存在问题的原因，帮助教师了解自身教学的不足和学生学习存在的问题，及时调整策略，采取措施，为改进教与学提供依据。

（2）调控功能。教师和学生及时获取通过教学评价所提供的反馈信息，从而调节和控制教学及其过程，同时也反映了教学评价的整体功能与作用。对于教师而言，不仅可以了解学生认知结构的形成状况，而且可以了解影响学生学习的各种因素，从而可以更加明确地调整教学方向、教学目标、教学内容、教学环境以及教学方法策略等。学生通过了解自身发展存在的优势和不足，及时调整自己的学习行为，以提高学习成效。

（3）激励功能。对于教师来说，适时而客观的教学评价，可以明确教学工作需努力的方向；对于学生来说，教师和父母的褒扬、同学之间的竞争、学习成绩等，可以提高学习的积极性，提高学习兴趣，增进学习效率。从某种意义上说，教学评价的过程同时也是一种激励的过程。

（4）鉴定功能。对教师而言，通过对教学过程、教学质量、教学水平进行科学评价，才能更加准确地了解教师的教学水平、学生掌握知识与技能的程度以及教学目标与任务的达成程度。对学生而言，通过评价活动确定学生达成预设学习目标或成就水平的程度。

（5）选拔功能。通过评价对学生进行甄别和筛选，更利于学生专长的发挥和个性化发展。

二、历史教师教学质量的评价

对教师历史教学质量的评价，要坚持"教—学—评"三位一体的原则，也就是教学、学习和评价是一个整体，是一个动态的评价过程。教师教学的过程，同时也是学生进行学习和知识建构的过程，是对学生学业评定的过程，评价过程贯穿始终，教师能随时了解学生进步情况。我们主要采用观察法、调查法、查阅文献资料法等方法对教师历史教学质量进行评价；可通过学生评价、同行评价、教师自评、领导评价、专家评价等途径进行评价。

（一）历史教师教学质量评价的一般过程

1. 制订评价量表，明确教学质量的评价目的

在目前的教学管理中各级教育部门都制订了关于教学质量的评价量表，有些学校依据上级部门提供的量表进行评价，有些学校根据自己学校的特点自行设计评价量表。评价量表的制订有利于规范教师的教学行为，教师可以根据评价量表备课、组织教学活动，评价量表具有导向性功能。评价量表不是一成不变的，也不是绝对的，应该根据实际情况灵活调整。下面列出一些评价量表，以供参考。

表3-3 教师教学质量评价的内容和评价标准

评价内容	评价标准
教学目标： 教师要把全班学生培养成推理缜密，思想方法与行为以及社会价值观念都有助于学习的学习者	①对所有学生的各种不同见解、技能和经验都有所尊重； ②要使学生在决定应该教什么和应提升什么学习环境的时候都有真正的发言权； ③要在学生中培养协作精神； ④要将学生的技能、思想方法、行为方式和价值观念作为重点加以培养

续上表

评价内容	评价标准
教学设计： 教师要为学生制订合理的教学方案	①为学生制订一个包含年度目标和短期目标的计划； ②要针对学习内容进行课程设计，使之适合学生的经历、兴趣、知识水平、理解力和其他能力； ③选择教学和评价方案，以提高学生对知识的理解，把学校变成学生积极参与学习的场所
管理教学环境： 教师要营造和管理好学习环境，为学生的学习提供必要的时间、空间和资源	①安排好可以利用的时间，使学生有机会参加拓展性研究； ②要创造一种灵活的、有助于学生学习的环境； ③要确保学习环境的安全性； ④要使可以利用的学习教材、视听媒体能够为学生所利用； ⑤要能鉴别和利用校外的学习资源； ⑥要使学生参与学习环境的设计
促进教学： 教师要学会引导学生学习，会将学习活动化难为易	①要组织好学生围绕学习问题进行讨论； ②要设法使学生认识到并担负起他们在学习中所应承担的责任； ③要认识到学生之间存在的巨大差异，能采取相应的做法和措施，鼓励全体学生都参与到学习之中； ④要根据学生的数据、有关人员对教学工作的评议，以及与同事的交流，总结改进教学
对学习的评价： 教师要对学生学习的整个过程进行不断的评价	①要使用多种方法，系统地收集关于学生的理解能力与其他能力的数据； ②要分析评价数据，指导教学； ③要指导学生进行自我评价； ④要向学生、教师、家长、决策人员以及广大公众报告学生的学习过程和学习结果

表 3-4 番禺区课堂教学评价表

学校		授课教师		职称		
授课班级		课题			课型	
学科		课时	第 课时			
评价项目	评价要点				分值	评分
教学目标	能将教学目标转化为学习目标； 目标完整，符合学科课程标准； 目标明确，可操作、可观察、可测量				20分	
教学内容	研学内容适当，重点难点突出； 研学线路清晰合理； 研学问题精当，有价值				30分	
教学过程	学科特色鲜明，课型特征明显； 研学过程能充分体现自主、合作、探究学习； 后教策略恰当				30分	
教学效果	学生参与度高； 教学目标达成度高； 学生均能获得发展				20分	
评价等级	优 (85—100)	良 (70—84)	合格 (60—69)	不合格 (59以下)	总分	
					等级评定	
评价意见						

我们在使用评价标准时要结合本校或同类学校的实际情况，通过与同类学校的比较进行评价，划分评价等级。评价标准只是相对标准，而不是绝对标准。评价标准有利于教师对照标准的要求找出差距，有利于改进教学。

2. 评价历史教师教学的具体方法

如何科学地、全面地、客观地对教师教学进行评价？我们可以依据评价标准，结合教学发展的新要求，以教学评价的主体不同为依据进行评价，分为自我评价和他人评价两种方法。

（1）自我评价。教师自评主要通过三种方式进行：一是根据别人结合自己的评价来评价自己；二是通过与他人的对比来评价自己；三是通过自我分析来评价自己。

表3-5 番禺区初中历史学科课堂教学自我评价表（新授课）

指标	要求	自我评级（1—4分）			
		不足(1)	尚可(2)	较好(3)	很好(4)
教学内容	体现主干知识				
	重点难点分析透彻				
	根据实际情况对内容进行有效整合				
	教学容量恰当，符合学生年龄要求				
	没有科学知识错误				
	教学内容适当拓展，具有开放性				
	具有综合性（高中）				
教师导学	创设有吸引力的情景				
	对学生学习方法的掌握有启发				
	符合学生的认知水平，帮助学生突破原有的知识结构，构建新的知识结构				
	问题设计恰当，学生有明显的反应				
	组织形式多样				
	对学生的评价有利于促进学生进一步发展				
	教学语言体现历史特色				
	提供学生运用知识的机会				
	启发学生下一步（课后）继续思考				
学生参与	学生能保持较高注意度				
	学生愿意积极参与各项教学环节				
	学生敢于大胆质疑，提出自己的见解				
	学生能把课本知识与现实、学过的知识进行结合				

续上表

指标	要求	自我评级（1—4分）			
		不足(1)	尚可(2)	较好(3)	很好(4)
教学手段	用有效的手段有效完成教学				
教学素养	表达清晰				
	教态自然，亲切				
	课堂调控能力强				
课后反馈（口头或问卷调查）	我喜欢这样的课 我有收获				

表3-6 课堂教学质性评价记录

教学特色和创新	
我最欣赏的教学环节及原因	
值得商榷的地方	
我的设想	
我的建议	

（2）同行评教。在同行评教中，为了避免过于主观，一般进行集体研讨，具体操作：阐释案例—交流研讨—集体诊断—自我反思—形成新例。首先，授课教师阐释自己的教学理念。其次，可以充分利用"课堂观察量表"（见表3-7）。根据观察的四个维度，分小组观察记录，分小组评课、议课（研讨时间：30分钟）。第三，小组推荐中心发言人，汇报观察记录，阐述小组成员对本节课的看法，对不足之处提出改进意见。第四，总结研讨情况，结合本节课的教学实践提出解决问题的策略及下阶段教学建议。第五，布置工作。针对本节课教学存在的问题，分工合作，通过问题研究，寻找对策，构建新的课例。

表3-7 广州市中学历史学科课堂观察量表

执教者	姓名		单位	教学课题	
观察者	姓名		单位	观察维度	
观察维度	视角	观察点			观察记录
维度一 教师教学	环节	如何围绕目标展开?这些环节是否面向全体学生?不同环节的时间怎样分配?			
	呈现	讲解是否有效?板书的呈现是否为学生提供了帮助?媒体呈现是否有效?			
	指导	如何指导学生自主学习、合作学习、探究学习?效果如何?			
	对话	提问的时机、对象、次数如何?问题的类型、认知维度怎样?候答的时间是多少?引导、点评怎样?			
	机智	如何处理突发事件?结果如何?有哪些具有特色的课堂行为?			
维度二 学生学习	准备	学生课前准备了什么?准备得怎么样?有多少学生准备了?			
	倾听	有多少学生倾听老师的讲课?能够倾听多少时间?有多少学生倾听同学的发言?倾听时有哪些辅助行为(记笔记/查阅/回应)?学生倾听的侧重点是什么?学生在什么情况下会走神?			
	互动	有哪些互动、合作行为?参与互动的人数、时间、质量如何?学生的互动能够为目标达成提供帮助吗?			
	自主	自主学习的时间有多少?有多少人参与?学困生的参与情况怎样?自主学习的形式有哪些?自主学习有序吗?			
	达成	学生清楚这节课的学习目标吗?课堂中有哪些证据证明目标的达成(观点、作业、表情、演示)?有多少人达成?			

续上表

观察维度	视角	观察点	观察记录
维度三 课程内容	目标	目标是根据什么预设的？是否适合该班学生？预设的学习目标是怎样呈现的？课堂有无生成新的学习目标？怎样处理新生成的目标？	
	内容	怎样处理教材？是否合理？采用哪些策略？怎样凸显本学科的特点、思想、核心技能以及逻辑关系（时序、变迁、因果、证据、解释、神人）？	
	实施	实施的教学方法是否与学习目标适合？有没有关注学习方法的指导？是否有效？	
	资源	预设哪些资源？怎样利用？生成哪些资源？怎样利用？向学生推荐哪些课外资源？可得到的程度如何？	
维度四 课堂文化	民主	课堂话语是怎样的？怎样处理不同意见？师生、生生关系体现了哪些特征（平等、和谐、民主）？师生、生生间的关系怎样？	
	创新	教学设计、情境创设、资源利用有何新意？教学设计是否有助于学生表达自己的奇思妙想？是否生成了新的教学资源？	
	关爱	学习目标怎样面向全体学生？怎样关注不同学生的需求？	
我的思考			

新课程实施以来，"自主—合作—探究"的学习方式得到普遍的认同。小组合作学习已经成为课堂教学的常态，在听课过程中发现许多课堂小组合作学习流于形式，主要存在的问题：一是提出的探究问题过于浅显，合作探究的意义不大；二是教师提供的素材不足，学生合作探究时无从入手；三是小组分工不明确，没有充分发挥小组成员的长处等。总之，目前小组合作学习存在着效度不高的情况。为了了解小组合作学习的效果，我们设计了小组

合作学习的观察表（见表3-8），便于听课教师做好记录，进行科学分析。

表3-8 小组合作学习课堂观察表

课题		年级	听课时间	听课人
项目	时间（合作学习的所用时间）	合作学习的内容	学习方式	学习效果
生生合作学习				
师生合作学习				
合作学习的优点				
不足之处				
改进建议				

（3）学生评教。学生评教是一种比较民主的形式，主要有问卷调查和座谈会两种形式。学生评教的内容主要是评教师的工作态度、教学方法、表达能力、教学组织能力、师生交流、学生收获、作业布置和批改等。学生评教一般采取随堂评价和阶段评价。随堂评价是教师上完课马上组织学生进行问卷调查，即时了解本节课的教学情况；阶段评价是中段考结束或学期末组织学生进行问卷调查和座谈，了解一个时段教师的教学情况。广州市番禺区余颖娴老师上了一节区公开课，课后我们即时对学生进行的问卷调查。调查情况如表3-9所示。

表3-9 课堂学习学生5分钟问卷调查表

问题	选项	学生反馈情况
1. 你认为本节课通过自主学习应该掌握知识的比例为：	A. 全部	46%
	B. 80%	50%
	C. 60%左右	4%
	D. 50%以下	0
2. 通过"自主—合作—探究"学习，你明白本节课的重点难点问题吗？	A. 明白	70%
	B. 基本明白	22%
	C. 有些模糊	2%
	D. 不明白	0

续上表

问题	选项	学生反馈情况
3. 你比较喜欢哪一种课堂教学方式？	A. 老师多讲多抄，学生主要听课和记录	2%
	B. 老师点拨方法，学生先学后教，讲练结合	87%
	C. 老师很少讲解，学生自由看书和做练习	4%
	D. 老师多提问，学生集体回答问题	2%
4. 用"学案"教学，你的态度是：	A. 赞同	93%
	B. 不赞同	0
	C. 正在适应中	7%
	D. 无所谓	0
5. 如果完成"学案"有困难，你一般怎么解决？	A. 问老师	9%
	B. 小组讨论	87%
	C. 自己看书，或上网解决	4%
	D. 不做，无所谓	0
6. 在小组合作学习的过程中，你的参与度	A. 全程主动参与讨论，积极发言	80%
	B. 以听为主，偶尔参与讨论	20%
	C. 只听不说	0
	D. 不确定	0
7. 你觉得本节课的课堂学习时间是否充分，效果怎样？	A. 充分，收获多	91%
	B. 充分，收获不多	7%
	C. 不够，收获一般	2%
	D. 不清楚	0
8. 你最欣赏本节课老师讲课的哪些优点？（可多选）	A. 循循善诱，条理清晰	70%
	B. 能够引导学生主动参与，激发学生思考	76%
	C. 深入浅出，有趣有益	65%
	D. 语言准确，讲解到位	61%
	E. 板书给人印象很深	20%
	F. 和蔼可亲	57%

我们采取了师生的评教和教师自评，根据师生反馈的意见，余老师反复琢磨，进一步改进教学，使这节课成为了精品课，参加国家、省、市、区优

质录像课的评比，获得了 6 项大奖。

教学活动由教师的教和学生的学组成，教学评价是对教学情境中师生双方教与学的评价，二者是相辅相成、不可分割的。教师教学发展评价的结果在很大程度上会影响教师对自身教学效果的判断，同时还会影响教师对学生学业发展评价。

三、学生历史学习的多元评价

新课程所倡导的教育评价是发展性评价，必须以"人"为出发点，促进个体和谐发展。提倡评价内容多元化；评价主体互动化；评价方式多样化。从 2000 学年开始，广州市实施"初中历史学生学业成绩多元化评价体系"，形成性评价和终结性评价并举、定性评价和定量评价相结合、反思性评价与鼓励性评价相结合，建立纸笔测试、非纸笔测试（开放式考查）、平时成绩三部分构成的新课程教育质量的评价体系。实现了评价目标多元化、评价手段多样化。

1. 纸笔测试

纸笔考试考查学生基本知识和能力的掌握情况，是多元化评价体系的主要组成部分。高中每学期学校自行组织期中、期末纸笔测试，高二全省统一组织水平测试，高三文科生参加全国高考。初中纸笔测试差异明显，有些地区重视对初中历史学习的监控，纳入到中考，平时也注重学生的纸笔测试；有些地方仍将历史称为副课，纸笔测试的随意性较强。

纸笔测试是对学生评价的最主要方法之一，也是在教学评价中比较常用的一种获取评价资料的方法，旨在全面检查和衡量学生所学知识、技能的掌握情况。在命制纸笔测试题时要做到以下几点：一是明确考试目的。要综合考虑考试分数的用途、参加考试的对象以及考试的重点内容等。二是科学命题。要严格依据课程标准，考虑考试的目的、对象、性质、内容、题型、方式、时间、记分方法等。同时要考虑命题的知识覆盖面，题目的分量与难度、题型多样化以及试题用语等。三是试卷评阅标准化。评卷时要制定统一的评卷标准，并依据课程内容和评价性质确定适当的记分方式和细则。客观、公正、准确地评阅试卷，也是纸笔测试评价的关键。四是及时总结，分析反馈。对考试结果的分析除了老师及时了解学生知识和技能掌握的程度外，还要让学生及时进行自我检查、自我分析、自我评价，找出自身存在的问题。

2. 非纸笔测试（开放式考查）

非纸笔测试主要指表现性评价。表现性评价也被称为"真实性评价"或

"选择性评价",主要是用来测量那些不能被客观性试题很好地测量的学习结果。主要是学生通过研学活动,形成一定的成果,评定者按照一定标准对学生进行直接的观察、评判,主要考查学生团队合作能力、创新能力、实践能力、思维能力、文字表达能力等。

评价的方式目前主要有历史小制作、历史漫画创作、历史手抄报、历史剧本创作、历史剧表演、历史剧海报创作、历史小论文、家乡名人调查报告、家乡名胜古迹的考察、数字故事、社区调查报告、社区历史视频作品、社区历史摄影作品、社区一日游路线设计等。教师可根据学习内容和学生年龄特点选择相应的内容。在活动中,教师可提供相关的资料,设计评价量表,指导学生有序开展,做好过程记录。以广州市番禺区学生研学活动的开展为例进行说明。

第一,教师通过查阅资料、实地考察、研究提供本区域内可利用和可开发的历史文化资源,供学生开展研学活动参考。

表3-10 广州市番禺区可利用和可开发的历史文化资源

区域历史文化资源类型	可开发和可利用的文化资源	课程价值
文化场馆及纪念碑	番禺博物馆、冼星海纪念馆、小谷围大学城博物馆、虎门炮台文管所等;石楼莲花城遗址、南村植地庄抗日纪念碑、烈士墓、七星岗、广游二支队司令部旧址(沙湾涌边陈氏祖祠)、新造"二·一八"抗战烈士纪念碑、番禺人民英雄纪念碑	爱国主义教育、革命传统教育的乡土资源
历史时期地质遗址与自然景观	莲花山古采石场遗址、大夫山、红树林等	莲花山古采石场遗址与南越国,南越国与汉代的岭南(广州乡土教材)
祠堂、园林、民居等乡土建筑与宗族文化	以番禺沙湾何姓(含何、王、李、黎、赵五大姓)、石楼陈姓、员岗崔姓、南村邬姓四大望族和大型乡村社区,市桥谢、黎、韩、吴、李五大望族,沙涌等明代九屯十三乡的军籍宗族等为主干的番禺地区宗族文化;以番禺"四大宗祠"——何氏留耕堂、陈氏善世堂、崔氏昌大堂、邬氏光大堂(含余荫山房)及各村宗族大小祠堂等祠堂建筑	宗族文化的起源、现状、建筑特色、影响。形成校本乡土教学资源,培养热爱家乡的情感和文物保护意识

续上表

区域历史文化资源类型	可开发和可利用的文化资源	课程价值
历史名人及相关遗址	古代：屈大均（墓、亭、屈氏大宗祠）、黎遂球（黎永思堂）、陈元德（晋建国大将军）、明清两代各地的科举功名人物 近代：岭南画派创始人：高剑父、高奇峰；"岭南画坛三杰"；冼星海；"何氏三杰"；邬庆时（近代著名方志学家）；崔蔚林（广东音乐大师）；崔树芬（近代华侨领袖） 现代：广绣艺术大师陈少芳；爱国富商何贤，澳门特别行政区第一、第二任行政长官何厚铧等	文化底蕴深厚的政治、经济原因；文化的继承、发展与建设文化强区，名人的成长历程与人格魅力
明清至近代文化教育设施与遗迹	南村罗边培兰书院、石基九成书院、召棠书院、凤社学、茂生纪念学校，各大宗祠及大夫山上的功名石、旗杆夹等	重教兴学的传统；教育制度、科举制度以及人才选拔的补充材料
民间艺术、习俗和民间传说、民歌等非物质性文化	民间艺术：沙湾飘色、沙坑醒狮、南村刺绣、市桥水色、凌边乞巧、沙涌鳌鱼舞、石楼广彩、南村员岗龙船头制作、员岗跶色、厦滘龙舟制作、大石灯芯花工艺、沙湾广东音乐、岭南画派、传统壁画、砖雕、灰塑艺术 （广州春睡画院、广州美院岭南画派纪念馆、广州锦纶会馆、广州丝织业博物馆、陈家祠广东民间工艺博物馆、余荫山房、宝墨园等） 庙宇与祭祀：屏山村简公佛庙、沙湾北帝庙、官堂康公主帅、板桥波罗诞、赤岗东、赤山村等十八乡（村）洪圣巡游（用具）、茭塘村、独洲村文武庙、南沙九王庙、天后宫等 习俗：各村镇的自梳女、不落家及姑嫂坟、贞节牌坊等的女性文化	探究：民间艺术的传承与发展；民间习俗的积极意义及影响；传统的妇女道德观与当今的妇女问题；民歌、传说反映的社会现象；民歌、传说的地方特色等

续上表

区域历史文化资源类型	可开发和可利用的文化资源	课程价值
社会风貌、饮食文化与地方特产	沙湾（姜）撞（埋）奶、牛奶白饼、沙湾鱼皮角、牛乳饼、沙湾奶霜牛乳、薄饼等；传统节日的饮食变化；人们衣、食、住、行的变化	富有地方特色的饮食文化的传承与创新；从人们饮食习惯的改变看社会的发展
历史文化名镇、村、街区	沙湾古镇（安宁西街、东陂街古镇历史风貌核心保护区、北村"留耕堂、玉虚宫文物保护区"、西村和合里古民居群建筑）、大岭古村（包括显宗祠、龙津桥、接龙桥、大魁阁等在内的"水口"古建筑群）；南村沙市街永宁里历史街区，罗边村红、白石街镬耳大屋古民居，坑头村历史街区；厦窖村近代古村；苏坑村（眉山）历史街区、塘头村联桂里历史街区（明代后山黄公祠古牌坊）、西村古祠堂民居；市桥谢地大街、先锋大街历史街区；沙涌村东南大街历史街区（天后宫、鼎龙堂、古祠堂民居）、新桥村古建筑群（古桥、民国乡公所旧址、古庙、古祠堂、镬耳大屋民居）、新水坑古村落；赤岗东、赤山村古民居祠堂；小谷围南亭村、练溪村（霍氏大宗祠、淡隐霍公祠和萧氏宗祠、关氏宗祠、三圣宫、丛荫林公祠、胜广梁公祠）	古村镇的文化、历史价值、保护与开发等探究
沙田水乡、疍民垦殖与耕作、习俗文化	军籍宗族与沙田大族对沙田的开发、垦殖的历史与文化、沙田水乡茅寮聚落居住文化、疍民生活习俗、服饰、咸水歌、沙田垦殖与耕作文化（围垦、农具、技术、农作物品种等）	沙田水乡文化的特色与现存的历史痕迹的保护，生产、生活现状的调查；形成沙田水乡的乡土教材
历史遗址与墓葬	南沙人遗址、小谷围南汉国康陵、德陵遗址、明代石人石马墓葬、清代早期炮台遗址、屏山东汉古墓群、南村海云寺遗址；墓葬和祭祀习惯等；"顺德祠堂南海庙，番禺傻憨做山坟"说法的由来	番禺与中原文化的联系与地方特色；近代番禺地区历史地位等；殡葬和祭祀习惯所反映的社会状况

第二，制定评价要求（见表 3-11）。通过制定科学、合理、便于操作的各项评价指标，更好地发挥导向作用。

表 3-11 开放式考试的内容及评量要求

一、历史材料收集整理	1. 围绕某一主题收集资料； 2. 要求题目明确具体，材料详实，能解释材料与主题的关系； 3. 收集渠道不限（可以是新闻剪报、书籍复印资料或从网上获取的资料）； 4. 表现的形式不限（可以是以文字为主的表现形式，也可以是以图片或邮票复印件为主的表现形式）； 5. 注明资料出处
二、家乡名胜古迹的考察	1. 要求写出考察报告、介绍文章，或者用书信的方式表现（如向远方亲友介绍自己家乡的名胜古迹）； 2. 内容要详实，能够反映自己参观考察后的真实感受； 3. 能提出宣传、开发、保护家乡名胜古迹建议的，酌情加分； 4. 配有详尽图片说明的，酌情加分
三、历史题材作品观后感	1. 历史名著的读后感：对名著中的人物、事件谈出自己的看法、感想，评价要有独到见解，言之有理，或能"以古鉴今"，体现历史的借鉴价值，酌情加分； 2. 小说、影视作品的辨析：能指出有关题材中的历史事实、历史情节、历史材料的真伪虚假； 3. 论证的材料要详实，引用的资料要注明出处
四、撰写历史小论文	1. 在一定的范围内，在教师的指导下，学生自己确定题目； 2. 可以评议历史事件，也可以评议历史人物； 3. 要求论点明确、论据充分、论从史出、史论结合； 4. 客观、科学、有新意的观点，并能自圆其说的，可酌情加分； 5. 体现质疑求真探究精神的小论文，应鼓励并加分； 6. 要注明资料出处

续上表

五、口试	1. 能生动、完整地讲述历史小故事； 2. 能恰当地解释自己进行某一专题历史考察的原因或某一主题历史材料收集的原因； 3. 能清楚地表明自己撰写的小论文的观点，能就同学提出的质疑作出恰当的解释； 4. 能对同学的发言提出有水平的质疑或自己的见解，可酌情增加平时成绩； 5. 要求语言清晰，表述有序
六、历史小报编制	1. 主题鲜明，反映历史学科的知识内容； 2. 内容丰富，形式生动，版面美观； 3. 按统一规格制作
七、历史小制作	1. 反映中学历史学习内容； 2. 需介绍作品的时代背景、特点及主要功能； 3. 制作精美，外形相似
八、历史小话剧演出	1. 选材合适，具有正确的历史观和价值观，具有较强的教育意义； 2. 情节引人入胜； 3. 历史人物性格鲜明； 4. 既尊重历史，又有合理的创造； 5. 结构完整，应有"开端—发展—高潮—结局"等若干环节； 6. 表演神态自然、声音嘹亮，能形象生动地展现人物性格
九、数字故事	1. 作品主题明确，中心突出； 2. 内容要符合史实，体现作者的思想感情和历史思考； 3. 作品要注意文字、图片、音乐等资源的合理比例与布局； 4. 作品一律要求原创，不得抄袭、改编网上作品
十、社会调查报告	1. 内容：调查学校所在社区的历史，包括社区历史沿革、历史遗存、传统文化、传统技艺、乡风民俗（家风族风）、家谱族谱、名人逸事、革命传统等，或者社区内工矿企业、学校教育、公共事业的发展历史等； 2. 社区历史调查报告应包括调查目的、调查方法、调查内容、调查结论等； 3. 社区历史调查报告的内容应包括调查报告和调查的过程性材料

续上表

十一、社区历史视频作品	1. 视频拍摄的内容：学校所在社区的历史，包括社区历史沿革、历史遗存、传统文化、传统技艺、乡风民俗（家风族风）、家谱族谱、名人逸事、革命传统等，或者社区内工矿企业、学校教育、公共事业的发展历史等； 2. 要求视频格式为MP4，单个作品播放时间10分钟左右，最长不得超过12分钟； 3. 拍摄视频的同时附上文字说明，讲述视频拍摄的意图和内容框架
十二、社区一日游路线设计	1. 社区一日游路线设计要根据学校所在社区的历史、现状来设计路线； 2. 社区一日游路线设计内容：包括社区一日游手绘路线图和一日路线设计说明； 3. 用A4纸绘制路线图，并将其拍照另存为图片格式； 4. 路线设计文字说明另存为WORD文档

第三，做好活动记录，重视过程性评价。教师对学生在研学过程中的行为表现进行观察，作出记录，从而评价学生参与学习活动的状态、进展与成效。如观察学生在活动中的团队合作、对活动的设计、对活动的开展和组织、历史学习方法的运用等情况。以广州市番禺区沙滘龙舟文化调查为例。

表3-12 广州市番禺区沙滘中学调查活动记录表

2017学年第二学期　　　初二（2）班　　　指导老师：周燕萍

活动领域	人与文化			
活动主题	沙滘龙舟文化调查			
活动内容	龙舟制作调查			
参加人员	组别	龙舟制作组	组长	陈舒翘
	成员	陈舒翘、王嘉瑞、钟金坤、王瑛、陈子进、杨小彤		

续上表

活动时间	周六、周日	活动地点	上澈村龙舟厂
活动过程记录	第**周：分组、确定小组长、明确组员分工 第**周：到龙舟厂调查、访问（简单调查） 第**周：到龙舟厂调查、访问（深入调查） 第**周：整理资料 第**周：交流评价 第**周：整理资料（到龙舟厂调查、访问） 第**周：成果展示		
活动效果	调查目的是"制作龙舟工序"，宗旨是"没有做得最好，只有做得更好"。调查过程中出现各种意想不到的问题，但最终都克服了，可以说获益匪浅		
活动体会	我们遇到的困难很多，首先是分组，然后是调查，最后是整理，功夫不负有心人，最终还是得到满意的效果，真的非常开心。在这个活动中我们获得了知识，开阔了视野，培养了动手的能力		
自我评价	作为这组的组长，我觉得责任重大，所谓"任重而道远"。我在本次活动中，培养了领导能力和管理能力。这些能力是将来在社会立足的资本，让我感到我长大了		
备注			

第四，做好评价与反馈工作。为更好地指导学生完成各种开放式考试任务，引导他们及时反思与总结，一些学校结合本校的实际情况制定了各种反馈表，让学生规范其学习行为，并在"自评"与"他评"中体验成功的喜悦，反思自己的不足。这样的评价新模式，使历史学习的过程从课堂延续到课外，使历史目标的掌握从知识的识记到三维目标的有效达成。

表 3-13 历史开放式作业评价与反馈表

学校		班级		姓名	
作品名称				表达方式 （或所用材料）	
作品内容					
小组分工情况					
完成过程					
感受与反思					
自我评价					
家长评价					
老师评价					
备注					

课堂教学是课程改革的主战场，理念的落实、目标的达成、教学方式的转变都要在课堂上实现。课程改革以多元评价为切入点，通过多元评价更新教师观念，使课堂教学焕发出勃勃生机，从而全面提高课堂教学的有效性。

第四节 教学素养提升路径

教学素养是专业素养和教育素养的重要组成部分，简单说，就是教师"怎么教"，引导学生"怎么学"所需要的素养。这些素质是通过长时间的专业训练形成的专业思维，通过这种思维促成基础知识的积累，增加基本专业技能，形成专业基本经验，从而达到某门具体学科所要求的基本目标。如何提升教师的教学素养呢？

一、读书交流，促教师素养提升

阅读是构成教师教育素养的重要支架。苏联著名教育家瓦·阿·苏霍姆林斯基指出：教学素养"首先是指教师对自己所教的学科要有广博而深刻的知识"。对教师的学科专业素养，他有以下几个方面的要求："**热爱那门学科并热心该学科存在的探讨问题；精通那门学科，能够分辨清楚该学科最复杂的问题；了解那门科学的发展情况（最新的发现、正在进行的研究及其最近**

取得的成果），能够分辨清楚那些处于科学思想的前沿问题；具备那门学科的独立研究能力。"特级历史教师郭富斌老师说："教师阅读的深度、广度和高度决定了课堂的深度、广度与高度。""教师阅读的边界就是教学的边界。"赵亚夫教授认为："历史有效教学的原动力不是教育学和心理学，而是历史学；凡是把历史讲得不熟不透的教师，都是因为学科功底不扎实；很多人认为，教育理论可以帮助中学教师有效开展学科教学，事实证明并非如此。"历史是人文学科，历史学不断会有新的发现，随着时代的进步，学者对历史也会产生新的解释。因此，历史教师需要不断地阅读，通过阅读观察历史，深入把握历史现象；通过阅读了解新的证据，还原历史真实；通过阅读学习历史分析，学会严谨的思维，感悟历史内涵。

目前中学历史教师专业发展的现状是大学毕业后相当部分老师对系统的学习有所放松，阅读碎片化现象严重，暴露出的问题主要表现在：一是历史学科专业知识陈旧。现行教材修订时都会融入新观点、新理念，有些教师面对教材的新变化往往表现得手足无措，抱怨书难教，特别是面对高考题出现的新学术观点更是无所适从。二是历史学科专业知识贫乏。历史学科涉及领域广泛，中学历史教学要涉及政治、经济、思想文化等方方面面，历史教材是学生容易读懂的教材，几乎没有文字阅读的障碍。如果教师照本宣科，就会出现学生上课昏昏欲睡。历史课要成为学生喜欢的课就需要教师具备渊博的知识，从某种程度上说历史学科对历史教师的学识要求更高，需要教师对历史知识的理解有深度、有广度，还要有高度。三是历史学科专业知识不准确。教师没有阅读相关论著或史料去搞清楚相关历史问题，只是依据教材叙述，有的教师看一看教参的解释就开始上课，有些甚至断章取义，缺乏历史学科研究的基本素养。要使教师个体能可持续发展，教学能力不断提升，就要坚持阅读，把阅读作为提升教师学科教学素养的首要途径。

在引导教师进行专业阅读时，笔者提倡教师个体阅读和群读相结合。教师群读可采取以下方式：推荐书目→成立读书会→阅读书籍→交流分享。笔者推荐的阅读书目主要有历史学科、教育教学、心理学等类别，分别成立初中、高中两个读书会，每学期至少读两本书，一本书为指定书目，另一本书由教师根据实际情况自选；学期末组织读书交流会，推荐3至4名老师做专题发言。通过任务驱动，使老师每学期至少系统阅读2本书，避免教师的阅读仅停留在碎片化水平，只见树木，不见森林。

历史学科涉及的范围广，作为中学历史教师的阅读既要广又要专。教育学、心理学等学科知识、课程论、教学法、历史专著、经典文学作品、学术期刊等都应该列入教师的学习内容中。推荐以下书目供大家参考。

1. 教育学、心理学、教学论书目

[1] [美] 阿妮塔·伍德沃克. 陈红兵译. 教育心理学 [M]. 南京：江苏教育出版社, 2005.

[2] 齐健, 赵亚夫. 历史教育价值论 [M]. 北京：高等教育出版社, 2003.

[3] [美] 帕默尔. 吴国珍译. 教学勇气——漫步教师心灵 [M]. 上海：华东师范大学出版社, 2005.

[4] [美] 英特拉托. 我的教学勇气 [M]. 上海：华东师范大学出版社, 2008.

[5] 皮连生. 学与教的心理学 [M]. 上海：华东师范大学出版社, 2009.

[6] 加涅. 教学设计原理 [M]. 上海：华东师范大学出版社, 2018.

[7] L.W. 安德森等. 学习、教学和评估的分类学 [M]. 上海：华东师范大学出版社, 2008.

[8] 赵恒烈. 历史教育学和历史思维能力研究 [M]. 北京：人民教育出版社, 2005.

[9] 李剑鸣. 历史学家的修养和技艺 [M]. 上海：三联书店, 2007.

[10] 黄牧航. 高中历史科学业评价体系研究 [M]. 长春：长春出版社, 2012.

2. 史学专著

（1）中国通史书目：

[1] 白寿彝主编. 中国通史 [M]. 2版. 上海人民出版社, 江西教育出版社.

[2] 袁行霈, 严文明著. 中华文明史 [M]. 北京：北京大学出版社, 2006.

（2）中国古代史参考书目：

[1] 朱凤瀚. 商周家族形态研究 [M]. 天津：天津古籍出版社, 2004.

[2] 张荫麟. 中国史纲 [M]. 北京：中国友谊出版公司, 2009.

[3] 吴宗国. 中国古代官僚政治制度研究 [M]. 北京：北京大学出版社, 2004.

[4] 钱穆. 国史大纲 [M]. 北京：商务印书馆, 1996.

[5] 樊树志. 国史十六讲 [M]. 北京：中华书局, 2006.

[6] 李亚平. 帝国政界往事（宋、明、清）[M]. 天津：天津人民出版社, 2015.

（3）中国近代史参考书目：

[1] 陈旭麓. 近代中国社会的新陈代谢 [M]. 上海：上海人民出版社, 1992.

［2］茅海建. 天朝的崩溃——鸦片战争再研究［M］. 上海：三联书店，1997.

［3］茅海建. 近代的尺度——两次鸦片战争军事与外交［M］. 上海：三联书店，1997.

［4］戚其章. 甲午战争史［M］. 北京：人民出版社，1990.

［5］章开沅，林增平主编. 辛亥革命史（三卷）［M］. 北京：人民出版社，1980.

［6］徐中约. 中国近代史（The Rise of Modern China）［M］. 香港：香港中文大学出版社，2001.

［7］郭德宏，王秀鑫. 中华民族抗日战争史［M］. 北京：中共党史出版社，2015.

［8］蒋廷黻. 中国近代史［M］. 北京：中华书局，2016.

（4）中国现代史参考书目：

沈志华. 中华人民共和国史［M］. 北京：九州出版社，2011.

（5）世界史参考书目：

［1］斯塔夫理阿诺斯. 全球通史（上下卷）［M］. 北京：北京大学出版社，2004.

［2］布罗代尔. 文明史纲［M］. 南宁：广西师范大学出版社，2003.

［3］亨廷顿. 文明的冲突与世界秩序的重建［M］. 北京：新华出版社，2002.

［4］汤因比. 历史研究［M］. 上海：上海人民出版社，2005.

［5］［英］艾瑞克·霍布丝鲍姆. 革命的年代、资本的年代、帝国的年代［M］. 南京：江苏人民出版社.

［6］杰克逊·斯皮尔福格尔. 世界历史［M］. 郑州：大象出版社，2006.

［7］加里·纳什. 美国人民：创建一个国家和一种社会［M］. 北京：北京大学出版社，2008.

3. 历史理论书目

［1］王家范. 史家与史学［M］. 南宁：广西师范大学出版社，2007.

［2］杜维运. 史学方法论［M］. 北京：北京大学出版社，2006.

其他：

［1］侯建新. 社会转型时期西欧与中国［M］. 北京：高等教育出版社，2005.

［2］冯友兰. 中国哲学简史［M］. 北京：中华书局，2018.

［3］［美］洛温著. 马万利译. 老师的谎言——美国历史教科书中的错误

[M]．北京：中央编译出版社，2015．

老师们通过一个学期的阅读后，学期末可组织读书交流分享，每次交流会由两位老师主讲，其他老师即兴发言。主讲老师主要从"我是怎样读这本书的；书中最让我受益的一些案例；这本书对我的教学工作有哪些帮助；哪些方式有助于我们专业水平的提高"四个方面来谈自己的读书心得。例如，2014学年第一学期我们指定初中历史教师必读的书目是《历史教学设计》（何成刚，夏辉辉，张汉林，彭禹编著．华东师范大学出版社），这次读书会主讲人谢蓉蓉老师介绍了自己的读书心得，现摘录如下。

【案例】

读书心得交流

广州市番禺区桥城中学　谢蓉蓉

一、我是怎样读这本书的

1. 阅读

第三篇《案例篇》、第四篇《借鉴篇》我是用阅读的方式。这部分内容其实很容易看完，很多案例很吸引人。

第一篇《理论篇》、第二篇《策略篇》对我来说比较枯燥，难以理解，阅读时有一种强烈的负重感，难以继续下去。

过了一段时间，我又鼓励自己，这本书一定要读完！我永远不去读，就永远不可能提升自己的教学水平！接下来怎样去读呢？我采取的方式是听读。

2. 听读

听读的灵感来源于女儿听故事。我用音箱播故事，我女儿听了几次，她就记得上下句，就连我放小学一到四年级的语文书，她一样记得。所以我就想，要是我把理论部分录音，然后多放几次给自己听，听多了自然就能够记得住、理解到了，听比起读所需要的精力就少很多了，我要把"读书百遍，其义自现"变成"听书百遍，其义自现"。

并且听读还能更方便地利用时间。我在家做家务的时候播放，一边做事一边听，节省时间，也不用耗费太大的精力。

我在这里强烈向大家推荐听读的阅读方式，因为这种方式根本不需要耗费多少精力，只要音箱开着，听多几次，就记得住了。

二、书中最让我受益的一些案例

这本书最大的特点就是理论和案例相结合，这些案例补充了很多知识，也提供了很多思路。既扩充了自己的知识面（只有不断扩充自己的知识面，教学时才能厚积薄发），又为我们的教学设计提供了广阔的思路。

下面谈谈我最欣赏或者最受益的几个案例吧。

102—103页案例《中国古代史导言课》的设计；

105—106页案例《星罗棋布的氏族聚落》教学策略的设计；

103—104页案例《三国鼎立局面的形成》课文内容的结构设计；

111页案例《改变世界面貌的蒸汽革命》课堂结构的设计；

142—148页案例《文艺复兴》中有这样一段话"在一定的范围内选取词汇可防止学生思维过分发散，学生的情绪也不至于因为发散性的讨论而被转移；在提供的范围内选取词汇比要求学生凭各自的见解来发表意见要可控而且有效率得多。"

我非常赞成这样的观点，我们不能发散得没有中心，一堂课不能漫无边际地进行所谓的发散性思维，一堂课还是得围绕一个中心，不能率性而为。

167—172页案例《南京大屠杀——七十周年的纪念》中张朝阳教授的观点：不培养"愤青"，应理性爱国。

《南京大屠杀》启示我们如何反思历史；

177—181页案例《美国国父华盛顿》。

三、看完这本书对我的现实的教学工作有哪些帮助

1. 这些优秀的案例为我以后的教学提供了非常丰富的素材。

2. 使我的理论水平有一定的提高，并完成了论文的修改。

3. 看了这些教学案例，深感互相学习的重要性。

四、现实生活中哪些方式有助于我们专业水平的提高

1. 与书交流

看完《华盛顿》后，又激发了我想看《大国崛起》这本书的欲望。

2. 与人交流

在与他人交流中不断学习，提高自己的教学水平。例如，在讲授《第二次世界大战》时，我设计的学案，基础内容是用填空题的方式呈现，与李老师交流后，她建议改成问答题或列举题的形式呈现，这样可以培养学生阅读教材的概括能力。余老师也提出，用填空题的形式呈现是不能够提起学生的兴趣的。于是，我通过查找资料，用图片、漫画等形式创设情境，设计问题，逐层推进，引导学生。

从2010年广州市番禺区历史学科开展教师阅读活动，到今年已经有9年的历史了，从大家被迫阅读到主动阅读，这项活动得到了教师们的普遍认同。在这9年中，教师更新了知识，不仅了解过去发生的事件，更进一步理解了历史学科的知识体系、基本思想和方法，对过去事件的理解和表述，使老师自身的学科素养不断提升，老师们活学活用，将书本知识与课堂教学紧密结合起来，有利于拓展学生视野，有利于学生将历史与现实紧密联系，汲

取历史智慧，充分发挥了历史学科的育人功能。

二、以研促教，引领教师成长

（一）课题研究

课题研究是教师专业发展的重要平台和成长方式。20 世纪 80 年代以来，"教师即研究者"逐渐被各国教育界所认同，教师成为研究者，既体现了教育变革对教师的基本要求，也体现了教师个人发展的内在需求。课题研究有助于促进教师观念的更新，有助于完善教师的知识结构，有助于提升教师教育能力。

"研究"一词源于法国，它是指为发展和确立事实及关系而采取的一种周密的、有系统性的调查。简单地说，"研究"是一种系统的探究活动，是一种运用科学方法来探求问题答案的过程。美国学者贝斯特和卡恩曾经比较全面地给出了"研究"的 12 个特征。蔡笑岳主编的《教师专业发展与教育科研》一书中，概括为一项研究包括三个要素。

（1）目的："研究"是一种有计划、有意图的活动。它以发现事物的规律性、解决新问题或改进某种实际情景为目的。

（2）过程：为了达到目的，"研究"将有计划、有步骤、分阶段地进行，有一套严格而系统的操作原则和程序。

（3）方法："研究"的过程，就是运用各种方法认识和解决问题的过程。方法以自己的尺度调节着整个活动的进行，它的正确选择与使用是研究成败的关键。

教师在教育教学过程中开展的研究，主要是通过有目的、有计划的教育研究活动，实实在在地解决自身教育过程中遇到的问题，促进教师个人的发展，促进学校的发展。因此，一线教师的研究主要是以行动研究为主。

什么是行动研究？《国际教育百科全书》定义为："行动研究，是指由社会情境（教育情境）的参与者，为提高对所从事的社会或教育实践的理性认识，为加深对实践活动及其依赖的背景的理解所进行的反思研究。""行动研究的目的在于通过科学方法的应用，以解决课堂内的问题。它关注的是特定情境中特定的问题，不重视研究结果是否可以类推到其他不同情境，也不强调研究变量的控制及操作问题。行动研究主要在于解决特定问题，不论研究场所是在一个教室还是多个教室，教师始终是行动研究的主要研究者。"教师或教育管理人员是行动研究的主体；行动研究的目的是为了改进教育教学实践，解决实践中遇到的问题。一项具体的研究主要包括以下几个步骤：

①选择问题；②文献检索；③构建研究假设；④设计研究方案；⑤收集与分析资料；⑥得出结论并撰写研究报告。教师开展行动研究可采用北京师范大学和杨百翰大学的模式：确定问题→寻求问题解决办法→应用解决问题的策略→结果分析→理论发展。

2012年广州市番禺区开展"区域推进研学后教的行动研究"国家级课，掀起了番禺区课题研究的高潮。近三年来，番禺区中学历史教师根据当前教育教学改革的热点问题、教学中存在的现实问题等开展课题研究。在课题研究中，我们通过"课题引领—团队凝聚—专业反思—实践改进"流程开展研究，要求老师们落实好三个环节：一是课题研究的内容和形式；二是课题研究的过程和方法；三是课题研究的成果与提炼。对课题研究做得比较好的团队建议他们申报成果奖。2014年至2017年广州市番禺区历史教师申报的省级、市区课题共29项，主要聚焦在教学内容、教学策略、学生活动、新技术与课堂教学的深度融合四大方面。

表3-14　2014年至2017年广州市番禺区部分立项课题

课题名称	类别
高中历史导学型课堂建构的案例研究	2014年广东省教育科学规划课题
基于历史学科素养的初中历史主题教学策略研究	2016年广州市教育科学规划课题
基于电子书包的初中历史作业管理研究	2016年广州市教育科学规划课题
史学新成果的渗透促进学生历史核心素养提升的研究	2017年广州市教育科学规划课题
初中生史学研习能力培养的行动研究	2018年广州市教育科学规划课题
高中历史课堂探究式学习策略的研究	广州市第十六届中小学特约教研员立项课题

广州市番禺区教师研究的课题旨在解决教育教学中存在的现实问题，探索可行性策略，具有实践性、行动性和针对性的特点。教师在教育教学实践中，发现有研究价值的问题，围绕问题开展课题研究，在调查分析、文献学习的基础上，确定研究的内容、目标，选择方法、手段然后开始研究。在研究过程中，教师教学理念不断更新，教学水平不断提升，研究知识不断拓宽、深化，探索精神不断增强，从而实现自己的专业发展。在课题研究中，通过专家引领、同伴互动、个性发展，构建了互补型、多层次、有梯度的学习共同体和研究型团队，团队成员可在"理论学习—实践探索—分享交流—反思提升"的研究流程中形成优势互补、互促互学、合作共赢的格局，从而

促进教师个体和群体的专业成长。由于不同的教师在专业水平、知识结构、思维方式、认知能力等方面存在着差异，彼此之间在问题的认识上也会产生分歧。在解决分歧，重建认知平衡能力的同时，也激发了教师不断加强理论学习，对问题进行深入的思考，实现思维碰撞、思想交锋，一方面推动课题研究一步步地向纵深发展，另一方面以研促学、以研促教，有利于教师拓宽视野，督促教师探究新知识，使课题研究真正成为教师专业发展的重要平台和成长方式。在课题研究中，一些年青教师脱颖而出。例如，戴世锋老师主持了省、市、区课题，出版了个人专著；余颖娴、简允诗、陈岳庄等老师成为广东省、广州市有影响力的教师；谭方亮老师主持了广州市学术创新团队"史学阅读促进学生历史核心素养提升的研究"课题。

（二）课例研讨

教师的教学既是个人独立的工作，也需要同伴合作交流，依托区域教研，开展有效教研活动是提高教师专业能力最快捷、最实用、最有效的途径。有效开展区域教研，在多种形式的教研活动中课例研讨是深受教师欢迎的教研形式。通过课例研讨，希望本区域历史教师依据广州市番禺区中学历史教师学科教学素养的基本要求，在5个维度、24个基本要求下全面提升。每次课题研讨活动，我们采取的是"四课—反思"的教研模式，即"备课、说课、听课、评课和教学反思"。我们主要开展以下三种课例研讨。

1. 主题式课例研讨

主题研讨是以教师在教学实践中遇到的问题为研究基础的行动研究，开展主题式课例研讨活动的目的是及时解决教师在课堂教学中存在的问题。我们主要采用"五步走"的教研实施步骤。

第一步 提出教学问题。首先，教师在自己平时的教学活动中留心记录遇到的教学问题和存在的教学困惑；其次，在预备周和开学第一周各年级中心组负责收集教师在教学中存在的共同问题；第三，教研员提出平时在听课调研过程中发现的问题；第四，年级中心组成员共同研讨，确定本学期研讨主题，制订主题课例研讨计划（授课人、内容、时间、地点等）。对于主题的选择，要求老师注意把握三个要求：一是切口要小。作为常规教研活动，不可能研讨一个较大范畴的主题，活动要解决具体问题以及容易在实践中解决的问题。二是要指向明确。要充分体现教研活动明确的目标指向。三是内容要新。"新"有两个维度的含义：时间维度，就是选择最近需要研究解决的教学问题；区域维度，就是选择当地或学校在教学方面急需研究解决的重要课题。广州市番禺区开展的主题教学活动如表3-15所示。

表 3-15　番禺区教研活动研讨的主题

年级	主题
初中年级	如何设计凝神、激趣、起兴的课堂导入
	如何设计历史课堂教学中的有效提问
	如何进行历史概念教学
	如何开展有效的小组合作学习
	如何运用历史的细节
	如何编制科学有效的学案
	如何具体、生动、准确地描述历史事实
	如何用好教材资源
	如何运用史料教学
	如何梳理历史的基本脉络与发展线索
	如何提炼教学主题，开展主题式教学
	如何整理单元知识，上好复习课
高中年级	如何深度解读课程标准
	如何指导学生阅读教材
	如何提炼和构建教学主题
	如何编制科学有效的学案
	如何运用唯物史观分析问题
	如何培养学生的时空观念
	如何培养历史的证据意识
	如何对史实进行合理的解析与判断
	如何多角度地分析历史问题
	如何上好一轮复习课
	如何上好二轮复习课
	选择题讲评课研讨
	论述题讲评课研讨

第二步　集体研讨教学方案。首先，由授课人提交教学设计，并阐明备课思路、教学设想、预期教学效果等，要特别强调本节课采取什么策略解决

主题问题。其次，由年级中心成员集体研讨，并提出修改意见。

第三步 主题课例研讨。主题课例就是针对番禺区教研活动研讨的主题，按照"发现问题—确立主题—设计方案—形成课例—行动实践"的研究流程，通过教师上公开课在行动实践中解决问题。为了有效地解决提出的问题，在教师授课前，针对之前发现的问题和教师期望解决的问题，提出课堂的观察点，并做好明确分工。以"高三历史复习课"课例研讨为例，在课前，大家提出高三历史复习存在的主要问题：

问题一：教师只注重单个知识点的复习，缺乏对知识体系的整体构建和内容的整合，学生掌握的知识是零散的、支离破碎的。

问题二：缺乏对学生已储备知识的了解，对学生存在的问题和需要解决的问题了解不到位，使复习课讲授往往凭经验和感觉。

问题三：缺乏复习课的特征，只是新授课的简化和浓缩。

问题四：复习重点不突出，对内容没有进行深化、拓展和提升。

问题五：缺乏对教学主题的提炼，不能充分调动学生利用已学知识解决新问题。

问题六：缺乏对学生学习方法的指导，如分析问题和解决问题的方法，答题的基本技巧等。

根据本节课需要解决的问题，确立本次课堂的观察点，分六个小组分别进行观察。这六个观察点是：

一是知识构架体系：重点关注对知识的整合和体系的构建，使学生将知识与知识之间建立联系。

二是复习课的特征：重点关注如何进行知识的再现、强化、巩固和提升。

三是复习课的重点难点问题：重点关注如何解决学生存在的问题、如何突破重点问题、解决难点问题。

四是教学主题的提炼：重点关注师生如何提炼教学主题，通过运用所学知识创设新情境，对主题进行合理的解释。

五是方法指导：重点关注教师如何指导学生分析问题、解决问题。

六是学生的学：重点关注学生在一节课是如何学习的，通过本节课的学习，不同层次的学生是否都能得到提升。

围绕"如何上好复习课"这一教研主题，开展课例研讨，在课堂中，老师们通过听课做好课堂观察记录，便于课后互相交流，分析问题。

第四步 集体研讨，反思提高。按照"阐释案例—交流研讨—集体诊断—自我反思—形成新例"的研究流程，首先，授课教师阐释自己的教学理念；其次，根据各观察小组的观察记录分小组评课、议课（研讨时间：30

分钟）；第三，小组推荐中心人发言，汇报观察记录，阐述小组成员对本节课的看法，对不足之处提出改进意见；第四，教研总结研讨情况，结合本节课的教学实践提出解决问题的策略及下阶段教学建议；第五，布置工作，针对本节课存在的问题，分工合作，通过问题研究，寻找对策，重新构建新的课例。

第五步 专题讲座。针对前期教师提出的问题，在课例实践的基础上，集思广益，教师进一步深入探讨，寻找理论依据，使理论与实践相结合，拓展教师的视野，使教学上升到一个新高度。在课例研讨之后，年级中心组成员会指定骨干教师就主题研讨的问题做专题讲座。

主题式课例研讨是在教学过程中有目的、有针对性地把问题转化为常规教学研究，在解决问题的过程中，通过不断地对问题进行探索研究，不断地反思总结，不断地学习，不断地改进，使番禺区历史教师的教学素养得到长足的发展。

2. 同课异构课例研讨

同课异构是指两名及以上教师围绕同一主题或同一教学内容，采用不同的教学设计分别执教，其他教师听课并进行评课。同课异构以课堂教学为研究基础，以比较研究为方法，在不断的比较和反思中，谋求改善学生的课堂学习和自身的专业发展，适合各个发展阶段的教师的专业发展需要。每学期开学初由教师自荐上课，根据各年级活动的时间安排，依据教学进度确立上课主题。具体流程：选定同一课题→集体备课研讨课程标准和教材→个人教学设计→同课异构付诸实践→课后评课议课，互助提升。

同课异构课例研讨对教师专业成长的作用：第一，有利于教师个性化的教学。不同的教师面对相同的教材，结合所教学生的实际情况，根据自己的生活经历、知识背景、情感体验建构不同意义的教学设计、不同的教学构思、不同的教学方法，呈现出不同教学风格的课堂教学。第二，有助于提高教师的教学水平和专业素养。在同课异构中，教师为了展示自己最优的一面，把最好的课展示给大家，在备课时查阅大量资料，研究教学内容。例如，在高一年级，我们就《开辟新航路》一课开展了同课异构的教研活动，一位授课老师向大家展示了为了上这一课她阅读的十几本关于新航路开辟的书籍，并向大家介绍阅读这些书籍的心得体会，还推荐了有利于教学的相关书籍。同课异构的课例研讨不是单纯的课例展示，同时也是一场读书交流的盛宴，对拓宽教师的视野有很大帮助。第三，有助于实现高效性。同课异构让观课学习者看到对同一教学内容的不同教师的不同加工方式和教学设计，由此而产生的不同教学实践效果，实现了教师之间的实践经验共享、技能上的查缺补漏，互相学习进步。

3. 一课多讲课例研讨

学校以科组或备课组为单位，每学期至少选一节或一个单元开展集体研究，指定一位老师在任教的平行班中一课多讲，即根据不同班级的学情调整教学目标，充分发挥学生的主体作用。研究过程包括六个基本环节。

环节一：针对具体的教学内容，开展第一次集体备课。一是讨论教学设计。主要是对教材分析、学情分析、教学目标、教学重难点、教学方法、学法指导、教学流程图等环节是否科学、准确进行研讨，形成教学设计第一稿。

环节二：第一次实施和集体观课。根据第一次集体备课的教学设计进行课堂实施。备课组长安排科组观课老师分别观察上课老师和学生在课堂中的表现，并进行记录（用广州教育教学研究院历史学科提供的《课堂观察表》）。

环节三：课后第一次讨论修改。根据第一次教学实施情况及课堂实录、第一次观课记录及相关教学调查，进行再次议课（做好记录），由上课老师对教学设计和"研学案"进行修改，形成第二稿。

环节四：第二次实施和集体观课。根据讨论修改后的教学设计和"研学案"进行二次课堂教学相关工作（具体做法参照前一轮）。

环节五：课后第二次讨论修改。相关工作参照前一轮，形成第三稿。如有需要，可以再次进行课堂实施。

环节六：总结归纳得出结论。对两次（或多次）授课和科组研究讨论过程中所收集的相关资料进行整理，分析、比较、归纳，找到一些有价值的问题撰写教学反思。如授课老师发现和诊断自己的教学存在什么问题；科组了解相同教学内容采用不同教学处理策略会有什么不同效果；进行一些课型研究时可以提供哪些共同的参照框架；教师课堂教学设计和教学实施中普遍存在的问题和对策；学生使用"研学案"普遍存在的问题和对策等。

制订了教学案例的研究方法后，由番禺区市桥侨联中学历史科组为全区初中历史老师做示范，然后推广到各校。经历教学案例专项研究的老师们迅速成长，番禺区教师上了一批精品课，还应邀到南沙等区为老师们上示范课，华南师范大学也邀请番禺区老师为本科生上示范课。余颖娴老师被华南师范大学邀请，为教师培训做了"番禺区关于开展教学案例研究"的专题报告，所授"香港、澳门的回归"一课获番禺区、广州市多媒体课例评比一等奖。通过教学案例的研究，广州市番禺区初高中历史课也受到学生的好评。

通过课例研讨，番禺区教师的教学能力有了很大提升，在 2016 年广州录像评比活动中，广州市共设一等奖 7 个、二等奖 27 个、三等奖 48 个，我区共获一等奖 1 个、二等奖 7 个、三等奖 7 个，位居广州市各区之首，在一师一优课中番禺区也取得了优异成绩。

（三）课程资源的开发

课程资源是新一轮国家基础教育课程改革提出的一个重要概念。没有课程资源的广泛支持，再美好的课程改革设想也难以变成实际的教育成果。课程资源的开发与利用是我国新一轮基础教育课程改革的一个亮点。充分利用现有的课程资源，因地制宜，多渠道、多方式地开发新的课程资源，是提高教学效率、促进课程改革实施的重要途径。课程资源的丰富程度和适用程度对课程目标的实现，对提高教学质量和办学水平，对于促进学生有个性地全面发展，具有越来越重要的作用。广州市番禺区利用区域资源，编写了系列具有区域特色的校本教材，如《番禺人文》《南村人文》《石碁屯兵志》等。

三、以培促学，打造优质教师队伍

教师专业化发展一方面指教师职业的专业化，教师需要大量的知识和技能以适应专业领域的工作需要；另一方面指的就是教师培训的专业化，有学者称之为"教师培养和培训的专业化""师资培训专业化"。为此，国家也把教师的培训放在重要的地位。《教育部 2003—2007 年中小学教师全员培训计划》确立了创新、集成、开放和实效的四个原则，2008 年教育部又印发了《2008 年中小学教师国家级培训计划》（教师厅〔2008〕1 号），指出要稳步开展教师培训工作，加大农村教师培训的支持力度。开展教师培训是提高教师专业素养的必然要求和行动，也是教师教育的重要部分。怎样培训？培训什么？培训的效果如何？一系列问题值得我们思考和研究。要想使培训更加有效，解决教师急需解决的问题，我们可先了解教师对培训的需求。

1. **教师培训需要调查问卷**

为了解教师的培训需求，在培训前我们开展调研工作，主要采用了访谈、问卷调查、研讨等形式，调研内容涉及教师背景、年龄、职务、个人进修意愿、培训需求等，然后综合考虑国家发展的阶段目标和教师专业发展现有水平，制订相应的培训策略。

通过座谈的形式调研了解教师的培训需求，教师的培训需要主要集中在专业知识的拓展和专业能力提升这两个方面，如表 3 - 16 所示。

表 3-16　广州市番禺区中学历史教师培训需求

维度	领域	要求
专业知识	学科知识	理解所教学科的知识体系、基本思想与方法
		了解所教学科与其他学科的联系
		学术研究动态和最新的研究成果
		高考热点话题
	学科教学知识	掌握所教学科课程标准
		掌握所教学科课程资源开发与校本课程开发的主要方法与策略
		了解中学生在学习具体学科内容时的认知特点
		掌握针对具体学科内容进行教学和研究性学习的方法与策略
		具有适应教育内容、教学手段和现代化方法的信息技术知识
专业能力	教学设计	科学设计教学目标和教学计划
		合理利用教学资源和方法设计教学过程
		引导和帮助中学生设计个性化的学习计划
	教学实施	如何提高课堂效率
		通过启发式、探究式、讨论式、参与式等多种教学方式，有效实施教学
		引发中学生独立思考和主动探究，发展学生创新能力

为进一步了解教师学科教学素养的培训需求，我们对年龄 35 周岁以下的青年教师进行了调查，共有 36 位参加了问卷调查，如表 3-17 所示。

表 3-17　青年教师培训需求调查问卷

第 1 题　您认为您参加教师培训的主要目的是（　　）[多选题]

选项	小计	比例
学习新的教育理念，掌握新的教育教学理论、方法	33	91.67%
历史专业知识的拓展与更新	29	80.56%
教育改革的需要	12	33.33%
为了评优评先	3	8.33%
服从上级安排	3	8.33%
提高自身素质，提高教学技能	31	86.11%
增强竞争力	13	36.11%

第2题　您认为一名青年教师的素质应突出表现在什么方面？（选最重要的三个）[多选题]

选项	小计	比例
教学水平	33	91.67%
职业道德	12	33.33%
创新能力	21	58.33%
科研能力	18	50%
终生学习能力	12	33.33%
教学激情	7	19.44%

第3题　您认为目前历史教学中最需要哪些知识？（选最重要的三个）[多选题]

选项	小计	比例
历史学科的专业与前沿知识	33	91.67%
对新教材的理解与把握	33	91.67%
对考试要求的把握	18	50%
青少年心理方面的知识	5	13.89%
教育教学专业发展的知识	13	36.11%

第4题　教师在职发展是教师成长的关键，您认为在以下专业能力中，哪些是难以自修发展的？[多选题]

选项	小计	比例
教学设计能力	11	30.56%
课堂活动设计	14	38.89%
课程资源的开发	31	86.11%
课堂监控能力	7	19.44%
科研能力	27	75%
历史学专业素养	15	41.67%

第5题　您认为在新教材的应用中遇到的最大的困惑是（　　　）[多选题]

选项	小计	比例
教学目标的确立	11	30.56%
课堂活动的设计	19	52.78%
课时的把握	10	27.78%
课程资源的整合与开发	29	80.56%
研究性学习	23	63.89%
教学评价	15	41.67%

第6题　您希望参加集中培训的形式是（　　　）[多选题]

选项	小计	比例
专家讲座，报告	12	33.33%
与专家研讨互动，交流对话	12	33.33%
观摩名师课堂教学	34	94.44%
案例评析	21	58.33%
专题沙龙	6	16.67%
同行介绍经验，教学展示，共同研讨	23	63.89%
跟岗学习	19	52.78%
专家指导下进行课题研究	14	38.89%

第7题　您认为制约青年骨干教师成长的最主要因素是什么？[单选题]

选项	小计	比例
没有充足的时间	18	50%
缺乏良好的成长环境	6	16.67%
缺乏专业的指导	12	33.33%

第8题　您认为通过哪些教学实践可以有效提高青年教师的专业成长？（选有效的两个）[多选题]

选项	小计	比例
上示范课	15	41.67%
主持课题	5	13.89%
观摩教学	21	58.33%
参加比赛	9	25%
名师引领	20	55.56%

第9题　您认为在培训过程中，哪些项目可以通过自主研修以提高教学能力？[多选题]

选项	小计	比例
历史学科专业与前沿知识	19	52.78%
教育科研方法	8	22.22%
课程资源的整合与开发	8	22.22%
对新教材的理解	17	47.22%
教学评价与反思	21	58.33%
其他	4	11.11%

通过调查问卷，我们了解到青年教师希望通过培训获得：①学习新的教育理念，掌握新的教育教学理论、方法；②历史学科的专业与前沿知识；③对新教材的理解与把握；④课程资源的整合与开发。青年教师希望的培训形式主要有：①观摩名师课堂教学；②同行介绍经验，教学展示，共同研讨；③案例评析。一名青年教师的素质应突出表现在：①教学水平；②创新能力；③科研能力。通过问卷调查，青年老师给我们呈现了满满的正能量，他们希望通过培训获得专业和教育发展的前沿知识，希望通过观课、议课提高自身的专业水平。他们认为教学水平、创新能力和科研能力这三项最能反映青年教师的学科教学素养。

关于培训形式的要求，老师们建议主要通过专题讲座、研讨会、外出参观学习三种形式开展培训。针对老师们的培训需求，我们制定了培训方案，开展了教师的培训工作。

2. 培训方案的制定和实施

我们根据老师们培训要求和区域的实际情况，制定了五个预期达到的目标：①丰富教师的知识内容。让教师不断学习专业知识、教育教学知识及通识知识等。②在学科教学中掌握创新教学的技能。通过培训，使教师学会探究教学、合作教学、创新教学等技能，不断进行教育教学的创新，提升教学的效率，提升老师的自我效能感。③满足社会需要和社会发展所需的新技能，使老师不断探索将技术与课程有机整合。④了解教育的新动向。当今世界知识更新快，新技术层出不穷，通过培训使教师了解教育发展的新动向和新趋势，把握时代发展的脉搏，充分利用资源进行创新教学等。⑤通过终身学习增强老师教学的有效性。目前在编教师有一份稳定的职业，职业危机感不强，工作比较稳定，教师学习的内驱力不强，如何使学生在学校有限的学习时间里收获最大，需要教师终身学习。

（1）研训一体。"研"主要指教研，"训"指培训，在教师培训中把教研与培训有机结合起来，以教研带动培训，以培训促进教研，是在促进教师素质提高的同时推进教学质量提高的一种培训模式。研学一体的培训模式以问题的解决为目标，把行动研究与教师培训结合起来，引导老师在研究中提高。我们针对"广州市番禺区中学教师培训需求"开展研究，通过"提出问题→研究问题→实践→解决问题"的行动研究流程，使研训一体收到实效，使番禺区历史教师整体素养得到提升。

（2）专题讲座。视野决定高度。在教师的成长过程中，专家引领是至关重要的，三年来我们在学术前沿、教学教法、教材教法、专业成长等方面邀请专家莅临讲座，与老师一起研讨，及时解决教师存在的问题。通过专家引领，使老师们少走弯路，了解最新的前沿研究。除了邀请专家外，我们请本区域名教师、骨干教师针对教师们急需解决的问题做了专题讲座，通过专家引领，教师参与，推动教师整体专业素养的提升。

（3）组织教师外出学习。以往我们的培训主要是请进来，近几年随着国家对教育经费的投入增加、学校重视程度提高，各校组织教师学习次数增加，覆盖面逐渐扩大，我们既请进来，也走出去。番禺区每年都组织特约教研员、中心组、骨干教师外出培训学习，我们除了到省内教改先进地区外，还组织老师到省外学习，有些骨干老师甚至去香港、台湾参加学习，个别老师去国外学习。通过外出学习，拓展了教师的视野，了解了最新的教育教学成果，避免老师走弯路。

（4）研学旅行。教师利用寒暑假到外地游历，实地考察，拓展自己的视野，记录所思所想，收集第一手资料，丰富人生阅历，服务于教学。

四、以赛促学，学以致用

中学历史教师的教学素养直接关乎学生对于历史知识的掌握、历史学习能力的培养及正确历史认识的形成，对学生历史学科素养的培养至关重要。心理学实验证明，在工作能力不变的条件下，一个人的工作绩效与个人激励水平成正相关关系。如何进一步提高教师的专业素养，使一些教师脱颖而出，组织教师竞赛和教师指导学生参赛是有效途径。开展教师竞赛活动，一方面，通过为历史教师搭建展示自我的舞台，使骨干教师和名师脱颖而出；另一方面，给教师们提供优质样本。同时，在竞赛中会呈现教师在专业知识和教学能力方面存在的问题，有利于实现以学促用、以赛促学。开展学生竞赛活动，一方面，通过竞赛形式有效提升学生自主学习的能力；另一方面，教师通过了解竞赛的内容，指导学生参赛，主动学习，不断提高自身专业水平。表3-18是2013年至2017年广州市番禺区历史学科组织的教师教学技能大赛活动。

表3-18 历史教师教学技能大赛评比活动（2014年至2017年）

序号	项目	备注
1	基于核心素养的教学设计大赛	以某个核心素养的培养为主题
2	教学片断设计大赛	设计完整的20分钟教学片断
3	说课比赛	自选一课，10分钟说课
4	课堂教学技能大赛	指定课题，现场备课，上课
5	高三复习课评比大赛	内容自选，上交录像课光盘
6	历史试题讲解微课大赛	围绕某个初中或高中试题进行讲解，时长不超过20分钟
7	教学叙事大赛	现场提供素材，围绕提供的素材撰写教学叙事
8	个性化教学大赛	充分利用现代信息技术
9	"一师一优课"评比活动	自选课题，上交录像课光盘
10	教学论文评比	结合教学实践，理论与实践结合，经验推广
11	教学问题研究评比	围绕一节课中教学重点难点问题，通过情景创设、问题设计，引导学生解决问题
12	教学案例研究评比	集体研究，同课异构，一课多讲

开展这12项教学比赛活动,目的就是引导和鼓励番禺区历史教师开展教学研究与教学改革,大胆探索课堂教学的教学模式和教学方法,有效促进广大教师专业能力与水平的不断提升,使课程改革不断深入。通过这些评比活动发现和培养了一大批骨干教师、名教师,他们起了引领和示范作用,使整个区域的教研氛围越来越浓,推动了整个区域教师的专业发展。

五、团队建设,促进教师专业发展

1. 构建多层次全方位的学科教研系统

我们构建了广州市番禺区"学科—年级组—学校科组"三级教研体系(见图3-3),各个活动组每学期制订工作计划,明确工作任务,每学期都有计划、有目的、有重点地开展工作,使教研活动有序开展。

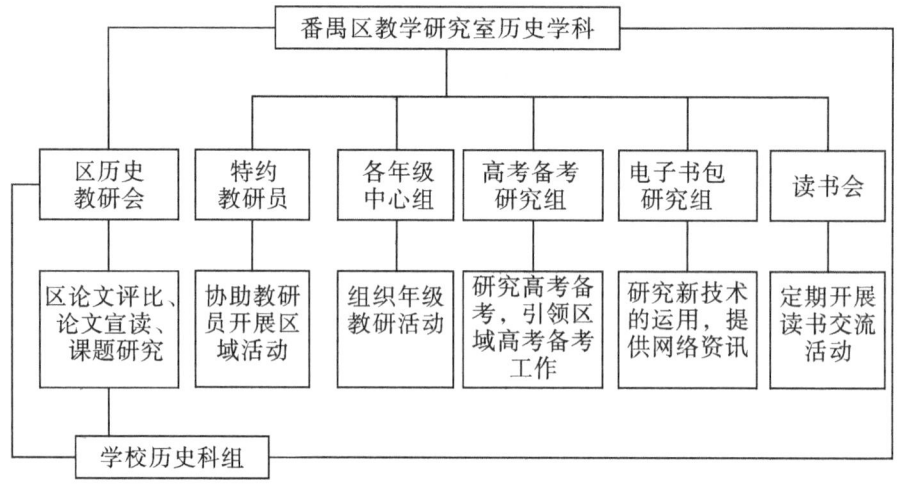

图3-3　番禺区中学历史学科教研体系结构图

2. 加强科组建设,开展优秀科组评比活动

在加强年级组建设的同时,也加强科组建设,特别对课程管理提出要实行"国家""地方""学校"三级管理。为了进一步促进区域内学科教研组建设,提高教师的专业素质,更好地发挥学校学科教研组的职能作用,每两年我们开展一次优秀科组的评比活动。依据《广州市番禺区中小学学科教研组评价表》(见表3-19),通过自评、区学科组两级评审,评出一、二、三等奖。

表 3-19 广州市番禺区中小学学科教研组评价表

项目	评价要点	分值
计划制订实施	制订计划及时,目标明确,符合实际,各项活动安排具体,措施落实,期中有检查,期末小结质量高	5
课堂教学基本工作	(1)执行课程计划,工作量足,按课时编写符合要求的教案,学期教案齐全 (2)定期集体备课,认真、有效。同年级同学科教学,一般做到统一要求,统一考核 (3)课堂教学目标明确,方法科学,效果良好 (4)教师之间互相认真听课,每期听课节数达到学校要求,公开课准备充分,课后有评议 (5)作业适量,批改及时认真,注重评讲,辅导落实,帮助有困难学生,培养尖子学生	25
理论学习	认真学习党的教育方针、政策,不断更新教学思想。学习现代教育理论、专业知识,内容落实有针对性和系统性	10
教研教改	(1)教师积极钻研教材,改革课堂教学,教研课题落实,教改试验开展良好,注重教学方法改革 (2)科组活动有专题(课题),密度大(一学年不少于10次),出勤率高,及时交流、总结推广教学经验 (3)优化教学媒体运用,积极开展电化教学 (4)初级教师期末均有教学工作总结,或教学专题总结;中、高级教师要求承担教学研究任务并撰写专题总结或论文,论文水平高	25
组风建设	(1)履行教师育人职责,课堂教学管教管导;教研风气良好,教研活动参与率高,集体凝聚力强 (2)教研组长以身作则,教学骨干教师发挥带头作用,关心培养青年教师,有专人指导,并有成效	10
课外活动	(1)组织指导做到定计划,定人员,定内容,定时间 (2)活动丰富多彩,开拓学生视野,发挥学生特长,学生参与率高,效果好,竞赛成绩优异	10

续上表

项目	项目评价要点	分值
工作实绩	（1）充实、完善教学资料、教学设备配置，使用率高，效果好，并做好档案整理工作 （2）教学水平不断提高，整体教学效果好，评为学校教学先进集体、先进个人 （3）科组各年级阶段、期末检测取得较高的合格率、提高率、优秀率	15
附加（显著成绩）	（1）国家、省、市、区以上教师或科组竞赛评比获奖教研论著、论文、教学设计、课堂教学、参加交流（必须是教育行政机构或科研常设机构颁发或主办）。同一篇（节）按最高档次计 （2）承担国家、省、市、区教育科研课题（立项但未结题计50%分值） （3）评为区级以上教学先进集体或先进个人 （4）教师承担区级以上公开课	上限25分

优秀科组评审的着眼点是科组工作的常规建设，力求实现学科教研活动的制度化，保障学科课堂教学的规范化，形成学科教师团队的整体化。在常规教研组建设的基础上，同时也力求构建一个与时俱进动态发展的教研组，建设一个体现学习型组织、研究型团队的紧跟教育发展步伐的教研组，成为名副其实的具有新时代、现代化特征的教师团体，成为充满生机的不断积累教研资源的教研组。总之，通过科组建设，使全组教师专业化水平得到提高，通过多种措施的实施和落实，让教研组成为开展各种教研活动的舞台，成为教师专业发展的平台。

第四章

中学历史教师的实践反思

2012年教育部下发的《中学教师专业标准（试行）》中关于教师专业能力明确提出"反思与发展"，基本要求是：主动收集分析相关信息，不断进行反思，改进教育教学工作；针对教育教学工作中的现实需要与问题，进行探索和研究；制定专业发展规划，不断提高教师自身专业素质。教师必须是学习型教师，教师的学习离不开反思，是在学习中反思，在反思中学习。一方面，一线教师具有丰富的教学经验；但另一方面，教师这个职业要求教师不断学习，在实践中反思，在反思中学习，提高自己的理论素养。经验＋反思＝教师成长。教师的学习与反思是结合自身的教学实践展开的，通过理论学习，再结合自身的实践，寻找理论与实践之间的异同，指导教学实践。本章主要从教学反思、成长反思、自我评价、职业定位四个方面谈教师的实践反思。

第一节　教学反思

20世纪80年代，强调培养教师反思能力的思潮首先在美国、英国、澳大利亚等国的教育界兴起，之后迅速波及并影响世界各国。随着新课程实施，我国也强调培养教师反思能力，提出了教学反思、反思型教师的要求。

一、国内外研究现状

1. 国外研究现状

最早提出并深入研究反省思维的是美国实用主义哲学家、教育家和心理学家杜威。杜威在《我们怎样思维》中对反思做出了界定：反思思维是思维的一种形式，是个体在头脑中对问题进行反复、严肃、执着的沉思。对于任何信念或假设，按其所依据的基础和进一步推导出的结论，对其进行主动的、持久的和周密的思考。

20世纪80年代以来,美国学者舍恩在杜威反思思维理念的基础上,真正将反思思维应用于职业培训,使人们开始重新关注反思思维并形成了培养职业者反思能力的高潮。他提出两个概念:行动中反思以及行动后反思。"行动中反思"是指个体有意识地或潜意识地不断对与他以往经验不符合的、未曾预料的问题情境的重新建构。"行动后反思"是指个体对以往发生的行为的回顾性的思考,其中也包括对行动中反思的结果和过程的反思。舍恩更强调行动中反思,强调对个体自身独特教学情境的深入理解,他认为行动中反思的结果——实践性知识更为重要。

美国学者波斯纳认为:"没有反思的经验是狭隘的经验,至多只能算是肤浅的知识。如果教师仅满足于获得的经验而不对经验进行深入的思考,那么他的教学水平的发展将大受限制,甚至有所滑坡。为此。波斯纳提出一个教师成长的公式:"教师成长=经验+反思"。这个公式反映了教学反思是教师自身素质提高的重要途径。

莫文森·格里弗斯和赛拉·唐认为,教师应在不同的时间速度和知觉水平下进行行动、观察、分析和计划循环。反思的五个维度是:快速反应—修正—回顾—研究—理论化和系统化。这五个反思维度全面扩展了肖恩关于培养反思型实践者的观点,更加具体和具有可操作性,为促进教师的教学反思提供了可行的方法。

2. 国内研究现状

20世纪90年代以来教学反思的理念逐渐引入到中国,华东师范大学熊川武教授1999年编写的《反思性教学》是我国较早对教学反思进行研究的著作。他认为:"反思性教学就是教学主体借助行动研究,不断研究与解决自身和教学目的,以及教学工具等方面的问题,将'学会教学'与'学会学习'结合起来,努力提升教学实践合理性,使自己成为学者型教师的过程。"

钟启泉认为,"教学反思就是在教学实践过程中,教师对自身的教学行为不断进行反思的一种行为,是教师将自己的教学活动和课堂情境作为认知对象,对教学行为和教学过程进行批判的、有意识的分析和再认知的过程"。他要求教师在自己的教学实践中积极关注自身的教学行为和具体的教学情境,以开放的心态接纳不同的观点,多角度思考问题,探究教学活动,并能对自己的选择和行动负责。

申继亮从心理学角度对教学反思进行了研究,他认为,"教师教学的监控能力是指教师为了保证教学的成功,达到预期的目的,而在教学的全过程中将教学活动本身作为意识的对象，不断对其进行积极主动的计划、检查、评价、反馈、控制和调节的能力。这种能力分三个方面：一是教师对自己的教学活动事先计划和安排；二是对自己的实际教学活动进行有意识的监察、评价和反馈；三是对自己的教学活动进行调节、校正和有意识的自我控制。"

林崇德认为："21世纪教师能力最重要的是教师的教学监控能力。"他提出"优秀教师＝教学过程＋反思"的论断。在这里，教学监控的实质主要是教师对自身实践过程的教学反思。

在历史教学反思方面，一些历史教学工作者提出了一些观点。朱煜等在其著作《历史课程与教学论》中认为："教学反思就是教师在教学实践过程中发现问题、思考问题、解决问题的一种行为，是教师对教学行为和教学活动进行批判的分析与再认知的过程。"他指出教学反思具有三个特征："追求教学实践的合理性；具有较强的教学研究色彩；贯穿于教学活动的各个环节和层面。"何成刚主编的《历史课堂教学技能训练》，从功能和作用、分类与应用、实践中的问题等方面对教学反思进行了系统的阐述，要求历史教师要学会用"第一只眼"（教学录像）、"第二只眼"（优秀教师）、"第三只眼"（学生）看自己。方美玲主编的《历史新课程教学与教师成长》，通过大量的教学案例论述了教学反思的内涵及特点、历史教学反思程序的内容和技术手段。

综上所述，目前国内外对于教学反思进行了深入的研究，特别是国外在教学反思的研究方面为教师提供了理论依据，也提供了一些技术支撑。例如，范梅南把反思分成三个水平，即水平一：技术合理性水平；水平二：实用行动水平；水平三：批判反思水平。斯巴克—兰格等研究者根据教师对教学事件的描述方式、对事件作出解释的方法和准则，将教师的教学反思水平划分了七个等级等，这些都为进行教学反思提供了操作的方法。

二、教学反思的内涵

关于教学反思的内涵目前并没有统一的认识，主要存在三种观点。第一种观点认为，教学反思是分析教学技能的一种技术，是对教学活动本身（尤其是教学技能、教学方法）的深入思考，这种深思使教师能够有意识地、谨慎地、经常地将研究结果（技术层面的）和教育理论应用于教学实践。这种观点主要侧重于培养教师对教学技能进行有效的反思，不能仅停留在反思的技术水平。第二种观点认为：反思是对各种有争议的"优秀教学观"进行深入思考并依此作出选择，是对教育观念、教育背景的深入思考。此种观点有两个显著特征：一是关注教育事件的背景、发展脉络；二是能够对特殊事件、情境进行反思。持此观点的教师对知识采取折衷主义的看法，以是否有利于学生作为检验的标准，其反思的目的是希望通过反思对教学实践进行更深入的理解。第三种观点认为：教学反思是对教学经验的重新建构。持有该观点的研究者最多，其代表人物是舍恩。认为反思是教师理解、评价教学实践的一种手段，是对经验的重新组织和重新建构，并由此达到三个目的：①对各种教学活动的背景有新的理解；②对自身作为教师和教学活动的文化环境有新的理解；③对关于教学的一些想当然的假设有新的理解。不论持哪一种观点都足以证明教学反思的重要性。

什么是教学反思呢？"教师的教学反思是教师教学认知活动的重要组成部分，它贯穿于教学活动的始终。教学反思是指教师为了实现有效教学，在教师教学反思倾向的支持下，对已经发生或正在发生的教学活动，以及这些教学活动背后的理论、假设进行积极、持续、周密、深入、自我调节性的思考，在思考过程中，能够发现、清晰表征所遇到的教学问题，并积极寻求多种方法来解决问题的过程。"上述定义强调，教师要持之以恒，多角度、多侧面地分析、评价教学活动及其背后的观念、假设，进而作出合理的判断、选择。笔者认为，教学反思是指教师在进行课堂教学中对教师怎么教，学生怎么学，对提高教学效果和促进学生全面发展为目的的思考，以课堂教学为主阵地，反思自己在教学实践中存在的问题与不足，在进行理性的分析和思考后主动改进教学实践。因此，教学反思具有实践性、问题性、探究性的特点。

三、教学反思的内容

中学历史教师在教学反思时，主要以课例为载体，通过教学实践、课堂观察、交流互动等形式对课例进行反思，对问题发现从个性到共性，从一般存在的问题到发现规律性问题，从而寻找解决问题的方法。主要从以下四个方面进行教学反思。

（一）反思教育教学理念

教师的教育教学理念是指教师在教育教学过程中对教育指导思想表明一种价值观，表达一种精神和执着追求的一种目标。它是一种主体性、个人化的认识和信念。教师的教育理念对教师教育教学策略和行为及其效果产生着直接的导向性影响。对教育教学理念的反思主要包括以下几个方面的内容：一是反思教师自己的教育理念。所谓有理念，就是教师对自己的教学策略选择和行为能够清晰地进行理念解释和行为描述，能够进行"为什么"的阐释。二是反思自己的教育思维方式。思维方式是理念的形式，观点是理念的内容，思维方式是支配行动的重要因素，教师怎样思维，就会怎样行动。

"历史课程最基本和最重要的教育理念，是全面贯彻党的教育方针，切实落实立德树人的根本任务，坚持育人为本、德育为先，使历史教育成为形成和发展社会主义核心价值观的重要途径。发挥历史课程立德树人的教育功能，使学生能够从历史的角度关心国家的命运，关注世界的发展，成为德智体美全面发展的社会主义建设者和接班人。"立德树人为历史课程的根本任务；历史课程要坚持正确的思想导向和价值判断，要以唯物史观为指导；要以培养和提高学生的历史学科核心素养为目标。因此，教师在反思教育教学理念时要从价值观、培养目标等角度去思考。

【案例】广州市增城区陈萍老师对所授《美国南北战争》一课后的反思

(1) 以"时代呼唤林肯—时势造就林肯—历史铭记林肯"为主线对教材进行加工整合，既激发了学生的学习兴趣，又突出了本课内容的核心。

(2) 充分体现了教师的主导作用，更重要的是体现了学生的主体作用。通过教师和学生的活动，师生互动、生生互动，激发学生求知欲和表现欲，课堂教学实效较好。

(3) 采用了丰富的史料、图片，在有效地开发和运用了课程资源的同时，引导学生用唯物史观认识历史，从历史发展的因果联系中，获得正确的历史解析，培养学生史料实证的素养。

(4) 注重情感的渗透，并引发学生关注现实，启迪智慧。通过对林肯的认识，感受他坚忍不拔的意志品质，理解人民群众与杰出人物在历史上的作用及其相互关系，认识维护国家统一是每个公民的神圣职责，国家统一是社会发展的重要前提。

(5) 本节课课标要求"知道《解放黑人奴隶宣言》的主要内容，理解南北战争在美国历史发展中的作用。"难点是对《解放黑人奴隶宣言》内容的解读；重点是理解南北战争在美国历史发展中的作用。本节课没有很好地解决重点、难点问题，而是把更多时间放在对林肯这个人物的评价上，这是以后需要改进的地方。

在反思教育教学理念时，要明确教育的根本任务，在这个前提下，还要对教师和学生角色进行反思。教师是教学活动的组织者、设计者、指导者、参与者和评判者。学生是学习的主体，教师要关注学生的个体差异，关爱学生，让每一个学生都有收获。

【案例】

同样的教材，别样的精彩

广州市番禺区市桥侨联中学　余颖娴

以《香港和澳门的回归》一课为例，经过两次课例的实证研究，结合课后学生问卷调查的数据分析，本人认为初中历史课堂可以在同样的教材下，产生别样的精彩。

1. 老师的精心备课、巧设环节，有助于学生对历史基础知识的掌握，提高教学效率。

第一课例时：教师不敢放手，生怕学生不能掌握基础知识，老师不厌其烦地重复讲述，授课的时间较长，但课堂的气氛淡；第二课例时，教师敢于放手，只要学生能自主掌握的内容，就不再重复讲授。教师借用了节目"一站到底"的模式，通过游戏的方式了解学生对本课基础知识的掌握程度。既压缩了授课的时间，又达到检测的效果，更重要的是调动了学生的学习兴趣和积极性。以下是两课例后"学生对自主学习应该掌握的知识比例"的数据对比，很明显地看到，学生在第二课例对教学目标的达成度更高、教学效果更好。

掌握程度	A. 全部	B. 80%左右	C. 60%左右	D. 50%以下
第一课例	30%	59%	13%	0%
第二课例	46%	50%	4%	0%

2. 寻找课堂教学的亮点，提升教师的学科专业素养，培养学生的历史思维能力。

我们再对比第二组的数据：学生通过"自主—合作—探究"学习，对本节课的研学问题（重点探究问题）的理解情况的数据对比：

掌握程度	A. 理解	B. 基本理解	C. 有些模糊	D. 不明白
第一课例	46%	52%	2%	2%
第二课例	76%	22%	2%	0%

两课例我们都是通过引用三段材料，设计小组合作探究的形式，让学生归纳香港和澳门回归的历史意义。但学生的掌握程度却出现明显的区别。由此看来：第二课例的三则材料运用更为恰当。由于材料在选用与编排时，教师刻意地使材料呈现出层层深入递进的关系，因此，学生在对材料分析后比

较容易地归纳和掌握香港和澳门回归的历史和现实意义,又能从现实看到回归后香港和澳门的良好发展态势。

两则《财富》杂志材料的运用,既调动了学生的求知欲,又增加了历史的趣味性,成为一大亮点;而数字故事的运用,则大大地改变了第一课例比较平淡、缺乏情感提升的缺陷。而教学环节的有效设计,更能体现教师对教材的深入理解与学科专业知识的素养。

【评析】这是余颖娴老师对两次同上《香港和澳门的回归》一课的反思。余老师主要从教师如何设计问题,引导、组织学生"自主—合作—探究"学习。教师通过问卷调查对比分析了教师观念改进后两节课效果的差异。

(二) 反思教学目标

美国教师史蒂文·利维指出:"对于教师来说,我们往往倾向于把注意力集中在方法上而不是目标上,集中在素材上而不是过程上,集中在技巧上而不是理解上,集中在组织结构上而不是远见卓识上。我们常常去寻找那些能激发所有学生的教学方案,能满足所有学生需要的教材文本,能够保障纪律和秩序的教学步骤,还有保证教育改革成功的政策和组织结构。我们却忘记了所有这些'指示器'都源于我们为之努力的目的和目标。"这说明教学目标的重要性。我们点评老师所上的每一节课时,往往要看教学目标的达成度。在反思教学目标时应注意:是否关注学生的现状、需求和差异,是否分析历史课程标准,是否全面把握教材内容,是否准确表述教学目标等。

【案例】

第 11 课 北洋政府的黑暗统治

广州市番禺区石碁四中 简允诗

反思前学习目标:

1. 通过视频、故事、地图、时间轴,知道宋教仁遇刺、二次革命、袁世凯复辟帝制、护国战争、军阀割据等基本史实。

2. 通过人物评价,学会从历史发展的角度认识历史人物的地位和作用。

3. 通过了解孙中山等资产阶级革命派屡败屡战的故事,感受革命党人坚定的革命信仰、忘我的革命胸怀、愈挫愈勇的革命精神。

反思后学习目标:

1. 通过绘制时间轴,说出袁世凯独裁、复辟帝制的主要活动,以及以孙中山为首的革命派维护民主共和的主要斗争。

2. 通过研读材料，说出北洋政府黑暗统治的主要表现，知道独裁专制违背了历史发展潮流，民主共和才是时代发展的方向。

3. 通过了解以孙中山为首的资产阶级革命派屡败屡战的故事，感受革命党人坚定的革命信仰和愈挫愈勇的革命精神。

【评析】这是简允诗老师撰写的教学目标。在反思前，简老师把对袁世凯的评价定为本节课的教学重点和难点，希望学生通过对袁世凯的评价掌握对人物的评价方法。本节课课标内容："知道袁世凯独裁统治和复辟帝制的史实，了解北洋军阀混战的黑暗局面。"简老师仔细解读课标内容后作了修改，依据课标内容将学习目标的第二点改为："通过研读材料，说出北洋政府黑暗统治的主要表现，知道独裁专制违背了历史发展潮流，民主共和才是时代发展的方向。"

（三）反思教学内容

方向比行动更重要。能否准确把握教学内容，关系着一节课是否有效。教学内容的有效处理是指教学内容的选择与安排要为实现目标服务，尽可能与教学目标相符合，避免产生偏差。在反思教学内容时，教师应该注意：是否依据课程标准，精选课程资源，确定有效的教学知识；教学内容的选择和处理是否能体现教学目标和满足学生的全面发展的需要；是否明确教学重点、难点；教学内容的处理是否体现了学科特色等。

【案例】余颖娴《香港和澳门回归》教学内容的反思

1. 第一次课例研究：教学任务完成但平淡无奇，缺乏激情。

为了达成教学目标，我们选用了三段材料且设计了三个问题，希望同学们能通过对材料的分析，有效地归纳出香港、澳门回归的历史意义。

材料一 1997年7月1日，北京工人体育馆举行"首都各界庆祝香港回归祖国大会"，江泽民在大会上讲话指出：香港回归，标志着中国人民洗刷了香港被侵占的百年国耻，开创了香港和祖国共同发展的新纪元；标志着我们在完成祖国统一大业道路上迈出了重要的一步；标志着我们为世界和平、发展和进步事业做出了新的贡献。

——《中国现代史》第二版

材料二 每逢天灾和意想不到的困难来临之际，香港同胞总能听到一句温暖人心、振奋鼓舞的话语：祖国是香港的坚强后盾，香港在1998年的亚洲金融危机、2003年的非典和当下的国际金融危机三个时期遭受了重大困难，危难时刻，中央都及时伸出援手，帮助香港一一化解危机。

材料三 澳门特别行政区得到了中国政府的支持，为其稳定发展提供了可靠的保障,自澳门特别行政区成立以后,不单治安有显著的改善,中央政府更将澳门定位为博彩旅游业发展的城市,每年的进出口贸易额逐年增长。

然而,实践后老师们对此教学环节的设计与实施产生了质疑:(1)课例选用的史料比较陈旧,未能与时俱进,与学生的距离比较远。(2)三段材料除第一则是出自《中国现代史》外,其他两则均没有出处,材料选用不严谨,欠缺证据意识。(3)虽然学生有充足的时间去讨论、分析、归纳问题,但课堂上的情感提升欠缺,课堂教学平淡无奇,缺乏激情与新意。(4)多次展示成果但形式单调,老师的重复讲授浪费了宝贵的时间。

第一课例的教学目标虽然基本达成,但课堂上师生的激情没有调动起来。回想当初,我们大胆选用此课就是想要使一节平凡的课上得出彩、出色,并充分融合研学后教的核心理念,希望能从研学课堂各环节的设计中,体现出"与众不同""教学亮点"等特色,可见第一次课例的研究并不成功。

2. 第二次课例研究:精心选材、呈现亮点、设计新颖且圆满完成任务。

为了改变第一次课例出现的问题与状况,我们重新筛选,选用了以下三段材料,问题的设计上也略作修改。

材料一　保留原有材料。

材料二　1997年7月2日,亚洲金融危机爆发,香港恒生指数一度从18 000点跌落至6000多点,损失之巨,震惊世界。在中央政府的大力支持下,香港特区政府坚决果断地采取措施,打破自由市场经济政府不干预的所谓"常规",动用1100多亿港元的外汇基金,入市收购部分本地股票,捍卫香港股市,捍卫联系汇率制度。

——新浪新闻报道

材料三　截至2012年1月底,内地累计批准港资项目33万6千多个,自回归以来内地利用港资达5322.7亿美元。内地居民赴港个人游的实施,带动了香港消费市场,缓解了就业压力,对香港社会的稳定发展起到了重要作用。

——北京投资促进局

此次有如下几方面的改进:(1)更换了材料二、材料三。一方面是材料选用有了明确的出处,增强了史料的证据意识;另一方面是选用比较新的材料,拉近与学生的距离。(2)三段材料的选用和编排体现层层深入递进的关系。既可以让学生在分析的过程中归纳香港和澳门回归的历史意义,同时也逐渐培养学生的多维度思维模式:回归不仅仅是国家统一的问题,它更有利于香港、澳门地区的进一步发展,也加强了与内地的交流,达到"共赢"的局面。(3) 对于回归问题，不管是二十世纪八九十年代的香港人还是西方的媒体，均是一面倒的负面声音，香港人更是在回归前掀起了一股移民的狂潮。这些都是学生略知一二的，在这种情况下该如何引导学生去思考呢？

为此，我们在第二次课例上巧妙地增加了两则来自美国《财富》杂志的材料（见下图）：

《财富》杂志

第一幅：选用了 1995 年香港回归前《财富》杂志发表的题为 The Death of Hongkong（《香港之死》）的文章。

第二幅：选用了 2007 年《财富》杂志发表的文章《哎哟，香港根本死不了》。

使用西方具有影响力的同一杂志，在不同的历史时期发表的两份截然不同的结论，如此强烈的对比，直接用西方人的眼光、观点来进行辩证地看待与分析问题，让学生在与现实的对话中形成鲜明的、正确的历史观点。

另外，我还设计、制作和使用了数字故事。近年来，在初中历史课堂使用数字故事屡见不鲜。数字故事是将讲故事的艺术与多种媒体（文字、图片、音乐等）结合而形成的一种讲故事方式。作为广州地区的学生对港澳地区比较熟悉，于是我们收集了师生到港澳地区旅游的相片，通过图片的展示，配合歌曲"东方之珠"，用师生的亲身经历来告诉大家：回归后的香港、澳门繁华依旧，既体现了回归的现实意义，又是情感教育的升华。

【评析】余颖娴老师对《香港和澳门的回归》一课教学内容作了反思。内容选取具有科学性、严谨性；材料的选取直观，贴近学生的生活和认知水平；内容的处理深入浅出。

（四）反思教学方法

教学方法是在教学过程中，教师和学生为实现教学目的，完成教学任务而采取教与学相互作用的活动方式的总称。目前，中学历史教学方法很多，如讲解法、问题教学法、史料教学法等。在课堂教学中并不是一种方法打遍天下的，教师要根据教学内容合理地选择教学方法，力求做到教学的最优化。

【案例】

西汉建立和"文景之治"（七年级上册）

广州白云广雅实验学校　陈新平

设计立意：文献阅读是学习历史和培养历史认知、形成历史思维，进行历史理解和历史解释的关键能力与方法。我国拥有丰富的历史文献资料，《史记》《新语》《汉书》等文献为我们提供了丰富的汉代历史记载。但是，由于事境变迁，现代人需要读懂古代文献，必须进行古文阅读训练，掌握一定的文献阅读方法。通过本课的学习，希望引导学生习读历史文献片断，理解文献含义，利用文献对汉初的社会现象进行判断和解释。

教学反思：

1. 本节课最大的亮点就是根据材料，梯度设计问题，使学生能够最大化地消化和吸收材料信息，并积极思考和讨论。其次是通过多个维度反映和展现历史场景，如视频、具体材料、故事讲述和情景再现等，让学生从不同侧面去感受和体会。

2. 本节课最大的问题也是材料的引用。古代文献材料的阅读对学生的语文水平有一定的要求。对于古文水平高，思维能力活跃的学生，这样的课堂如鱼得水。但是对于水平一般，上课更喜欢听故事的学生，会显得有些沉闷。

3. 笔者在不同的班级试讲，教学效果各不相同。对于整体比较活跃的班级，应将更多的时间放在思维拓展讨论上；对于一般的班级，应将重心侧重于故事讲述、问题回答方面。

除了对教育教学理念、教学目标、教学内容、教学方法等进行反思外，还要对教学评价进行反思，才能不断发现教师在教学中存在的问题和学生存在的问题。通过教学反思促成教师经验的积累，加速了教师专业化的成长，有利于教师形成自己独特的教学风格，开辟了提高教学理论素养的途径。

第二节 教师成长反思

教师成长的第一步就是教师成长的自我反思、教师对自身的评价和自我改造,可见教师的反思对教师成长为研究型教师的重要作用。教师成长是一种专业(职业)的进步和发展。华东师大叶澜教授说过:"一个教师写30年教案,可能还是教书匠,若他坚持写三年教学反思,他肯定会成为一位名师。"如果一个教师仅仅满足于获得经验而不对经验进行深入的思考,那么,即便有"20年的教学经验,也许只是一年工作的20次重复,除非善于从经验中吸取教训,否则就不可能有什么改进。"他永远只能停留在一个新手型教师的水准上,充其量算一个批量生产零部件的熟练技术"工人",辜负了教师是阳光底下最崇高职业的这一称号。教师的成长离不开对自己成长的反思。本节主要谈谈对教师成长反思的认识。

一、教师成长周期

教师成长,即教师作为专业工作者,在其专业发展过程中通过持续的学习、实践和反思,不断获得专业知识技能和专业情意的发展,从而表现其专业水平,强化其职业形象,最终达到其专业成熟的过程。这个过程贯穿教师整个职业生涯并推动其职业生涯的发展。

美国心理学家马斯洛提出了著名的"需求理论",指出人的需求由低级向高级层层推进,即"生理需求—安全需求—友爱和归属的需求—受尊敬的需求—自我实现的需求"。教师成长的每个阶段都有需求的表现,有教师成长的周期也就有教师职业生涯周期。目前国内外都有教师成长周期的研究,归纳如下。

(一)国外学者关于教师成长周期的研究

1. 费斯勒的教师职业生涯周期模型

费斯勒建构的教师职业生涯周期模型将教师的职业生涯分为八阶段。

(1)职前期——教师专业角色的准备阶段,是指在学院或大学里的初始培训阶段。

(2)职初期——指教师受雇的头几年,是教师在学校系统中的社会化时期。

（3）能力建构期——教师努力提高教学技能和才智的阶段。在这一阶段，教师容易产生新观念，积极参与各种学习和交流，视工作为挑战，渴望改进自己各方面的技能。

（4）热情与成长期——这一阶段，教师的工作能力已达到较高的水平，但专业能力仍在继续进步。

（5）职业挫折期——这一阶段教师的工作满足感变弱，开始产生职业倦怠。

（6）职业稳定期——此时进入教师职业生涯的高原期，教师正处于逐步退出所承担的教学义务的过程之中，有些教师开始停滞不前，但也有教师仍对教学拥有热情。

（7）职业消退期——这个阶段，教师准备离开岗位，其持续时间可能长达几年，也有可能只有几周或几个月。

（8）职业离岗期——指教师离开教学工作后的一段时间。此时教师可能退休，也可能选择其他职业，或转岗到教育系统的非教学工作。

费斯勒认识到，教师的成长是一个曲线发展过程，教师会在漫长的职业生涯中遭遇挫折甚至停滞不前，为教师反思阶段的成长过程提供了理论依据。

2. 斯德菲的教师生涯人文发展模式

斯德菲依据人文心理学派的自我实现理论，建立了教师生涯发展模式，又称为人文发展模式。他将教师的发展分为五个阶段：

（1）预备生涯阶段——主要包括初任教职的教师，或重新任职的教师。

（2）专家生涯阶段——这一阶段的教师已具有较高水平的教学能力与技巧，对学生抱有很高的期望。同时，也能激发自我潜能，达到自我实现的目的。

（3）退缩生涯阶段——包括初期退缩、持续退缩和深度退缩三个阶段。

（4）更新生涯阶段——此阶段的教师致力于追求专业成长，吸收新知，仍需要外在的支持，更需要学校行政部门的支持与协助。

（5）退出生涯阶段——到了退休年龄，或由于其他原因而离开教育岗位。

斯德菲认为，当教师个体处于发展的低潮时，如果给予其适时、适当的协助与支持，教师个体是可以度过低潮期而继续追求其专业成长的。

3. 利斯伍德的教师心理发展阶段论

利斯伍德的教师心理发展阶段论是以利斯伍德为代表的学者们把教师当作一个成年的学习者来看待，从心理发展的角度将教师的成长分为四个阶段：

第一阶段的教师世界观非常简单，坚持原则，相信权威；

第二阶段的教师主要表现为墨守成规；

第三阶段的教师有了较强的自我意识，能够意识到某些教学情境下的多种可能性；

第四阶段的教师较有主见，尊重课题，能够从多角度分析遇到的课题情境。

（二）国内学者关于教师成长周期的研究

国内关于教师成长同期的研究较少，有学者根据我国教师的实际情况对教师成长阶段进行划分。

傅春道把一般教师成长为优秀教师过程归纳为三个阶段。

积累期：积累期是在教师基本适应教育教学工作之后，在教育教学的知识、能力以及教学实践经验方面逐渐积累的时期，也是优秀教师区别于一般教师而逐渐成为学校教学骨干，逐渐走向成熟的阶段；

成熟期：成熟期是优秀教师完全适应教育教学工作的时期，也是其完全掌握了教学主动权，各方面都成熟后成为学校教学骨干的阶段；

创造期：创造期是教师开始由固定的、常规的、熟练化的工作进入到开始探索和创新的时期，是形成自己的独到见解和教学风格的时期。

钟祖荣将骨干教师的成长周期划分为准备期、适应期、发展期和创造期四个阶段，与其相对应的分别是新手教师、合格教师、骨干教师和专家教师。

王俊生和陈大超认为，根据终身教育思想和教师专业化的特征，可以把教师个体职业生涯发展划分六个阶段：

（1）学知、引导阶段（1～7年）。这个阶段属于教师教育的职前培养和教师个体任教的前2～3年，通常在师范院校或其他综合性大学进行培养。

（2）成长、成熟阶段（8～12年）。在进入教学的4～8年间，教师个体的知识较为丰富，逐渐适应了课堂教学，对教师职业较为投入。

（3）稳定、发展阶段（13～26年）。处在这一阶段的教师个体已具有较高的教育教学能力和技巧，能在自我的工作、生活中激发潜能，实现自我价值。

（4）"高原"停滞阶段（26～30年）。在这一时期，教师的成就暂时会停滞不前，出现倦怠感，教师的表现不是最好也不是最坏，容易被忽视。绝大多数教师都能顺利度过，但少数人心理上会出现问题。

(5) 超越、专家阶段（30～35年）。度过"高原"阶段之后，教师个体在教育教学、生活和事业成就上又有了新的提高，对教师工作充满自信，已成为本专业的行家里手。

(6) 夕阳退出阶段（36～39年）。即教师个体职业生涯发展的终结，此时的教师个体失去了专业发展的热情和精力，其兴趣在于"做自己的事"或继续追求生命的第二春。

综上所述，研究者关于教师成长阶段的划分虽然不尽相同，但都认为教师的成长是一个渐进、复杂的过程。从时间上看，教师成长周期贯穿教师的整个职业生涯，有些学者还把教师的职前培育与在职教师的成长联系起来，视为一个连续的过程。从发展方式上看，教师成长周期应当是动态的螺旋式发展，受个人和环境两方面影响。从成长历程看，处在不同发展阶段的教师有不同的专业水平、需求、心态、信念等。从研究的角度看，主要是理论研究，每个阶段研究的表述比较笼统，缺乏具体的表述，同时忽视了地区和个体的差异。因此教师成长周期的研究是一个逐步发展、逐步完善的过程，教师的成长是永无止境的。

二、教师缺乏反思能力的原因分析

教师成长具有独特性、动态性、实践性的特点。教师即使受过相同的教育与培训，处在相同的学校环境中，不同的教师也会表现出不同的成长轨迹。在教师的发展过程中，始终处于一种自我更新、自我补充、自我发展的变化中，教师的成长不是一帆风顺的，存在着质和量的变化。教师的成长是通过各种实践活动来实现的，教育实践是教师成长的根本动力。正因为教师成长具有独特性、动态性、实践性的特点，所以，习惯反思的教师能够从自己的体验、别人的经验、相关的理论中成长，提高自己的专业素养，在实践中不断成长，在成长的各个阶段中不断汲取新知识，真正做到"活到老，学到老"，而有些教师却停滞不前。什么原因导致教师缺乏反思能力呢？

（一）缺乏反思的意识

教师只有在具有所需的知识和技能、个人素质、职业前景和工作动力的情况下，才能满足人们对他们的期望。

1. 在角色认识方面缺乏反思意识

教师职业是比较稳定的，教师成长具有动态性的特点，需要教师不断补充和更新知识。但目前存在的现象是许多教师的知识储备仍停留在大学期间所学的知识，面对新知识、史学新动态变得茫然、无所适从。当遇到新课改，许多教师不是积极投入和探索，更多的是抱怨，甚至是抵触。究其原因主要是：一是心理惰性。我国长期以来都是统一大纲、统一教材、统一教参等，很多教师习惯照本宣科，新课程实施后，课程观取代了教材观，学生的学习方式发生了变化，需要教师积极投入和参与，当教师发现新课程标准的理念与传统的课程理念和教学方式发生冲突时，一些教师仍按部就班，主要是心理惰性使然。二是观望心理。教师这个职业相对稳定，有些教师对课程改革漠不关心，面对新课改盲目应付，缺乏主动性、缺乏改革和参与意识、缺乏创造性。三是逆反心理。一些教师习惯原有的做法，自认为自己的教学效果很好，自己储备的知识应付学生已经够用，没有必要再改变了。

2. 缺乏对教学实践的反思

教师在长期的学习和工作实践中，一般都形成思维定式，即教师往往重视教什么和怎么教，教学就是"我讲你听""我出题你做题"等。而对"为什么这样教，这样教是否最有效""我讲给谁听，他们听课效果如何""题目适合我的学生吗"，教师缺乏对自己的教学实践的深入反思。

3. 缺乏对已有经验的反思

"读万卷书，行万里路，高人指点，自己修行"，在同备课组、同科组、同一所学校、同一区域内等，有许多优秀的教师，教学效果非常好，研究、反思他们的教学理念方式，对自己的教学实践提高很有帮助。

（二）缺乏反思的氛围

在教学管理方面，很多学校唯分数论，只要成绩好就不管教师用什么方法，很多教师通过延长教学时间、采用题海战术等手段提高分数，重视"量"忽视"质"，没有提供反思的氛围。教师处在相对封闭的工作环境和心理环境，使得教师之间缺少研讨交流、思想碰撞。再者，课题研究机制不健全，教师不熟悉教育科研方法，缺少研讨手段和形式，并就围绕问题组织和开展行之有效的交流研讨活动，即使开展课题研究，很多课题的开展是为了评职称，开题时热热闹闹，结题时东拼西凑，缺乏对问题真正的研究和反思，没有营造反思的氛围。

（三）缺乏反思的机会

最近教师的朋友圈中大量转发"教育部长：要把时间还给老师！"这个帖子。帖子中写道："在两会的记者会上，教育部部长陈宝生表示，现在老师负担很重，各种填表、各种考评、各种比赛、各种评估，压得老师喘不过气来。陈宝生呼吁，要把时间还给老师了。"帖子中还写道："国际经合组织（OECD）2016年2月公布的教师教学国际调查结果（TALIS）项目显示，上海初中教师每周工作时间为39.7小时，其中用于课堂教学的时间为13.8小时，占有工作时间的三分之一，远低于国际平均值19.2小时。"教师每天忙于繁杂的事务，日复一日地忙碌，静下心来反思实属不易。

三、教育教学叙事与反思

现代教师专业发展研究认为，经验加反思是教师专业成长最有效的途径。目前，人们提出了许多教学反思的方法。

（1）记反思日记。在一天的教学工作结束后，教师写下自己的教学经验，并与其指导教师共同分析。

（2）详细描述教学情景，教师相互观摩彼此的教学，详细描述他们所遇到的问题，教师对此进行讨论和分析。

（3）进行交流讨论。来自不同学校的教师聚集在一起，首先提出课堂上发生的问题，然后共同讨论解决的办法，最后得到的方案为本校全体教师及其他学校的教师所共享。

（4）进行行动研究。为弄明白课堂上遇到的问题的实质，探索用以改进教学的实际方案，教师及研究者进行调查和实验研究，它不同于研究者由外部进行的旨在探索普遍法则的研究，而是直接着眼于教学实践的改进。

笔者认为教师自我成长反思最有效的方法就是撰写教育叙事。根据辞典和专家的解释，叙事是指用口头、符号或行为讲述、描述、陈述或告诉；叙事的内容是已发生或正发生的事件及了解的途径，叙事的目的是将各种经验组织成有现实意义的事件。教育叙事，即是讲有关教育的故事。它是教育主体叙述教育教学中的真实情境的过程，其实质是通过讲述教育故事，体悟教育真谛的一种研究方法。非为讲故事而讲故事，而是通过教育叙事展开对现象的思索，对问题的研究，是一个将客观的过程、真实的体验、主观的阐释有机融为一体的一种教育经验的发现和揭示过程。教师撰写教学叙事要具备四个要素：

（1）叙事应该有一个主题。叙事的主题是从某个或几个教学事件中产生，而不是将某个理论问题作为一个"帽子"，然后选择几个教学案例作为例证。

（2）教育叙事形成的报告是一种"教育记叙文"而不是"教育论文"。这种教育记叙文比传统的教育论文更能引起读者的共鸣并由此而体现它的研究价值。

（3）叙事研究报告以叙述为主，在自己反思的基础上夹叙夹议，能够更真实、深入地反映研究的全过程和作者的思考。

（4）教育叙事对改进自己的教育教学思路，提升自己的教育教学水平起到了强有力的推动作用。它既是一种指导参与式培训，又是一种探究式培训。教育叙事类型非常广泛，可以涵盖教师成长的方方面面。在撰写教学叙事时，教师一般的写作方式以叙事为主，用第一人称撰写。基本流程为：叙述教学情节→进行反思判断→找出经验教训→提炼教学意义。一份完整的教学叙事必须有一个主题，教学叙事的主题是从某个或几个教学事件中产生。教学叙事必须有一定的情节和可读性，它是不同于教学设计方案和课堂教学实录的。

【案例】

暴风雨中的一堂课
——感受研学后教的魅力

广东仲元中学　谭方亮

2014年3月31日大清早，一场狂风夹杂着暴雨肆虐着禺山大地，天空一片黑暗，能见度不到一米，无数的树木倒塌、广告牌跌落，不少车辆被砸。幸运的是，我还是在7点20分如期冲进了校园，车头引擎盖伤痕累累，车顶上布满了落叶和残枝。在从艺术楼到教学楼的100多米的走廊上，全身衣服居然湿透。恶劣的天气、糟糕的心情，还得投入到紧张的工作。按计划，今天第四节课，华南师大的张向阳教授带着2015届研究生20多人要来校听我的课，感受研学后教的教学模式。

天公啊，你真会捉弄人，你想把客人拒于校门之外吗？

8点50分，风暴终于过去，大街上一片狼藉。10点10分，客人如约而至。10点30分，高二年级历史复习课《辛亥革命——从事件经过探革命之"因"》在学校刚刚装饰而成的录播课室如期展开……

全课围绕着辛亥革命爆发的背景，从辛亥革命的概念、辛亥革命的过程、事件与事件之间的联系入手，最后落脚于武昌起义的特点：事发偶然却有必然性；仓促起事却迅猛异常；高歌凯进却潜伏危机。整个课程以一个纵向时间轴为核心，串起所有事件，能直观地感受到这些事件与辛亥革命的关系，最后以一个表格整理该课需要掌握的全部知识。上课伊始，就以"清末和民初两首国歌歌词所体现的主题及思想内涵的不同"这一问题吸引学生，继而通过一连串问题的引导，学生稳打稳扎，深入知识的殿堂。整节课，运用研学后教的理念，采用自主学习和小组探究的形式，充分发挥学生学习的自主性，以培养其历史思维和历史探究的素养。课堂上，学生广泛参与、气氛极度活跃，先后有28人次站起来回答或提出问题，几乎所有的结论全部由学生自己得出，并且还提出了好几个意料之外的问题。

张向阳教授在点评时，对该课极度欣赏。他说："一个功力深厚的老师在自己的课堂上做到了五个结合：一是在课程的宏观把握上，把教学性目标与表现性目标相结合，即把知识、能力等目标与学生在参与过程中的个性化目标有机地结合在一起。二是在学科特点上，把历史的时序与阶段特征相结合，即历史纵向的发展过程与重大事件所体现的发展特征融合在一起。三是在学案的使用上，把教材的资源性与工具性相结合，学案的设计梯度递进，有一个总体的学习方法和学生思考历史问题的引导。四是在学生思考问题的设计上，将封闭性与开放性相结合。五是在学习方法上，把史料研读与解题方法、解题技能相结合。"

张教授对课堂中研学后教的模式高度赞赏："学生的学习以自学为主，广泛参与、反应敏锐，教师的点评恰到好处，点燃了他们历史思维的火花，激发了他们探究知识的活力。小组合作的方式应用得恰如其分。"

长期以来，我一直践行研学后教、自主探究的教学模式。我的课堂采用的是"五步教学法"：问题—探究—交流—质疑—巩固。教师先提出问题，这种问题包括两个方面，一是知识的落实，二是教材的延伸。前者重在对知识的归纳、整理，以形成知识结构体系；后者重在探求知识之间的内在联系，以加深对教材的理解。让学生带着问题自主阅读教材、自己探究，并将探求的结果相互交流、相互质疑，在此过程中教师适当点拨、校正。课堂的最后几分钟则是通过典型试题来巩固知识、提升能力。这种研学后教、自主探究、学生是主角、教师跑龙套的教学思想指引下的课堂，气氛活跃、结构紧凑、高潮迭起，往往会引起学生的强烈共鸣。正如学生的评价所说："有了亮亮，妈妈再也不用担心历史课会睡着了，再也不觉得历史课无聊了！""你把枯燥的历史变得如此有趣！你的风趣幽默给我带来了不一样的、精彩纷呈的课堂。感谢你让我重新燃起了学习历史的热情。""好喜欢你深入浅出的讲解！好喜欢你博古通今的见识！你来以后我们都天天期待上历史课啊！求拖堂啊！"

中午12点30分，客人离去，天空依旧灰暗。但我知道，伴随着课程改革的春风徐徐拂面、研学后教的理念深得人心，暴风雨终究会过去的，蓝天肯定会来的。

【案例】

信息的交汇，思想的碰撞
——记我的电子书包实验之路

番禺区市桥桥城中学　陈岳庄

电子书包进校园时还是 2011 年。那一年番禺区刚启动电子书包实验，而我们学校被区教育局选定成为首批实验学校。有道是"人手一本星海 pad，轻松畅游云课堂"，可是电子书包刚开始对大家都是新鲜事物，如何用 pad，怎样畅游，个个一头雾水。对于习惯了传统课堂的老师来说，三尺讲台足已完成一堂课的传道、授业、解惑，又何必云课堂？电子书包这只螃蟹，似乎并不好尝试。

作为学校开展电子书包实验年级的级长，我决定身先士卒，从我任教的历史学科开始，上好第一堂电子书包课。接下来，便开始紧锣密鼓地准备了。第一步，熟悉电子书包的功能及操作。在电子书包讲师的协助下我很快摸清了电子书包的几大功能模块，如我的学案、互动讨论、测试反馈、错题本、动画课堂等。第二步，选定电子书包课例。并不是每一堂课都适合使用电子书包，电子书包要用到实处、用得恰到好处，还需精选课例。第三步，设计电子书包网络学案。电子书包作为多媒体学习工具，支持文本、图片、音频、视频等多种形式的资源，可以利用这些功能打造出更加生动可感的历史课堂。

一分耕耘一分收获。一年下来，电子书包课堂使我惊喜连连。回想第一年的电子书包实验，有几件事情让我感触很深。在讲到九年级《古代科技与思想》中的三大宗教时我发布了一个讨论主题：

"请您在广州选择一座佛教寺院、基督教教堂或者伊斯兰教清真寺，介绍它的基本情况，并附上图片。"

晚上下自习后登录电子书包平台，我一看，不到几小时的工夫，那一个主题查看量竟有 121 人次，回复有 30 多条，如图 1 所示。30 多条回复！如逐一看下来，亮点频出。不少学生的回复精彩而又生动，远远超出了平日课堂的表现……也就是这一次经历使我明白了：学生的身上蕴藏着巨大的潜力，他们缺的只是一个平台、一个机会。

随后，每次主题讨论我都可以看到很多同学参与，讨论的深度与广度也不断拓展。不管是课前研学，还是课中研学，学生利用电子书包所完成的作业，相比传统课堂有很大不同。一个是在形式上，图文并茂，不少学生甚至会精心插入一些贴合主题的视频或者音频；另一个则是在内容上，电子书包

共6学主题

陈岳庄 寻找广州宗教之旅。
请你在广州选择一座佛教寺院、基督教教堂或伊斯兰教清真寺，介… 回复 查看量：121
周思彤 最后回复："在广东省广州市越秀区光塔路有座驰名中外的古建筑光塔寺，即…" 2013/10/07 14:59:52

陈岳庄 世界三大宗教：
1．阅读下列材料 材料1．"彻底消除和根绝欲望后，生老病死,…
【A】王睿 最后回复："1.三大宗教产生的时间不同。它…" 2013/10/10 11:10:19   回复 查看量：25   回帖数
【B】何沐欣 最后回复："道教" 2013/10/10 11:06:33   回复 查看量：16   回帖数
【C】苏雁思 最后回复："①三大宗教是人类社会发展到一…" 2013/10/10 11:11:38   回复 查看量：73   回帖数

陈岳庄 世界三大宗教：
请您自选一个宗教佛教、基督教、伊斯兰教它的产生与传播。
【E】陈文正 最后回复："伊斯兰教产生于麦加，由穆罕默…" 2013/10/10 11:11:13   回复 查看量：26   回帖数
【D】马桂瑶 最后回复："基督教在1世纪时产生于巴勒斯…" 2013/10/12 10:23:58   回复 查看量：50   回帖数

图1

所创设的虚拟课堂大大解放了学生的思想，他们可以更加自由而充分地表达自我，而在思想的碰撞中，来自同伴或者老师的异见又培养了他们的反思精神和内省意识，并且在讨论中逐步学会了倾听和分享。

在互动讨论的应用中，小组讨论模式还能支持个性化的分层学习。根据学生的学习能力及学习兴趣，我将全班同学分成6个小组，设计了6个个性化的主题，一个小组一个问题，而任何一主题仅限组内可见，同组成员组内展开交流，最后每个小组派一个代表来陈述他们对这个问题的看法，其他小组可以补充或者提问。在小组展示环节中，每个小组的发言都很清楚流利，当其他组提出质疑时，小组成员也能及时给予有理有据的回答。一个学期下来我让每组的组员轮流发言，这样每一个人都得到了自我展示的机会，课堂不再是教师的独角戏，学生也开始有了主体性，表达能力、思考能力都得到了极大的发展……

除开课堂整体气氛、学生整体风貌的改变之外，在每一个个体身上，仔细观察，也有一些显著的变化。比如，在一次学习活动时我发布了一个"寻找广州历史"的主题。第二天，我检查学生的回帖，很意外地看到一个平时基本不出声的同学竟然留了一段非常长的文字，如图2所示。

这让我心里暗暗吃惊：这个学生成绩不好，此前的课堂里很少有他的声音。他似乎有厌学症，对学习并不热情，甚至经常借故请假。他的回帖让我惊喜不已。上课要让他发言，那是基本不可能的。难得这次竟然给了我这么一个热情的留言。为了回应他的热情，也同时刺激他的学习积极性，到了课堂上的展示环节，我特意把他的介绍利用互动讨论的展示平台展示出来，登时全班"哗"声一片，"深藏不露啊！"当同学们赞扬他时，我看到他的脸色露出了兴奋但又略略羞赧的神情。再后来，他的回帖越来越多，发言也越

『六榕寺』
六榕寺是广州一座历史悠久，举世闻名的名胜古迹。六榕寺以"六榕花塔"为特色标志，曾是禅宗庙题字而得名。六榕寺与光孝，华林，海幢寺并称为广州四大佛教丛林。1983年被国务院确定为汉院，1997年被评为广州市十大旅游景点。
寺内还有榕荫园。其内有六祖堂，观音殿，僧舍斋堂，功德堂等。六榕寺还供有禅宗第六代祖师会1吨，法貌庄严，垂目坐禅，栩栩如生。

图2

来越多。在和同学、老师的互动中，他的性情也越发开朗而活泼，渐渐地在课堂上也开始流利地表达自我了。这个事情给了我很大启发。原来在我们传统课堂中，受制于时间和空间，留给学生的机会是很少的。往往只有那些佼佼者才能有幸得到老师较多的关注。对于那些成绩薄弱的、性格内向的学生来说，他们在课堂上基本上只是沉默的大多数。但现在有了电子书包为我们打造的虚拟课堂，每一个人都有了平等的机会去展示自我。这时那些沉默的大多数才有机会发出了自己的声音。随着老师对他们的关注，他们也逐渐树立起自信，学会了表达自己的观点，倾听别人的观念，这样的主动性又由虚拟课堂扩展到现实课堂。回到现实生活中，他们也开始变得更加大胆而富有主见……对于老师来说呢，通过虚拟课堂这个平台可以全方位地关注到班上的每一个学生，通过观察学生的学习记录可以追踪其学习状态，并及时调整自己的教学计划。更重要的是，在网上的交流互动中，师生之间开始建立一种前所未有的对话关系。每一个个体之间都是平等的，他们聚在一起就各自的经验、知识展开 men-to-men 式对话，每一个个体的地位都得到前所未有的重视……

再说到电子书包的测试反馈功能。在上历史课时，我也经常用到这一功能。利用电子书包发布一份在线测试，一般是10道题，5分钟时间。当堂发布，当堂完成。电子书包的即时反馈功能在这时便发挥了它的神奇作用。我可以第一时间得知学生的作业完成情况，并利用下课前最后几分钟即时对学生测试过程中反映出来的问题进行讲解……通过后台导出的错误率分析图，还能有针对性地发布补偿性练习。这样既大大节约了时间，同时又改善了教学效果。无论是教师还是学生，在这一过程都受益匪浅。

如今，随着2012级学生毕业，我们已经成功完成一轮电子书包实验。三年的实验过程中，作为第一批吃螃蟹的人们，苦多乐亦多。虽然在最初的摸索阶段，我们付出了比普通老师多得多的艰辛，但同样也收获了别人不曾有的硕果。学生在电子书包信息技术的辅助下，更早地接触了信息时代的新型学习工具，在高效高质完成学习任务的同时，还培养出开放而活泼的心态；老师则在教学过程中与学生建立了更为亲密的关系，平等与合作的对话式课堂中，师生打成一片，学习气氛热烈而浓厚，学生个性突出而鲜明，而教师的信息技术素养、专业素养也得到极好的锻炼……电子书包的到来还只是一个开始，随着科技的进一步发展，我们的校园、我们的课堂也会在新的理念、新的技术之下有更大的改观。大胆地尝试，小心地实践，怀着这样务实的理想主义，教育才能走得更远……

第三节　教师自我评价

《基础教育课程改革纲要（试行）》明确指出："要建立促进教师不断提高的评价体系，强调教师对自己教学行为的分析与反思，建立以教师自评为主，校长、教师、学生、家长共同参与的评价制度，使教师从多方面获得信息，不断提高教学水平。"美国评价学者认为："教师自我评价是教学评价中最容易被忽视的部分，但从逻辑上来分析，在理想情况下自我评价应该先于所有其他的对于教师教学有效性的评价。"自我评价是教师反思教学、自我诊断和自我提高的一个过程。通过自我评价，教师可以从优点和缺陷两个方面辩证地分析教学方法及其效果，促进自身的教学改革和专业发展。目前我国在自我评价方面的研究是比较滞后的，本节主要介绍一些可参考的评价标准，在今后的教学实践和评价标准研究上制订更科学、更具有学科特色的自我评价标准和模式。

一、教师自我评价国内外研究现状

（一）国外自我评价的研究现状

教师自我评价是发展性教师评价的核心。奠定实施性教师评价决定地位的是20世纪80年代中期英国皇家督学团发表的《学者质量：评价的评估》报告，其中明确了教师的评价与解聘的直接联系。皇家督学团从1987年到1989年，在六个地方教育当局对新的教师评价制度进行了试点研究，并从90年代初开始真正推行新的教师评价制度，即发展性教师评价。

在英国，随着发展性教师评价制度的提出与推行，教师的自我评价就成为一个持续的不间断的过程。学年初，每个教师要订立年度目标，包括教师本人的专业发展目标、学生的学业进步目标和管理目标，目标要清晰、明了、具有挑战性，同时还要有阶段性的目标，以便于教师随时评价自己的工作情况。学年末，教师根据既定的目标，对自己的总体表现进行评估。在此基础上明确新的专业发展目标，制定下一阶段的个人计划。为保证自我评价的有效性，英国男女教师协会明确指出，教师自评时首先要做到襟怀坦荡，同时建议在自评过程中，可以使用调查问卷，如英国维纳斯中学《教师评价计划》中的自我评价表，其主要内容有：在您的工作中，您最满意哪几个方面？最不满意哪几个方面？在过去的一年里，您采取何种方法提高您的专业水平？在未来一年里，或从长远来看，您希望用何种方法来提高您的专业水准和加强工作经验？通过填写问卷，教师可以对自己的过去有较全面的把握，从而规划自己的未来发展。

美国在20世纪90年代中期，在反思传统教师评价弊端的基础上，也提出发展性教师评价的理念，强调教师参与评价，特别强调教师的自我评价。为使教师自我评价更加经常化，科学化，要求教师建立基于自己教学和专业发展的档案袋。教师档案袋包含了教师按照评价标准与要求收集的各种信息：家长、学生调查；职业活动；行动研究计划及其结果等。对教师来说，档案袋是反映自己教学实践、进行自我评价、确认职业发展需要的有效途径，它能帮助教师对自己的工作和学习进行纵横比较，形成个性化的教学模式。

（二）国内自我评价研究现状

在我国，随着新一轮基础教育课程改革的深入，在理论层面阐述教师自我评价的意义成为研究的热点。王俭从教师专业发展的角度提出"教师自我评价是促进教师专业发展的有效机制"。全洪涛也指出："教师专业发展的最高境界是自我更新，自我更新是一种积极的自我分析、自我评价、自我发展的过程"，并强调"学校应开发操作性强的教师自评指标体系"。华炜、李莉从培养反思型教师的角度阐述了教师自我评价的意义与策略。在实践层面，以落实发展性教师评价理念、完善教师自我评价指标体系为切入点，在部分中学开始试点研究。赵中健在探讨教师自我评价指标体系时，构建了"教师自我评价指标体系"，要求教师从班级领导、课堂教学保障、课堂文化、学生参与和潜能开发及教育服务质量保证等五个方面进行自我评价，并在上海师大附中进行试点。徐永初、陆武从教师的发展动力、发展方向、发展程度三个方面出发，设计了"上海市第三女子中学教师的自我设计、自我评价表"，提出了教师自我设计、自我评价的形式。郑肖文为教师的自我评价设计了《教师素质发展性评价手册》，记录教师日常的教育教学工作，为发展性教师评价提供了丰富的自我评价材料。

从国内外研究现状看，自我评价已逐渐成为教师评价的组成部分。英美国家的教师自我评价从理论到实践，日趋成熟，得到教师的认同，对教学专业的发展、提高教师的积极性等发挥了重要作用。但我国目前关于中学教师的自我评价研究还处于起步阶段，目前主要停留在对国外经验的介绍、理论分析、方式探索阶段，对于教师专业指标体系的开发过于简单或过于繁琐，可操作性不强，教师对自我评价的意识淡薄。因此，目前我国关于教师自我评价的研究不论是理论上还实践上都跟不上教育发展的现状。

二、教师自我评价的探索

教师自我评价是教师在一定的教育理论指导下，依据一定的评价原则，对照评价标准，主动对自己的教育教学工作表现作出客观真实的评价。这是一个教师自我反思的过程，体现了教师发展性评价的理念。教师通过自我评价可以发现自身的优势与不足，及时弥补不足，挖掘自身潜力，从而有效地促进自己的专业发展。

（一）构建自我评价体系

1. 依据《中学教师专业标准（试行）》，自我评价自身的专业素养

根据 2012 年颁布的《中学教师专业标准（试行）》，我们制订构建了中学历史教师专业素养基本要求，对教师素养提出了明确要求，设计了中学历史教师学科教学素养自我评价方案，供教师自我评价自身的专业素养，如表 4-1 所示。

表4-1 中学历史教师专业素养基本要求

维度	领域	基本要求
历史学科专业素养	学科知识	1. 理解所教学科的知识体系、基本思想与方法 2. 掌握所教学科内容的基本知识、基本原理与技能 3. 了解最新的史学研究动态和成果 4. 了解所教学科与其他学科的联系 5. 了解所教学科与社会实践的联系
历史学科专业素养	通识性知识	6. 具有相应的自然科学和人文社会科学知识 7. 了解中国教育大政方针和基本情况 8. 具有相应的艺术欣赏与表现知识 9. 具有适应教育内容、教学手段和方法现代化的信息技术知识
历史学科专业教学能力	教学设计	1. 教材内容的分析能力 2. 教学重点和难点的确定能力 3. 学生特点和学习需要的分析能力 4. 科学设计教学目标和教学计划 5. 合理利用教学资源和方法设计教学过程 6. 引导和帮助中学生设计个性化的学习计划
历史学科专业教学能力	教学实施	7. 营造良好的学习环境与氛围,激发与保护中学生的学习兴趣 8. 能有效培养学生"自主—合作—探究"学习 9. 通过启发式、探究式、讨论式、参与式等多种方式,有效实施教学 10. 有效调控教学过程 11. 引发中学生独立思考和主动探究,发展学生创新能力 12. 将现代教育技术手段渗透应用到教学中

续上表

维度	领域	基本要求
历史学科专业教学能力	班级管理与教育活动	13. 建立良好的师生关系，帮助中学生建立良好的同伴关系 14. 注重结合学科教学进行育人活动 15. 有效管理和开展班级活动 16. 妥善应对突发事件
	教育教学评价	17. 利用评价工具，掌握多元评价方法，多视角、全过程评价学生发展 18. 引导学生进行自我评价 19. 自我评价教育教学效果，及时调整和改进教育教学工作
	反思与发展	20. 主动收集分析相关信息，不断进行反思，改进教育教学工作 22. 针对教育教学工作中的现实需要与问题，进行探索和研究 23. 制定专业发展规划，不断提高自身专业素质 24. 每学期撰写教学论文或教学叙述，反思总结，提升自我

2. 借鉴国外研究成果，构建教师自我评价的激励机制

前面已谈到，发达国家 20 世纪 80 年代关于教师的自我评价的研究已经非常全面和深入，得了丰硕的研究成果，我们可以借鉴发达国家的研究成果，开展教师的自我评价。

美国教师自我评价 SSA 模式如表 4-2 所示，它将教师评价和学生学习进行整合，形成了有效的教学设计。它充分吸收了以往教师评价的优点，并针对其不足做出改进，提出了教师自评的 10 个维度，每个维度的评价包括四个方面的内容，即教师教学行为、教学对学生行为的影响、管理者对课堂观察的有效反馈和教师专业实践的发展。后三个维度是为了辅助教师自评而设计的，对于培养和提升教师的专业素养有重要作用。

表 4-2 美国教师自我评价 SSA 模式的内容

序号	维度	具体内容
维度一	创建组织、规则和程序	1. 合理组织安排座位； 2. 建立有效的课堂规则和程序； 3. 建立有效的计划来管理学生； 4. 以最少的时间来组织学生的课堂学习

续上表

序号	维度	具体内容
维度二	建立积极的人际关系	1. 呈现举止来显示关心学生并尊重每个学生； 2. 了解学生并把他们的兴趣、愿望和知识背景融入课程； 3. 使具有不同学习风格和学习能力水平的学生体验到成功的喜悦； 4. 加强学生之间的互动，使学生愉快地交流学习经验； 5. 建立一个开放的与家长沟通的环境
维度三	促进学生参与和分享	1. 用不同的教学方式让学生参与思考并专心于学习； 2. 用各种各样的教学工具、策略来保持教学的新鲜性和学生学习的兴趣，并提高学生的分享意识
维度四	创设思考与学习氛围	1. 使用新颖的教学方法来拓展学生的思维； 2. 鼓励学生使用高级思维并突破严格的文本内容； 3. 运用有效的提问技巧； 4. 使用多种方法来培养学生的批判性思维和创造性表达； 5. 引导学生使用各种思考策略
维度五	引导学生为新的学习做准备	1. 选择与年级水平相适应的学习内容； 2. 把内容标准变成清晰的学习目标； 3. 提出能使学生深入思考的问题； 4. 向学生介绍关键概念、术语； 5. 鼓励学生建立个人学习计划并努力实现目标
维度六	呈现新的学习内容	1. 在设计课程内容时能将内容分成合理的单元； 2. 将多个来源的信息纳入课程，帮助学生获取新知识； 3. 能帮助学生通过做笔记、总结、组织图形、使用语言和非语言行为来理解重要信息
维度七	深化学生的学习	1. 使用形成性评价来帮助学生评价自己的学习过程； 2. 帮助学生明确他们自己的观点并深化其对知识的理解； 3. 按能力水平、兴趣和学习风格分组，使学生的学习效果最大化； 4. 给学生提供机会，让他们通过研究、讨论和反思问题来记忆知识； 5. 按能力水平布置作业，让学生练习和巩固学习内容

续上表

序号	维度	具体内容
维度八	指导应用所学知识	1. 指导学生进行有意义的知识迁移； 2. 鼓励学生参加可以激发兴趣的项目及活动，在活动中应用所学知识
维度九	帮助学生进行学习反思并积极鼓励学生	1. 赞赏学生获得的学习成就； 2. 向学生提供机会回顾学习过的内容； 3. 帮助学生反思自己的学习，找出不足，加以改进； 4. 创建一个运用元认知的反思环境； 5. 帮助学生回顾学习目标； 6. 与学生共同合作，设定未来的学习目标
维度十	其他职业表现	将教师划分为四个等级，即新手教师、发展中的教师、经验丰富的教师和专家教师。新手教师对自己的专业发展一般没有或只有简单的承诺，经验丰富教师会有明确的承诺，专家教师会有坚定的承诺。 1. 努力改善自己的课堂实践； 2. 设计专业发展计划并努力实现目标； 3. 寻找职业发展和持续学习的机会； 积极与同事合作，通过加入专业的学习团体来提高实践能力

为了有效开展教师自我评价，美国中小学在评价实施之前开展了三项工作。首先，培训教师学习评价的维度、指标和准则，学习如何使用评价框架进行正式和非正式的观察并收集有效数据；其次，把教师做出的试评与其他管理者所做的试评进行比较，以此来确定评价的内在效度；最后，通过全员培训，提高教师的自我评价意识和能力，引导教师把有效教学策略运用到实际教学之中，提高教育教学质量。在培训教师时，学校领导要努力做到：一是营造一种促进教师学习和专业发展的氛围；二是提升教师的观察技能（如有效地使用录像进行课堂观察）；三是能够给教师提供有意义的反馈；四是及时组织观察前和观察后的讨论会议；五是通过多种评测方法确定对教师的最终评价；六是使用有目标的发展计划，促进教师专业的发展。在评价操作上，教师在自我观察后，采用两种方式分析结果。第一种是网上评价系统，教师根据自我观察，根据评价维度自行输入分数；第二种是教师在教学管理人员的帮助下，对观察表所有数据进行分析，得出分析结果。

美国教师自我评价 SSA 模式的使用促进了教师的专业发展，激发了教师的教学热情，提高了教学质量。我国的教师自评制度还不健全，可以借鉴美国等国家这方面的先进经验和做法。第一，完善我国的自我评价机制，一是建立教师自评和他评相结合的机制；二是完善教师自评的激励机制，鼓励教师采用多种形式的自评，反思自己的教学。第二，确定适当的自我评价内容。可借鉴美国自我评价的具体内容，并结合本校和学科的实际情况。第三，培养教师自我评价的意识和能力。学校要对教师进行自我评价的培训，明确自我评价的重要性。第四，运用多种自我评价的方法，如课堂观察、教学日记、电子档案袋等。第五，重视利用自我评价的结果。自我评价的结果是帮助教师分析问题，以便在以后的教学实践中改进。

（二）了解专家型教师的特征，规划职业生涯

专家型教师指：一是教师要成为专业人士，教育工作成为专业工作，这就要求教师要从传统的主要凭借教学经验的积累开展教育教学工作，转向主要依赖教育科学知识和教育教学的专业技能开展教育教学工作，从"教书匠"转变为"教育专业人士"，这是教师职业在质的层面上的转型；二是作为一名专业人士，不能够徒有虚名，而是要经过专业培训，提升自己的专业素质，成为在教育教学的某一方面（主要是学科教学或学术研究领域）有专长的教师，这是教师在专业范围内要达到成熟的一种表征，是教师专业在量的层面上的变化。通过这种变化，教师能根据自己的教学实践不断进行经验的总结和理性的分析，具备良好的判断和解决问题的能力，为提高教学效率和质量服务，同时也为教师自身的长远发展奠定基础。教师的专业成长经历了"新手→熟手→能手→高手"的过程，是从"成熟→成长→成名→成家"的过程。在这个成长过程中，教师要根据专家型教师的特征，进行自我比较，了解自己与专家型教师之间的差异，做好职业规划，明确自己的奋斗目标。

表4-3 专家型教师与新手型教师的特征比较

相关变量		专家型教师的特征	新手型教师的特征
教学效能感	一般教育效能感	1. 克服外在环境负面影响的能力知觉高； 2. 克服学生差异的能力知觉高； 3. 对学生行为和成就抱正向期望； 4. 有确定的教学目标和实现目标的策略	1. 克服外在环境负面影响的能力知觉不高； 2. 克服学生差异的能力知觉不高； 3. 对学生行为和成就不抱正向期待； 4. 教学目标模糊，缺少实现目标的策略

续上表

相关变量		专家型教师的特征	新手型教师的特征
教学效能感	个人教学效能感	1. 对自身专业能力的知觉高； 2. 对自身教学能力的知觉高； 3. 尽心教学的能力知觉高； 4. 教学的个人成就感高； 5. 对学生学习的个人责任感高； 6. 教学活动中情绪稳定； 7. 有坚定的教学信念； ……	1. 对自身专业能力的知觉不高； 2. 对自身教学能力的知觉不高； 3. 尽心教学的能力知觉不高； 4. 教学的个人成就感不高； 5. 对学生学习的个人责任感不高； 6. 教学活动中情绪不稳定； 7. 缺乏坚定的教学信念； ……
教学监控能力	计划与准备性	1. 能预料到执行课时计划时可能遇到的情况； 2. 课时计划全面，把教学目标与学生实际结合起来考虑； 3. 课时计划要将教的内容知识与学法知识结合起来； ……	1. 不大可能预料到执行计划时可能出现的问题，难以把学生的问题和课时目标联系起来； 2. 课时计划的结构比较简单、孤立； 3. 在与课程无关的任务上花费较多的时间； ……
	评价与反馈性	1. 在课堂教学中随时通过观察、提问、练习等途径把握学生的掌握情况； 2. 能及时从不同学生的各种反应中，获得对自己的教学行为的评估； ……	1. 把提问、练习等活动看作教学过程的必经阶段，而不是从这些活动中获得学生的掌握情况及对自己教学的反馈； 2. 无意识中把注意力只集中在少数学生身上，无法获得全体学生和整个课堂的信息； ……

续上表

相关变量		专家型教师的特征	新手型教师的特征
教学监控能力	控制与调节性	能根据学生的反馈或具体教学情况对教学行为灵活调整；能根据所遇到的困难，修正课程计划以便将来使用……	只能依赖课时计划按部就班地进行教学，很少能根据学生的理解对教学行为进行调整……
	课后反省性	课后对教学过程进行的反思，包括自己的教学和学生的反应，并以此作为检讨教学得失并修正教学活动的依据	注重课堂中发生的具体细节，注重自己的某个具体教学行为是否成功，忽视了对学生反应的思考……
教学行为	课前准备	教学计划经过缜密的思考，考虑到教学过程的突发事件，对学生和教材有充分的了解，花在准备教学细节上的时间较少，教学计划简洁，以学生为中心，有预见性……	把大量的时间花在课时计划的一些细节上，课时计划显得过于烦琐，囊括了教学过程的每一个环节，缺少预见性和灵活性，很少能把课时计划与学生的特点联系起来
	课中互动	有明确的课堂规划，能用各种方法把学生的注意力集中在教学活动上，能机智地处理突发事件，教材呈现的方式新颖、自然，灵活地运用各种教学策略，通过各种途径及时了解学生的理解情况和兴趣，并根据实际对教学计划和行为作适当调整……	课堂规划含糊且不能持久地坚持执行下去，无法有效地利用教学时间，把过多的精力花在与课堂教学无关的事件上；不能灵活运用教学策略，很少能根据实际情况对教学行为作调整；把注意力集中在自己的教学上，忽视了学生的反应；不能通过各种途径获得学生的反馈信息
	课后评价	关注学生的理解程度和兴趣，很少谈论自己的教学是否成功，关心那些他们认为对完成教学有影响的活动，以便在今后进行调节……	关注课堂中发生的具体细节，关心自己的教学是否成功，忽视了学生的反应，很少能自觉地对整个教学过程进行反思……

（三）选择适合自我评价的方法

1. 自我评价报告

各校和各科组可以根据本校、本学科的特点研制可操作的自我评价标准，指导老师评价，每学期撰写自我评价报告，对评价结果进行分析，并提出改进要求和计划，明确下一阶段的发展目标。例如，广州市番禺区教研室历史科开展了《区域推动中学历史教师学科教学素养的行动研究》这一课题研究，制订了中学历史教师学科教学素养自我评价方案（见表4-4）。教师可根据历史学科专业素养、历史学科课程资源整合研究能力、历史学习方法指导能力、历史教学反思能力四个方面的自我评价情况，撰写评价报告。

表4-4 中学历史教师学科教学素养自我评价方案

维度	内容	等级			
历史学科专业素养	1. 历史专业知识	A	B	C	D
		优秀	良好	中等	差
	2. 历史专业教学技能	A	B	C	D
		优秀	良好	中等	差
	3. 教育理论基础和课程理论	A	B	C	D
		优秀	良好	中等	差
	4. 信息素养	A	B	C	D
		优秀	良好	中等	差
历史课程资源整合研究能力	1. 原始文献资料	A	B	C	D
		经常使用	定期使用	偶尔使用	从不使用
	2. 史学研究成果	A	B	C	D
		经常使用	定期使用	偶尔使用	从不使用
	3. 图像资料	A	B	C	D
		经常使用	定期使用	偶尔使用	从不使用
	4. 地方史资源	A	B	C	D
		经常使用	定期使用	偶尔使用	从不使用
	5. 博物馆	A	B	C	D
		经常使用	定期使用	偶尔使用	从不使用

续上表

维度	内容	等级			
历史学习方法指导能力	1. 方法适当，环节合理	A	B	C	D
		优秀	良好	中等	差
	2. 创设情境，激发兴趣	A	B	C	D
		优秀	良好	中等	差
	3. 重视启发，思维活跃	A	B	C	D
		优秀	良好	中等	差
	4. 及时反馈，做好调控	A	B	C	D
		优秀	良好	中等	差
	5. 培养素养，立德树人	A	B	C	D
		优秀	良好	中等	差
历史教学反思能力	1. 教师对教学反思的动机与态度	A	B	C	D
		积极	较积极	消极	无所谓
	2. 教师对教学反思的呈现方式	A	B	C	D
		著作	论文	小结札记	实践中调整
	3. 教师对教学反思的内容	A	B	C	D
		目标	内容	方法手段	课堂管理
	4. 教师对教学反思的时间	A	B	C	D
		每一节课	每一单元	每一学期	每一学年
	5. 教师对教学反思的水平	A	B	C	D
		高层次	较高层次	合格层次	较低层次

2. 录音或录像反馈

教师课后通过听自己的授课录音或看录像，从旁观者的角度来分析自己的教学，对比课堂教学评价量表，通过观察知道自己的哪些行为是符合期望的，哪些不符合规范，内容是否处理得当，是否充分调动了学生的积极性、体现了学生的主体地位等，这种直接的观察对提高教师的专业成长是非常有效的。

3. 同行的观察和交流

通过课例研讨的形式，同行观察，并现场交流。听讲时，可现场发课堂观察记录表，分任务做好观察记录。评课时，同行提出自己中肯的意见和建议，并将观察记录表提交给授课老师，便于教师自我评价。教师可借助评课、议课的意见和建议，及课堂观察记录资料进行自我评价，提高自己的教学质量。

总之，开展自我评价一定要让教师明确评价的目的、原则、指标等，要让老师知道必要的评价知识、评价方式和技能。教师通过自我评价对自身的发展方向和定位要有充分的认识，同时要借助外力分析存在的问题和解决问题的办法，教师不断地通过自我诊断、自我调整、自我激励最终达到自我提高，实现自我专业的发展，从而促进教育质量的提高。

有人把教师比喻成园丁、比喻成蜡烛，有人说教师是人类灵魂的工程师，其实教师就是"人"，教师应该是追求进步和美德的人，是履行教育教学职责的专业人员。2014年9月9日，习近平在同北师大师生代表座谈时强调："教师重要，就在于教师的工作是塑造灵魂、塑造生命、塑造人的工作。一个人遇到好老师是人生的幸运，一个学校拥有好老师是学校的光荣，一个民族源源不断涌现出一批又一批好老师则是民族的希望。"2016年12月7日，习近平在全国高校思想政治会议上强调："教师做的是传播知识、传播思想、传播真理的工作，是塑造灵魂、塑造生命、塑造人的工作。教师不能只做传授书本知识的教书匠，而要成为塑造学生品格、品行、品位的'大先生'。"作为一名合格的教师应该要具有职业理想、职业意识、职业精神、职业态度、职业规范、职业准则、职业习惯、职业技能、职业形象多方面的要求，这些都是教师最基本的职业素养。永无止境的学习，坚持不懈的思考，充满激情的教书育人。希望每位教师都能在专业成长道路上不忘初心、牢记使命，在潜心育人的过程中拥有获得感、幸福感和认同感，不辜负时代赋予我们的使命！

主要参考书目

[1] [美] R. M. 加涅等. 教学设计原理 [M]. 皮连生等译. 上海：华东师范大学出版社，1999：13.

[2] [美] 史蒂文·利维. 从零开始——创建你自己的课堂 [M]. 杨敏译. 北京：教育科学出版社，2010：4.

[3] [美] 费斯勒，克里斯坦. 教师职业生涯周期——教师专业发展指导 [M]. 董丽敏，高耀明等译. 北京：中国轻工业出版社，2005：40 - 42.

[4] R. F. Atkinson, Knowledge and Explanation in History—An Introduction to the Philosophy of History [M]. New York：Cornell University Press, 1978：2 - 102.

[5] R. M. 加涅等. 教学设计原理 [M]. 上海：华东师范大学出版社，1999：332.

[6] 马凤岐. 教育实践的特性与教育学的科学化 [J]. 教育研究，2009 (11).

[7] 王继平. 中学历史教学研究方法 [M]. 长春：长春出版社，2012.

[8] 王卫东. 教师专业发展探新——若干理论的阐释与辨析 [M]. 广州：暨南大学出版社，2010：132.

[9] 王正平. 史学理论与方法 [M]. 杭州：杭州大学出版社，1990：3.

[10] 王有录、夏春江. 史学概论 [M]. 河南：中州出版社，1991：22.

[11] 王国维. 观堂集林 [M]. 北京：中华书局. 2004：875.

[12] 王俊生，陈大超. 教师个体职业生涯发展阶段初探 [J]. 辽宁教育研究，2004 (12).

[13] 王琛译. 怎样成为优秀教师 [J]. 国外教育动态，1983 (1).

[14] 王策三. 教学论稿 [M]. 北京：人民教育出版社，1985：88 - 89.

[15] 王斌华. 发展性教师评价制度 [M]. 上海：华东师范大学出版社，2000：117 - 277.

[16] 中华人民共和国教育部. 义务教育历史课程标准 [M]. 北京：北京师范大学出版社，2011：5.

[17] 中华人民共和国教育部. 普通高中历史课程标准 [M]. 北京：人民教育出版社，2018：4.

[18] 申继亮. 教学反思与行动研究 [M]. 北京：北京师范大学出版社，2006：72.

[19] 冯忠良. 结构—定向教学的理论与实践（上册）[M]. 北京：北京师范大学出版社，1992：375.

[20] 皮连生. 学与教的心理学 [M]. 上海：华东师范大学出版社，2010：170.

[21] 托波尔斯基. 历史学方法论 [M]. 张家哲译. 北京：华夏出版社，1990：328 - 413.

[22] 朱汉国，郑林. 新编历史教学论 [M]. 上海：华东师范大学出版社，2008：179.

[23] 朱旭东. 论当前我国教师教育存在的十大问题及其解决途径 [J]. 教育学, 2013 (01).

[24] 朱旭东. 试论建立师范教育认可和质量评估制度 [J]. 高等师范教育研究, 2002 (5): 29.

[25] 朱作仁. 教育辞典 [M]. 南昌: 江西教育出版社, 1987: 612.

[26] 刘庆昌. 教育者的哲学 [M]. 北京: 中国社会出版社, 2004: 234.

[27] 刘国增. 新课程理念下中学历史问题探究教学模式研究 [D]. 武汉: 华中师范大学, 2007.

[28] 刘昫. 旧唐书 [M]. 第10册. 北京: 中华书局, 1975: 3173.

[29] 汤普森. 历史著作史 [M]. 谢德风译. 北京: 商务印书馆, 1996: 457.

[30] 安方明. 论问题教学对教学论改革的意义 [J]. 北京: 首都师范大学学报 (社会科学版), 1996 (4).

[31] 孙恭恂. 历史学概说 [M]. 北京: 北京师范大学出版社, 1990: 9.

[32] 严文明. 中华文明史 (第一卷) [M]. 北京: 北京大学出版社, 2006: 6.

[33] 杜芳. 历史课程与教学论 [M]. 上海: 华中师范大学出版社, 2012: 188-194.

[34] 李树全: 从四个角度看教学主题的确立与落实——基于高中历史课堂的实践性认识 [J]. 中学历史教学参考, 2012 (6): 25.

[35] 李剑鸣. 历史学家的修养和技艺 [M]. 上海: 三联书店, 2007: 147.

[36] 李曼丽. 通识教育——一种大学教育观 [M]. 北京: 清华大学出版社, 1998: 8.

[37] 李惠军. 刍议历史课堂繁体中的"多元互动"机制 [J]. 历史教学问题, 2005 (4): 106-109.

[38] 李嗣涔. 台湾中等学校教育学程之设立与展望——以台湾大学为例 [J]. 台湾教育, 1999 (2).

[39] 杨小微. 教育学基础 [M]. 上海: 华东师范大学出版社, 2010: 297.

[40] 肖黎. 中国历史学四十年 [M]. 北京: 书目文献出版社, 1989: 1-3.

[41] 吴友华, 熊林江. 中小学体育教师专业素质文献综述 [J]. 企业家天地 (理论版), 2010 (4): 93-94.

[42] 吴伟. 历史学科能力与历史素养 [J]. 中学历史、地理教与学, 2013 (2).

[43] 吴龙. 现代课堂教学中发展性教师评价初探 [D]. 福州: 福建师范大学, 2003.

[44] 吴黛舒. "新基础教育"教师发展指导纲要 [M]. 桂林: 广西师范大学出版社, 2009: 4-65.

[45] 利科. 法国史学对史学理论的贡献 [M]. 王建华译. 上海: 上海社会科学院出版社, 1992: 69-75.

[46] 何兆武. 对历史学的若干反思 [J]. 史学理论研究, 1996 (2): 39.

[47] 余胜泉. 信息技术与课程整合——网络时代的教学模式与方法 [M]. 上海: 上海教育出版社, 2004.

[48] Walter T K Nugent. Creative History [M]. Philadelphia & New York: J. B. Lippincott Company, 1967: 77-78.

[49] 沈玉顺. 现代教育评价 [M]. 上海：华东师范大学出版社，2002：124.

[50] 张大均. 教育心理学 [M]. 北京：人民教育出版社，1995：349.

[51] 张玉田. 学校教育评价 [M]. 北京：中央民族学院出版社，1987：136.

[52] 张立春，焦建利. 学生对电子书包的态度及理解研究 [J]. 开放教育研究，2015（2）.

[53] 张国礼，边玉芳，董奇. 中小教师素养、工作压力、主观幸福感的关系 [J]. 中国特殊教育，2014（4）：89－92.

[54] 张静. 历史课问题探究式学习初步研究 [J]. 清华历史教学，2009（10）：82.

[55] [法] 阿隆. 论治史 [M]. 上海：三联书店，2003：185.

[56] 陈志刚. 课程实施层面解读历史课程标准应注意的问题 [J]. 中学历史、地理教与学，2012（11）.

[57] 林崇德. 21世纪学生发展核心素养研究 [M]. 北京：北京师范大学出版社，2016：260.

[58] 林崇德. 发展心理学 [M]. 杭州：浙江教育出版社，2007：24.

[59] 林崇德. 教师素质的构成及其培养途径 [J]. 中小学教师培训，1998（1）：10－14.

[60] 周发增. 历史教学社会功能的探讨——全国历史教学研究会论文集（第三集）[M]. 北京：中国地图出版社，1989：43－44.

[61] 周浩波. 教育哲学 [M]. 北京：人民教育出版社，2000.

[62] 郑金洲，陶宝平，孔企平. 学校教育研究方法 [M]. 北京：教育科学出版社，2003：17.

[63] 浅井和行等. 教師の力量形成のための試み. [J] 京都教育大学教育実践研究紀要. 2007，第7号，134.

[64] 赵吉惠. 史学概论 [M]. 西安：陕西师范大学出版社，1990：9.

[65] 郝少平，么加利. 论教育理论的理性限度及超越 [J]. 山西师范大学学报（社会科学版），2010，（2）.

[66] 荣孟源. 史料和历史科学 [M]. 北京：人民出版社，1987：18－25.

[67] 胡森. 国际教育百科全书（第九卷）[M]. 贵州：贵州教育出版社，1990：19.

[68] 柳海民. 当代教育理论专题 [M]. 长春：东北师范大学出版社，2002.

[69] 冒兵. 认知领域的历史教学目标实施——分类学视域的问题设计 [J]. 历史教学，2013，（1）：36－43.

[70] 钟启泉，崔允漷，张华. 基础教育课程改革纲要（试行）解读 [M]. 上海：华东师范大学出版社，2001.

[71] 钟启泉. 反思中国教育 [M]. 上海：华东师范大学出版社，2007：24.

[72] 钟启泉，崔允漷，张华. 为了中华民族的复兴 为了每位学生的发展 [M]. 上海：华东师范大学出版社，2001：318.

[73] 钟祖荣. 现代教师学导论——教师专业发展指导 [M]. 北京：中央广播电视出版社，2001：265.

[74] 俞国良,林崇德. 论心理学视野中的教师培养与发展 [J]. 教育研究,1999 (10).

[75] 施良方等. 教学理论:课堂教学的原理、策略与研究 [M]. 上海:华东师范大学出版社,1999:13.

[76] 洪岚. 构建多元研修共同体,提升教师教学素养——基于徐汇区教师进修学院附属小学的实证研究 [J]. 教育观察,2012 (8):34 - 39.

[77] 姚太中,程汉大. 史学概念 [M]. 北京:东方出版社,1991:5.

[78] 岳玉玺. 傅斯年选集 [M]. 天津:天津人民出版社,1996:174.

[79] 袁顶国. 从两极取向到有机整合:主题式教学研究 [D]. 西南大学博士学位论文,2008.

[80] 贾东海,郭卿友. 史学概念 [M]. 北京:中央民族学院出版社,1992:13.

[81] 夏楚楚. 高中历史课堂教学中的问题讨论——基于一个案例的思考 [J]. 历史教学问题,2006,(1):109 - 111.

[82] 顾明远. 教育大辞典 [M]. 增订合编本. 上海:上海教育出版社,1998:1494.

[83] 郭元祥. 教育逻辑学 [M]. 北京:人民教育出版社,2002.

[84] 郭少英,朱成科. "教师素养"与"教师专业素养"诸概念辨 [J]. 河北师范大学学报(教育科学版),2013,(10):67.

[85] 教育部师范教育司. 教师专业化的理论与实践 [M]. 北京:人民教育出版社,2001:49.

[86] 教育部基础教育课程教材专家工作委员会. 义务教育历史课程标准解读 [M]. 北京:北京师范大学出版社,2017.1.

[87] 黄向阳. 教育知识学科称谓的演变:从"教学论"到"教理学"[J]. 华东师范大学学报(教育科学版),1996 (4):17 - 26.

[88] 联合国教科文组织总部中文科. 教育——财富蕴藏其中:国际21世纪教育委员会报告 [M]. 北京:教育科学出版社,1996:135.

[89] 葛剑雄,周筱赟. 历史学是什么 [M]. 北京:北京大学出版社,2002:78.

[90] 葛懋春. 历史科学概念 [M]. 济南:山东教育出版社,2008:1.

[91] 蒋大椿,陈启能. 史学理论大辞典 [M]. 合肥:安徽教育出版社,2000:72 - 73.

[92] 熊川武. 反思性教学 [M]. 上海:华东师范大学出版社,1999:134.

[93] 张向阳. 历史教学论 [M]. 长春:长春出版社会,2012.

[94] 宾华. 中学历史课堂教学设计研究 [M]. 长春:长春出版社,2012.

[95] 陈志刚. 历史课程论 [M]. 长春:长春出版社,2012.

[96] 王泳. 中学历史教学中的现代教育技术研究 [M]. 长春:长春出版社,2012.

[97] 黄牧航. 高中历史学业评价体系研究 [M]. 长春:长春出版社,2012.

[98] 李稚勇,周仕德,陈新民. 中外历史教育比较研究 [M]. 长春:长春出版社,2012.

[99] 赵才欣. 有效教研——基础教育教研工作导论 [M]. 上海:上海教育出版社,2008.

[100] 肖成全等. 有效教学 [M]. 大连: 辽宁师范大学出版社, 2006.
[101] 李杰. 历史课堂观察的方法与策略 [M]. 北京: 北京师范大学出版社, 2013.
[102] 何成刚, 夏辉辉, 张汉林等. 历史教学设计 [M]. 上海: 华东师范大学出版社, 2009.

后　记

　　我是 2008 年 8 月开始从事教研员工作的，从一名教师转变为负责全区中学历史教研工作的教研员。面对角色转变，我开始思考：教研员与一线教师有什么不同？教研员的工作职责是什么？在参加第一次新教研员培训时，领导告诉我，教研员的职责是"服务、指导、研究、协调"。当时我的第一反应是"教研"应该是"教学研究"的简称吧，为什么不把"研究"放在第一位？带着这个疑惑我开始了探索。

　　我在一线教学岗位工作了 18 年，有丰富的教学经验，同时也深知一线教师具有重实践轻理论、重经验轻创新的特点。我开始摸索如何通过有效教研，在教学理论政策和教学实践活动之间进行技术的架构，使一线教师不能只是低头拉车，还要懂得抬头看路。于是，我开始深度调研，潜心研究发现的问题，提出创造性的方法和见解；我跟踪调研，把握问题研究与解决过程中的变化，使不断产生的问题得到及时解决。我每天夜以继日、精疲力竭，问题还是层出不穷，应接不暇，我需要有一个解决问题的方法。经过 3 年的教研工作的实践，我清晰地认识到必须要以课题为抓手，打造业务精湛、服务意识强的一支骨干教师队伍，需要提升整个区域内中学历史教师的专业素养，这样才能使我的工作事半功倍。于是，2010 年我主持了"义务教育阶段历史学科课堂教学规范化的行动研究"的课题研究。针对广州市番禺区初中历史教师队伍水平参差不齐，非专业历史教师多，学校不重视初中历史教学等现象，从备课、上课、作业设计、课后反思等常规工作开始研究，规范初中历史课堂教学。在研究中，一批教师很快成长，在专业发展方面取得了长足进步，培养了一批初中骨干教师，营造了浓浓的教研氛围。课题研究一发而不可收，接下来我参与或主持了国家、省级、市级等课题研究。

　　2012 年我主持了广东省"十二五"规划课题"区域提升中学历史教师学科素养的行动研究"。本课题的研究不仅要找到一条提升中学历史教师学科教学素养的有效途径，为区域提升中学历史教师学科教学素养提供示范，而且对提升中学历史教师学科教学素养发展具有重要的理论价值。从前期的准备到最后的结题，研究团队实际上花了 10 年的时间，我们从影响中学历史教师学科教学素养发展的因素分析、中学历史教师学科教学素养构成及需求分析、提升中学历史教师学科教学素养途径分析、构建中学历史教师学科教学素养的评价体系四个方面开展研究。研究团队边研究边实践，在研究中成长，在研究中成名。研究团队成员谭方亮、戴世锋、袁杏宜老师已被评为广州市名教师，余颖娴老师被评广东省骨干教师、第二届广州市"百千万"名教师培养对象。我在课题研究的基础上撰写了本书，既是对课题研究的总结，又为中学历史教师素养提升提供理论依据和实践案例。"厚积薄发，博观约取""好学校离不开好教师"，教育是良心工程，需要教师不忘初心，砥砺前行。

特别感谢我们的研究团队成员戴世锋、谭方亮、吴洪涛、袁杏宜、余颖娴、谢蓉蓉、陈玮、李奖云、叶燕、屈可张老师，没有你们的潜心研究和实践，将无法完成本书。

本书是我们研究团队实践研究的结果，是"用心""用力""用情"所著，目的是为中学历史教师专业发展提供借鉴。由于能力、见识、时间、精力等因素，不足之处、不如意甚至错误之处在所难免。恳请读者能对本书提出宝贵意见，帮助其逐步完善，这也是著者的一份期盼。

李漱萍
于贵州省毕节市威宁县教科所
2019 年 6 月